U1016908

本书获中国国际问题研究院学术著作出版基金资助

中美规范竞合与国际秩序演变

姜志达◎著

世界知识出版社

图书在版编目（CIP）数据

中美规范竞合与国际秩序演变／姜志达著．--北京：世界知识出版社，2018.11

ISBN 978-7-5012-5909-0

Ⅰ.①中… Ⅱ.①姜… Ⅲ.①中美关系—国际经济关系—研究 Ⅳ.①F125.571.2

中国版本图书馆 CIP 数据核字（2018）第 277764 号

责任编辑	刘豫徽
责任出版	王勇刚
责任校对	马莉娜

书　　名	**中美规范竞合与国际秩序演变** Zhongmei Guifan Jinghe yu Guojizhixu Yanbian
作　　者	姜志达
出版发行	世界知识出版社
地址邮编	北京市东城区干面胡同 51 号（100010）
网　　址	www.ishizhi.cn
投稿信箱	lyhbbi@163.com
电　　话	010-65265923（发行）　010-85119023（邮购）
经　　销	新华书店
印　　刷	北京虎彩文化传播有限公司
开本印张	710 毫米×1000 毫米　1/16　16¾印张
字　　数	249 千字
版次印次	2018 年 12 月第一版　2018 年 12 月第一次印刷
标准书号	ISBN 978-7-5012-5909-0
定　　价	48.00 元

版权所有　侵权必究

前　言

本书是在笔者博士论文基础上修订出版的。2012年，笔者选择研究中美之间的规范竞争与合作以及对国际秩序的影响作为博士论文的题目。之所以选择这个题目来做，是因为中国当前正在不断崛起。在和平与发展、全球化成为时代潮流下，大国崛起主要不是依靠军事和战争，而更多是通过制定与推行国际规范，参与国际规范竞争。中国需要通过改良现有国际规范体系，影响或者主导国际规范的制定和实施来提升中国的大国地位，从而实现其和平崛起目标。

作为一名科研工作者，笔者意识到，从建构主义的视角研究当前中美之间的国际规范竞合及其对国际秩序的影响，在学理上有建设性意义，但对实践的借鉴意义略显不足。因此，在搭建博士论文理论框架阶段，笔者试图打通建构主义与现实主义之间的理论分界，寻求构建一个对国际关系现实更有解释力的分析框架，以便更充分地解释传统大国与新兴大国之间的关系。笔者这一想法得到了导师曲星教授的肯定与支持，外交学院院长秦亚青教授也鼓励我去探索，由此我开始了这一选题的研究。

建构主义和现实主义两者之间有一个共同点，即理性主义。现实主义无疑是理性主义理论，建构主义经过多年的发展，也已经不断地向理性主义理论靠拢，并最终在亚历山大·温特和玛莎·芬尼莫尔等建构主义理论家的努力下得以实现。因此，笔者最终确定以理性主义规范作为本书的理论分析视角。在理性主义规范视角下，决策者根据不同的领域及其不同特点，采取不同的策略，既可能会是通过潜移默化的规范传播，也可能通过奖励或者胁迫，甚至是军事上的恫吓，以推广对其有利的国际规范。笔者在写作博士选题的研究与写作过程中发现，中美两国关系经过最初一段时间的发展，必然会进入一个类似冷战时期的规范竞争时代，美国会为了捍卫其国际霸权地位会努力维护对美国和西方有利的国际规范体系，中国的崛起是不以人的意志为转移的事实，在此过程中必然会对国际规范进行改良和创新，这在客观上会对美国主导的国际规范体系产生冲击和影响，再加上双方利益冲突和认知偏差，这种高强度的规范竞争很难避免。但同时，中美两国从大局出发，都有管控竞争与缓减摩擦的强烈愿望，尤其是双方在认知上更加贴近现实，两国在规范竞争方面会逐步地进入一种稳定的平衡状态。中美规范竞争与合作的远景，是双方利益逐渐融合，利益共同点多于分歧，中美两国总体关系逐渐从规范竞争向规范合作转向，形成规范合作为主、竞争为辅的新局面。

从国际规范的角度看，国际秩序是建立在若干重要的国际规范基础上的。笔者在书中选择了六个案例，其中四个为规范竞争案例，两个为规范合作的案例。这些案例都有一个共同点，即它们都是构成国际秩序支柱的国际规范。通过对中美两国在国际规范竞争与合作的描述，读者可以比较直观感受到中美在规范领域的竞争与合作态势，以及基于此态势的国际秩序形态。规范竞争的起起伏伏决定了国际秩序的基本走向。关于案例选择，笔者选取了构成秩序的几个核心规范，但并没有列举构成国际秩序的所有规范。如核不扩散规范研究受档案文献资料所限，本书没有涉及。有些领域，例如太空、网络，属于国际秩序的新疆域，其规则制定还处于起始阶段，尚无法对中美在太空与网络领域的规范竞争与合作状况进行全面系统描述。上述情况并不影响读者对中美规范竞争与合作总体态势的把握。

细心的读者会发现笔者列举的案例，大多数都只写到奥巴马时期。有些读者可能会担心这会不会对本书的论证产生影响。笔者认为这对本书并没有太大影响。首先，不管是规范竞争还是合作，都需要用长镜头来观察，而不能停留在一时一事。例如中美经贸规则的竞争，特朗普上台后退出了《跨太平洋伙伴关系协定》，这并不表明美国与中国在经贸规则的竞争停止了，而是转换了竞争方式。实际上，特朗普政府通过与亚太国家签订的双边经贸协议中就体现了美国在《跨太平洋伙伴关系协定》中强调的劳工、环境标准，只不过它将经贸规则从原来的多边形式转变为双边形式而已。特朗普政府新推出的“印太战略”，明显在规则上对“一带一路”产生竞争关系。在气候变化议题上，特朗普政府悍然退出了《巴黎协定》，中美气候变化合作看似无疾而终，实际上，虽然美国联邦政府退出《巴黎协定》，但美国许多州仍接受《巴黎协定》并支持与中国开展气候变化合作。退出《巴黎协定》应该是特朗普政府的临时措施，是特朗普政府的一种策略，美国并不会永久地停留在《巴黎协定》之外，否则就会坐失气候变化领导权。特朗普只是希望通过暂时离开《巴黎协定》，中止气候变化国际合作，为企业减少环保成本，促进制造业的回流，重现美国制造业的繁荣景象。

中国现代国际关系研究院黄昭宇研究员对本书贡献良多，其专业精神是本书得以顺利出版的保证。同时，感谢世界知识出版社领导和编辑对本书的支持。此外，本书得到了中国国际问题研究院出版资金资助，在此一并表示感谢！

作者

2018 年 12 月 10 日

目　录

第一章　绪论 …………………………………………………………………… 1
第一节　问题的提出 ………………………………………………………… 1
第二节　相关研究综述 ……………………………………………………… 2
第三节　研究假设与研究方法 …………………………………………… 22
第四节　基本结构与章节安排 …………………………………………… 26

第二章　规范与秩序 ………………………………………………………… 28
第一节　核心概念 ………………………………………………………… 28
第二节　规范在亚洲秩序转型中的作用 ………………………………… 37

上篇　中美规范竞争

第三章　主权与干涉：中美规范竞争 ……………………………………… 44
第一节　中国维护主权规范的努力 ……………………………………… 44
第二节　美国极力推行干涉规范 ………………………………………… 50
第三节　中国关于主权认识的演进 ……………………………………… 60

第四章　中美安全观念与制度竞争 ………………………………………… 71
第一节　亚洲安全形势特征与主要安全合作机制 ……………………… 71
第二节　美国扩大与深化亚太同盟体系 ………………………………… 75
第三节　中国倡导新安全观与多边安全架构 …………………………… 87

第五章 中美区域经济合作规制竞争 …………………………………… 108
第一节 美国主导《跨太平洋伙伴关系协定》合作机制 ………… 108
第二节 中国支持《区域全面经济伙伴关系协定》合作机制 …… 119
第三节 中国主导“一带一路”合作倡议 …………………………… 126

第六章 中美海洋规范竞争 ………………………………………………… 142
第一节 《联合国海洋法公约》在当代海洋秩序中的作用与局限 …………………………………………………………………… 142
第二节 美国以“航行自由”为名横行东亚 ………………………… 148
第三节 中国主张有限制的“航行自由”规范 ……………………… 160

下篇 中美规范合作

第七章 中美反恐规范合作 ………………………………………………… 172
第一节 美国的反恐政策与实践 ……………………………………… 173
第二节 中国的反恐政策与实践 ……………………………………… 181
第三节 中美两国反恐合作 …………………………………………… 192

第八章 中美气候变化规范合作 …………………………………………… 205
第一节 中国气候变化的政策与实践 ………………………………… 205
第二节 美国的气候变化政策 ………………………………………… 217
第三节 中美应对气候变化合作 ……………………………………… 228

第九章 结语 ………………………………………………………………… 238

参考文献 …………………………………………………………………… 243

第一章　绪论

第一节　问题的提出

进入21世纪以来，尤其是最近几年，东亚地区[①]的国际形势发生巨大变化，呈现出一系列新特点、新趋势。

首先，力量对比的变化。中国经济在21世纪头10年的快速发展使其跃居世界第二大经济体的地位，综合国力显著增强。中国的崛起直接导致东亚力量对比发生重大变化。

其次，东亚不断发展的经济一体化。进入21世纪以来，东亚国家积极发展在经济、金融、非传统安全等领域的合作，经济一体化的程度加深，相互间的联系更加密切，东亚地区意识增强。东亚正在从一个地理概念发展为经济、社会、政治概念，从而为建立“东亚共同体”这一长远目标的实现奠定基础。

最后，奥巴马执政后，更加重视亚太地区，提出了美国全球战略向亚洲“转向”或“再平衡”的口号，加大了对亚太地区的政策和力量投入，在中国力量上升和东亚地区合作加深的背景下，确保美国在地区事务中的主导地位，扩大美国在亚太的经济利益，平衡中国不断上升的力量和影响力。2017年1月唐纳德·特朗普上台后，虽然弃用奥巴马的“亚太再平衡”战略，但是他对亚太地区的重视程度并没有弱化，反而得到加强。在

---

① 东亚，从狭义上讲，指的是东南亚十国和东北亚地区（10+3），广义的东亚还包括澳大利亚、新西兰和印度（10+6）。本文使用的是后一种东亚概念，即大东亚概念。美国是亚太地区的一员，在地理上虽然不属于东亚国家，但由于其在东亚广泛的地缘利益和影响，因此在分析时也当作东亚国家。

2017年12月底出台的《美国国家安全战略报告》中，特朗普政府正式提出“印太”战略，组建“美日澳印”四国同盟。特朗普的亚太政策被认为是奥巴马时期“亚太再平衡”战略的升级版。

根据西方占主流地位的现实主义国际关系理论的经典解释和世界历史上大国兴衰的既有案例，新老大国权力转移过程中往往伴随冲突和战争。在此条件下，笔者提出两个问题。

问题一：因中国崛起与美国“重返”亚洲而形成的中美亚太战略博弈，究竟是会走向新冷战甚至诱发热战，还是能够规避冲突、实现共赢？

问题二：东亚地区是将继续维持美国的霸权秩序，还是将建立其他类型的新秩序？

第二节　相关研究综述

当前国际上围绕中美在东亚地区的关系以及东亚秩序的讨论非常激烈，不同学者从自身理论视角出发，提出了中美竞争的不同秩序前景。国内外学者着眼点略有不同，归纳起来，不外乎悲观、乐观、务实等几大流派。

一、中美在东亚关系研究回顾

中美在东亚关系的文献回顾分为国际文献和国内文献两部分。

（一）国际文献概要

1. 悲观论

这一类学者的名称很多，例如，优越论学派（Primacy）、龙派（Dragon）、战略竞争学派（Strategic Competition）、新冷战派等，他们信奉“权力转移理论”，对未来持悲观的现实主义观点，认为中美两国将不可避免地陷入战略竞争之中。在各种国际关系理论中，权力转移可能是当今最广泛被用来解释中国崛起对当前国际秩序影响，以及与主导国美国之间的互动理论。

美国芝加哥大学政治学教授约翰·米尔斯海默（John J. Mearsheimer）、普林斯顿大学教授阿伦·弗里德伯格（Aaron Friedberg）、澳大利亚国立大学亚洲太平洋学院战略研究中心教授休·怀特（Hugh White）等西方学者和分析家认为，亚洲的未来就是二战前的欧洲，亚洲的现状与19世纪末到一战之前欧洲的“美好时代”出奇地相似。21世纪的亚洲，崛起的中国正如19世纪在欧洲崛起的德意志帝国，中国似乎正在成为美国的战略竞争者。

在约翰·米尔斯海默看来，亚洲政治仍然是零和游戏，与修昔底德对伯罗奔尼撒战争的观察没有太大出入：“雅典权力的增长，以及斯巴达的警觉，让战争无法避免。”如果把中国看作雅典，美国看作斯巴达，那么就得出米尔斯海默基于“大国政治悲剧”的进攻性现实主义。正如米尔斯海默所写的那样，“我们面临的问题简单明了却意义深远：中国能和平崛起吗？我的答案是不能”。如果中国在未来的几十年中能持续其傲人的经济增长，“安全竞争将加剧”，爆发战争有一定的可能性。米尔斯海默认为，中国对强化安全环境的欲望与美国拒绝接受中国的这种想法会导致将来中国与美国之间出现剧烈的安全竞争，并很可能引发战争。基于这一原因，米尔斯海默建议华盛顿结束经济上的接触政策并着手迟滞中国的经济增长。米尔斯海默这样的现实主义者把中国力量的上升以及其战略目标的扩大看作是相辅相成的。在他们看来，正是由于中国力量的上升，它将寻求重新制定国际秩序以更好地适应其利益以及主导国际秩序。如果从这种权力转移理论出发来阐释中美力量变化可能带来的后果，那么结论就是：美国的地位将随着中国的日益强大而受到侵蚀。利益日益受侵蚀的国家必然会把日益强大的国家看作是正在成长的安全威胁。这一对关系的互动毫无疑问将会充满紧张、互不信任和冲突，从而具备典型的权力转移进程中主导国与崛起国之间的关系特征。从这种观点出发，中国强大的结果将只有一种，即必然要争夺国际体系的规则制定权和领导权，因此一个越来越强大的中国和一个越来越衰弱的美国之间将必有一战。①

阿伦·弗里德伯格认为："今天美国和中国深陷于一场悄无声息但日益剑拔弩张的竞争——不仅在亚洲，而且在全世界争夺影响力。这场竞争自20世纪90年代初苏联解体之后形成雏形，自世纪之交后速度明显加快…… 这种对抗是由审慎植根于多边的世界体系以及这两个太平洋大国极端不同的国内政权的力量推动的。"②

休·怀特总结说，优越论学派最主要的智慧就是："在理解权力关系平衡时，设想亚洲的未来最好是参照欧洲的过去"③。经济上互相依存、民主的传播以及多边主义不太可能消除大国权力冲突的传统动力。特别值得一提的是，大国的战略性竞争很可能在中美之间创造出一种敌我关系。因此，用休·怀特的话来说，"亚洲可能爆发战争，因为为世界带来30年和平的国际秩序正面临压力"。④

乔治·华盛顿大学教授、中国政策研究项目主任沈大伟（David Shambaugh）认为，新兴大国与传统大国之间的竞争是一个不变的历史规律。"零和竞争是国际关系的永恒法则，至少对现实主义来说是这样。"在无政府的国际体系中，中美战略性竞争是难以避免的，此外鉴于中国的迅速崛起，发生"权力转移"斗争很有可能。结果是，作为主导权力国家的美国没有选择，只能加固其在亚洲的同盟体系，特别是与日本的同盟关系，为在日后遏制中国崛起。在这一背景下，可以理解效力于第二届布什政府的副国务卿理查德·阿米蒂奇呼吁提升日美同盟关系，并称日本为"东方的英国"并非偶然。⑤

---

① G. John Ikenberry, "The Rise of China and the Future of the West," *Foreign Affairs*, January/February 2008, p. 1.

② Aaron L. Friedberg, "Preface" in *A Contest for Supremacy: China, America and the Struggle for Mastery in Asia* (New York: W. W. Norton & Company, 2011).

③ Hugh White, "Why War in Asia Remains Thinkable," *Survival: Global Politics and Strategy*, December 2008-January 2009, p. 92.

④ Robyn Lim, *The Geopolitics of East Asia: The Search for Equilibrium* (London: Routledge Press, 2003), p. 101.

⑤ Daniel Twining, " America's Grand Design in Asia," *The Washington Quarterly*, Summer 2007, p. 80.

密切关注中国海军发展的分析人士也支持大国权力竞争无法避免的观点。美国耶鲁大学全球化研究中心的钱安达（Mayan Chanda）、美国海军战争学院战略研究副教授詹姆斯·霍姆斯（James R. Holmes）和美国外交政策分析协会研究员吉原俊井（Toshi Yoshihara）都认为中国人民解放军海军正从防御型反介入力量转变为全面进攻型蓝水舰队。钱安达认为中国正在发展一种“卧虎游龙”（Crouching Tiger，Swimming Dragon）战略，以“逐渐发展的强硬态度”对待海军力量远程投射以及远征力量获得。①相似的是，霍姆斯和吉原俊井发表的一系列阐述中国海军雄心的著作中，二人都认为尽管中国传统上一直是个大陆国家，其地缘政治雄心现在却在逐渐转向海洋。三个原因可以解释中国“向马汉看”的转变：第一，由于与俄罗斯关系保持稳定，中国传统上面临的来自中亚的陆地威胁已经大大减小。因此，未来的冲突更可能发生在中国的海洋边缘而不是内陆。第二，中国严重依赖进口石油，因此需要发展一支马汉式蓝水舰队保护其在南海及马六甲海峡的交通线。第三，台湾问题的考虑。在南中国海，台湾是“东方的直布罗陀”，在中国大陆之外的西太平洋岛链上占据着战略中心位置。对霍姆斯和吉原俊井来说，这些战略现实意味着从长远来看，中国会如一战前德国的德皇一样，展现出强烈的“战略意愿”发展远洋海军。②因此，西方分析家不应愚蠢地相信中国会满足于当前的海洋现状，接受永远的海军劣势，止步于当前不对称的反介入海上封锁战略。随着中国财富及实力的增长，这种战略不会持久。在未来的20年中，美国海军必须重新研究提尔皮茨和韦格纳③，并预见到一支强大的德国公海舰队的21世纪中国版本。霍姆斯和吉原俊井的结论很悲观，认为：“（大陆）周边环境的允许、日益增长的资源以及不屈服的战略意志结合起来，中国注定会成为一个比

① Mayan Chanda, “Crouching Tiger, Swimming Dragon,” *New York Times*, April 11, 2005.

② James R. Holmes and Toshi Yoshihara, *Chinese Naval Strategy in the 21st Century: The Turn to Mahan* (London: Routledge, 2008), pp. 3–5.

③ 阿尔弗雷德·冯·提尔皮茨是“德国海军之父”，德意志帝国海军元帅。沃尔夫冈·韦格纳曾任德国海军副元帅（1926年退休），他的一部分著作批判了德国海军一战期间的战略，提出的新战略是二战德国海军战略的基础。

德国更可怕、更有决心的海上竞争者。”[①]

2. 乐观论

这一派也有各类称呼，例如，例外论学派和熊猫派等。他们对中美关系前景保持一种乐观的态度。乐观派分别从中国战略文化、国际制度以及国内民主进程等角度论述中国“和平崛起”的可能性。

美国南加州大学人文及科学学院教授康灿雄（David C. Kang）、美国哈佛大学肯尼迪学院高级研究员、美国兰德公司前亚洲部主任威廉·奥弗霍尔特（William H. Overholt）、美国国防部上校肯尼思·约翰逊（Kenneth D. Johnson）和爱德华·伯曼（Edward Burman）[②] 等研究中国和亚洲的学者从中国的战略文化视角探讨了中美关系。他们认为，中国在亚洲和平崛起是可能的，因为该地区与中国都是独特的，因此有可能避免出现“欧洲版的亚洲”。他们批评优越论学派中的决定论与悲观论过度基于国际政治中的欧洲现实主义概念，而忽略了中国自有的独特文化体系和亚洲独特的地缘政治轨道。他们强调 1979 年后亚洲 30 年的和平，经济融合的力量，中美安全利益复杂的交织，核武器库的限制，以及东亚和东南亚很大程度上接受中国崛起的这一事实。

他们对悲观论者将欧洲的过去类比为亚洲的未来感到困惑不解。康灿雄这样解释：“我在想为什么我们要用欧洲的过去——而不是亚洲的过

---

① 其他一些对中美关系的未来持悲观态度的有美国学者有理查德·伯恩斯坦（Richard Bernstein）和罗斯·门罗（Ross Munro），他们在《与中国的冲突将临》（*The Coming Conflict with China*）认为中国与美国必有一战，因为中国将构成对于美国和西方世界的威胁；美国著名国际战略家罗伯特·卡普兰（Robert Kaplan），他更是认为中美是否必有一战已经不是问题，现在的问题在于美国如何打击中国；新保守派的代表人物罗伯特·卡根（Robert Kagan）认为，中国崛起将成为西方世界的威胁，因为中国正将自己定位在全球舞台上的大国。中国正在沿着现代世界历史上任何一个崛起的大国的途径在前进；而前美国助理国务卿、著名中国专家谢淑丽（Susan Shirk）则在她专论中国的书中说：“中国必须让美国确信，中国崛起对于美国的世界霸主地位不会构成威胁和挑战。”

② David C. Kang, “Getting Asia Wrong: The Need for New Analytical Frameworks,” *International Security*, No. 4, Spring 2003, pp. 57 – 85; William H. Overholt, *Asia, America and the Transformation of Geopolitics*(New York: Cambridge University Press, 2008) ; Kenneth D. Johnson, *China's Strategic Culture: A Perspective for the United States*, Carlisle, PA: Strategic Studies Institute, US Army War College, June 2009; and Edward Burman, *China: The Stealth Empire*(Stroud: The History Press Ltd, 2008) .

去——来探索亚洲的未来。”他指出：“从历史上来看，是因为中国的虚弱才带来亚洲的混乱。当中国强盛与稳定时，亚洲秩序就能得到保障。东亚地区关系历史上就比西方层级分明，更和平和稳定。”对康灿雄来说，现实主义、自由主义、建构主义等西方理论的“范式之战”导致了一大批毫无结果、过分理论的研究出现，失去了与政策的相关性。

威廉·奥弗霍尔特对亚洲地缘政治的分析同样得出结论，即优越论学派的很多忧虑都是没有道理的。他认为：“亚洲新时代与结构现实主义理论并不一致。结构现实主义理论基于上一个时代的经济和军备，认为一个新兴大国会粗暴地破坏现有体系。”这意味着，类似2003年开始的朝鲜六方会谈等举动可能会成为东亚地区下个十年一种稳定的多边安全体系。此外，中国香港、台湾地区、新加坡等儒家文化为底蕴的资本主义现代化代表中国政策的新推动力。

其他例外论学者，例如肯尼思·约翰逊（Kenneth D. Johnson）和爱德华·伯曼（Edward Burman）认为，中国国防安全前景及战略特点是理解中国政府高层决策的关键。关于安全前景，约翰逊认为没有证据显示中国是一个扩张性的国家。相反，中国特有的一种太平洋战略文化，根植于儒家对武力的贬低。①在当今的条件下，中国的地缘政治前景基于前国家主席江泽民就中美关系提出的16字指导方针，即“增加信任，减少麻烦，发展合作，不搞对抗”。②

伯曼特别关注中国独特的战略特点，认为中国的崛起与西方模式有质的不同。中国的自然战略文化是一种河流文明。从地缘政治的角度来说，中国，出于偏好和需要，是麦金德式的陆地大国而不是潜在的马汉

---

① Kenneth D. Johnson, *China's Strategic Culture: A Perspective for the United States*, Carlisle, PA: Strategic Studies Institute, US Army War College, June 2009, p. 12.

② Kenneth D. Johnson, *China's Strategic Culture: A Perspective for the United States, Carlisle*, PA: Strategic Studies Institute, US Army War College, June 2009, pp. 13-21. 邓小平于1991年秋提出了对美政策的16字方针。这一方针直到1992年11月30日，江泽民会见美国大选后第一个国会议员访华团时才公开。此后中国领导人多次向美国提出了处理中美关系的这一指导方针。参见宫力：《邓小平发展中美关系的战略思考与历史经验》，载张星星主编：《当代中国成功发展的历史经验》，北京：当代中国出版社2007年版，第575页。

式海上大国。[①]这可以从中国组建与中亚及其前对手俄罗斯的上海合作组织中找到根据。对伯曼来说，中国的崛起来自“隐形权力”——这是一种间接的、经济软实力而不是直接的军事硬实力。中国传统的基于胁迫、克制和谨慎的治国之术是这种方法的内涵。[②]

普林斯顿大学政治学教授约翰·伊肯伯里（G. John Ikenberry）从自由主义国际体系的角度出发，对中美两国关系的未来持有“正和”的乐观态度。他认为，中国的政治和军事行为能够被限制在由国际制度编成的网络中。它将允许中国在现存国际秩序中崛起——该秩序是美国在二战后建立起来的制度所塑造的——同时又能够防止中国改变现有秩序的规则。中国在现有的秩序下已经在繁荣与影响力方面取得了很大的进步，中国没有什么理由会去改变这种秩序。[③]伊肯伯里认为，国家受到国际制度和法律的制约。因此，尽管美国不能阻止中国的崛起，但是它能够确保中国在现有的规则和制度下行使权力。这些规则和制度是美国及其伙伴自20世纪以来塑造的，它们能够在未来更为拥挤的世界里保护所有国家的利益。[④]伊肯伯里认为，如果华盛顿能够正确地打手中的牌，它就能“使自由主义秩序如此扩张和制度化，以至于中国将别无选择，只能加入这一秩序并在此秩序内运作”[⑤]。

还有一类乐观论者认为，国家的国际行为是由国内政治结构引起的。根据这种观点，由于中国的国内政治是非民主的，这就可能使中国的外交政策目标与美国利益产生冲突。因此，如果中国国内实行民主化，中国就会继续崛起，同时顺从美国的主导地位。持这种观点的人较少强调国际制度。对他们来说，问题在于中国的内部政治体制能否从一党执政向民主转

---

① 哈尔福德·约翰·麦金德，英国地理学家与地缘政治家。本来是地理学家，后来也介入政治理论与经济学研究。

② Edward Burman, *China: The Stealth Empire* (Stroud: The History Press Ltd, 2008), pp. 8-12.

③ G. John Ikenberry, *Liberal Leviathan: The Origins, Crisis, and Transformation of the American World Order*(Princeton, NJ: Princeton University Press, 2011), pp. 342-348.

④ G. John Ikenberry, "The Rise of China and the Future of the West," *Foreign Affairs*, Vol. 81, No. 1, January/February 2008, p. 37.

⑤ G. John Ikenberry, *Liberal Leviathan: The Origins, Crisis, and Transformation of the American World Order* (Princeton, NJ: Princeton University Press, 2011), pp. 348-49.

型。如果可以的话，就没有那么多理由担心中国的国际抱负会变得越来越具有扩张性。这种理论在华盛顿颇受欢迎，华府的政策部分地基于如下信念，即持续的经济增长将会帮助中国的政治体制向民主体制转型。如果所有都按照计划发展，中国经济增长将产生一个不断扩大的中产阶级，他们将要求获得更大的政治权利。这些要求有望滋生更多的民主政治。而随着民主政治的扩大，国内制度将会发挥防止走向与其他民主国家的战争的作用。①

澳大利亚默多克大学亚洲研究中心的张锋从社会和政治价值、历史遗产以及外交经验角度出发，认为，历史上中国的例外论来自统治者和政治精英对于中国在当时已知的世界上的中心性和优越性的认知，因此其外交政策体现了中国“仁”的本质，并且形成了厚往薄来的封贡体系（tribute system）。古代中国，实际上就是“中央王国”（central state）的含义，它意味着这个国家处于已知世界的核心位置上，并且在文化上、道德上和物质上都要优越于其他国家，这种思想就形成了中国的“天下”观。当代中国的例外论正在形成当中，它具有三个特点：大国改良主义、仁慈的和平主义和和谐的包容主义。②

最后，对例外论学派的很多人来说，中国和平崛起之所以可能，是因为亚洲面对的是非传统安全威胁——包括核武器扩散、失败政府、宗教极端主义、种族冲突、环境退化以及暴力非政府组织的增多。这些威胁都需要大国合作而不是对抗。③一位地缘政治观察家这样推测：“因此，塑造21世纪的中国和美国很有可能发展成为全球伙伴，这一关系基于共同的利益

① International relations scholars refer to this thinking as “second-image” analysis. For a discussion of the second image as a cause of war, see Kenneth N. Waltz, *Man, the State, and War* (New York: Columbia University Press, 1959), pp. 80-158.

② Zhang, Feng, “The Rise of Chinese Exceptionalism in International Relations,” *European Journal of International Relations*, Vol. 19, No. 2, 2013, pp. 305-328. 转引自袁正清、赵洋：《国际关系研究：一年来的新进展》，《全球政治与安全报告（2014）》，北京：社会科学文献出版社2014年版，第319页。

③ Stephen Hoadley and Jurgen Ruland, eds., “Part II” in *Asian Security Reassessed*, Singapore: Institute of South East Asian Studies, 2006.

以及中国日益接受自己对国际系统稳定负有责任。”①

3. **务实论**

在冲突论与例外论之间是“竞争性共存”。这一学派强调亚洲地缘政治中的复杂性、不确定性以及模糊性，同时否定西方现实主义的悲观和亚洲文化决定性，认为这二者会误导政策制定者。正如沈大伟指出，亚洲安全动态是“多质地多层次的”，包括“硬”的同盟系统、“软”的区域间规制性集团和多种多样的相互依赖。②这种复杂性要求学者进行实用的评估，华盛顿东西方研究中心（East-West Center）主任穆提亚·阿拉加帕（Muthiah Alagappa），美利坚大学东盟研究中心的主任阿米塔·阿查亚（Amitav Acharya），波士顿学院政治学教授、哈佛大学费正清东亚研究中心研究员陆伯彬（Robert Ross），美国卡内基国际和平基金会战略家迈克尔·斯温（Michael D. Swaine）、卡内基国际和平基金会亚洲专家阿什利·泰利斯（Ashley Tellis），美国宾夕法尼亚大学的政治学教授金骏远（Avery Goldstein）和美国智库卡托研究所（Cato Institute）外交政策研究主任贾斯汀·洛根（Justin Logan）等多位学者做出了这样的研究。③

阿拉加帕和阿查亚否定了西方现实主义优越论学派的悲观和“和平崛起”例外论的乐观。阿拉加帕认为“现实主义不顾史实”将当代亚洲描绘成危险的地方是错误的。他认为，如果分析能够做到兼容并蓄，便能发现

---

① Laurent Cohen-Tanugi, *The Shape of the World to Come: Charting the Geopolitics of a New Century* (New York: Columbia University Press, 2008), p. 70.

② David Shambaugh, “Introduction: The Rise of China and Asia's New Dynamics,” in David Shambaugh, ed., *Power Shift: China and Asia's New Dynamics* (Berkeley, CA: University of California Press, 2005), pp. 1-20.

③ Amitav Achiraya, “Will Asia's Past Be Its Future?” *International Security*, Winter 2003/4, pp. 149-164; Muthia Alagappa, ed., *Asian Security Order: Instrumental and Normative Features* (Stanford, CA: Stanford University Press, 2003); Robert S. Ross, *Chinese Security Policy: Structure, Power and Politics* (London: Routledge, 2009); Michael D. Swaine and Ashley J. Tellis, *Interpreting China's Grand Strategy: Past, Present, and Future* (Santa Monica, CA: RAND, 2000); Avery Goldstein, *Rising to the Challenge: China's Grand Strategy and International Security* (Stanford, CA: Stanford University Press, 2005); Justin Logan, “China, America, and the Pivot to Asia,” *Policy Analysis*, No. 717, January 8, 2013.

亚洲存在着高度务实的“安全秩序”，融合了多种“安全路径”。[①]必须指出，阿拉加帕的亚洲安全秩序都是以东亚为支柱，且都接受部分美国霸权、中美权力政治平衡、偶尔的地区协调过程（在朝鲜核计划等棘手问题上）以及亚洲本土多极化的发展（例如东盟、亚太经合组织和东亚峰会）。这些安全路径一起作用，能够创造一种独特且务实的秩序模式，“更接近复杂的互相依赖而不是硬现实主义。”

基于政权安全、领土主权和经济发展的亚洲双边外交实用主义，进一步推动了这种相互依赖的安全模式。在当代亚洲——特别是东亚和东南亚——起作用的是阿查亚口中的务实“保守地区性”。这一模式的结果是形成了一种冲突管理和有效安全合作的过程，亚洲各国将中美两国拉进双边和地区关系的复杂网络中，驱散未来冲突的可能性。尽管仍然存在很多安全忧患尚未解决，亚洲大部分地区在冷战后却变得更为稳定。

陆伯彬对东亚均势动态的研究带有务实现实主义的特点。对于陆伯彬来说，后冷战时代最大的矛盾是美国单极的世界霸权从没转化成东亚的风格，因为“尽管世界安全体系是单极的，而东亚地区平衡却是双极的”。从20世纪70年代开始，东亚就成为世界最和平的地区，但并不是因为中国例外论，或穆提亚·阿拉加帕与阿米塔·阿查亚言称的多种安全路径构建的安全秩序。亚洲的和平稳定来源于均势政治的逻辑。海上“美国治下的和平”和陆地“中国治下的和平”代表了该地区两极的均势。陆伯彬在1999年的论文中第一次提出这一观点，并在接下来的十年进一步阐释。

陆伯彬从尼古拉斯·斯皮克曼（Nicholas J. Spykman）1944年关于战后世界秩序的著作《和平地理学》中得到启示。陆伯彬认为事实上的“地理和平”在东亚确实存在，并将在21世纪延续。冷战期间建立的隐秘势力范围已牢牢确立，不会轻易或快速改变。例如，中国的陆地权力主导东亚大陆地区，而美国的海上权力主导近海的东亚和东南亚。由于中美势力范围地理上截然不同，大规模冲突不可能发生。美国的“海洋—近海”离

---

① Alagappa, “Introduction: Predictability and Stability Despite Challenges,” in Alagappa, ed., *Asian Security Order: Instrumental and Normative Features* (California: Stanford University Press, 2003), pp. 7, 18-19.

岸平衡中国无法匹敌。同样，尽管有在韩国前沿存在，美在亚洲大陆上仍然没有重要的陆权能力。因此，这一形势类似“石头剪子布”，对于全面陆海战略危机，美国和中国都没有绝对的军事优势。

陆伯彬在2003年的著作中，再一次强调了“中国治下的和平和美国治下的和平共同创造了东亚和平”，因为尽管中美对威胁和军事能力改变都非常敏感，两国却都受益于保持陆海现状。[①] 2009年，他写道：“冷战之后，东亚是世界最和平和稳定的地区，尽管该地区经历了中国的崛起和美国的反应。这一稳定反映了双极化和不同势力范围的共同作用。只要该地区秩序继续存在这些特点，东亚将在21世纪保持稳定。”[②]

简而言之，新旧现实决定了中美合作。“旧”包括海陆均势以及核武器的存在。而“新”则包括中美经济金融日益依赖，以及在全球化时代，财富的增长已与领土征服失去联系。总的来说，在这些新旧现实的作用下，在政策决定层面，中美之间“爆发战争的可能性很小，爆发全面战争更不可能”。

毋庸置疑，东亚“和平地理学”促进了中美继续其独特又充满悖论的务实算计和共同利益。美国和中国置身在一个多极化加剧的东亚，互相依赖的世界金融日益塑造着这个地区。身着阿玛尼西服的中国官员频繁飞往华盛顿或纽约，中国大量购进美国国债，都体现了所谓“中美共生体”的金融关系。美国中央情报局理论家詹姆斯·吉泽斯·安格勒顿（James Jesus Angleton）曾说，20世纪的情报术是相互联系的“映像荒野”，模糊和微妙遍地都是。在东亚，21世纪的地缘政治学可以称为矛盾荒野，中美之间相互依赖的模糊和微妙，联系并影响着他们的单边权力。东亚很多自相矛盾的地方，减小了中美之间爆发冲突的风险。大部分东亚及东南亚国家希望美国能扮演离岸平衡者的角色，平衡中国的崛起，缓解日本的担

---

① Robert S. Ross, “The U. S. -China Peace: Great Power Politics, Spheres of Influence and the Peace of East Asia,” in *Chinese Security Policy: Structure, Power and Politics* (London: Routledge, 2009), p. 76.

② Robert S. Ross, “The U. S. -China Peace: Great Power Politics, Spheres of Influence and the Peace of East Asia,” in *Chinese Security Policy: Structure, Power and Politics* (London: Routledge, 2009), p. 10.

忧。中国则希望美国能够阻止日本重新武装及任何可能的日台联盟。同时，美国在朝鲜问题和大规模杀伤性武器扩散的问题上需要中国的支持。21 世纪初，大部分亚洲国家寻求同时与美国和中国发展稳固、全面的合作关系，阻止“两极困境”的局面。正如麦艾文（Evan S. Medeiros）最近在一篇分析亚洲战略形势的文章中所说：“任何一个（美国的盟友）都不想激怒中国或卷入遏制中国的行为；任何一个都不想中国控制该地区；任何一个都不想美国离开或大规模地减少军事存在；同时，所有（国家）都希望中国能在应对地区挑战时发挥重要作用。美国政策应该反映出该地区变化的现实。”①

中美东亚两极均势的现实，推动了务实安全的过程，也是迈克尔·斯温、阿什利·泰利斯和金骏远等中国大战略研究者的研究重心。迈克尔·斯温和阿什利·泰利斯认为中国拥有一种“算计的安全战略”，强调经济增长的首要地位、良好的国际关系、现代化军队以及寻求非对称的战略优势。他们认为，这种算计的战略是基于中国对 2020 年全球权力分配的严峻预期。

斯温和泰利斯并不认为中国的崛起一定是和平的，甚至长期看未必稳定。但是，中国目前的克制政策可能会鼓励美国的政策分析家弃用遏制和绥靖。相反，美国需要接受这种“现实主义接触”，通过平衡的战略以避免未来中美发生冲突，并暗示中国军事上挑战美国是鲁莽而不计后果的。

金骏远在分析中国大战略的特点时也得出相同的结论。他认为，因为中国目前及展望中的大战略并非是修正主义的，对美国来说，最好的方式就是采取“或有合作”的策略。这种策略应当与政权的实际行动及中国国际行动纪录相连，而不是对中国未来军事能力及战略意图的揣测。②

贾斯汀·洛根分析了美国对华进行遏制与接触这两种战略的弊端，并且指出目前华盛顿推行的遏制+接触（Congagement，围交）战略除了保留

① Evan S. Medeiros, “The New Security Drama in East Asia: The Responses of U. S. Allies and Security Partners to China’s Rise,” *Naval War College Review*, Autumn 2009, p. 50.

② Avery Goldstein, *Rising to the Challenge: China’s Grand Strategy and International Security* (Stanford, CA: Stanford University Press, 2005), pp. 218–219.

了前面两种战略的问题外，还新增了一个问题：搭便车。因此，他建议美国应该帮助加强美国亚洲盟友自身的军事力量，要求它们自己保护自己，而美国应该抽身亚洲，实行离岸制衡。美国的盟友承担更多的安全责任，而美国也无须花费大量的资金用于帮助盟友遏制中国，并且避免中美之间危险的安全竞争。

（二）国内研究概要

中国国内学者对中国崛起以及由此是否造成中美之间的战略冲突持有不同立场，基本上可以分为以下两类。

1. 对中美关系前景持乐观态度

中国的崛起已经成为21世纪全球政治的重要特征之一。相比从前，中国在国际舞台上越来越主动，积极推动自身的全球化，从以前被动的位置中脱离出来。此外，中国还热衷于将自己打造成一个重要的全球利益相关者。然而，随着中国的影响力与日俱增，中国在亚太地区的长期战略意图也受到了越来越多的质疑。面对这些质疑，中方提出了和平崛起的"例外论"，指出中国不会像传统新兴大国一样挑起战争。中共中央党校前副校长郑必坚2005年在美国颇具影响的《外交》杂志9/10月号上发表的一篇文章《中国在大国地位上和平崛起》，阐释"和平崛起"的政策。这篇文章明确表达了中国例外论，这是基于经济、政治价值以及对大国军事对抗的拒绝。郑必坚这样写道："中国不会走德国一战前的路，也不会走德国和日本二战前的路，这些国家当时都在肆无忌惮地掠夺资源、追求霸权。同样，中国也不会走冷战期间大国争夺霸权的路。相反，中国将超越这些意识形态分歧，追求和平、发展及与世界各国的合作。"郑必坚认为，中国要到2050年，才能使国家步入"现代化的中等发达国家水平"。鉴于中国国内巨大的挑战，中国需要世界和平，也"不会追求霸权或国际事务中的领导地位"。①

① Zheng Bijian, "China's 'Peaceful Rise' to Great-Power Status," *Foreign Affairs*, September/October 2005, p. 22. 郑必坚认为中国崛起过程当中面临三大挑战：资源短缺、环境问题、经济与社会发展失调。

北京大学教授王缉思认为："自尼克松时代以来，中美在国际安全方面总能找到共同利益。但是靠共同打击第三者的'外在价值'所维系的国家间纽带，不可能是牢固的。所幸的是，中美之间还有一种'内在价值'，即在不断加速的全球化进程中，双方在经济、文化、教育、科技、法律、治安、卫生、能源、环保等诸多领域的合作。正因为'内在价值'一直处于升值的过程之中，才保证了中美双边关系总体上是向前发展而不是向后倒退的。"①

外交学院教授秦亚青认为："中美关系……总体的大方向是在往前走的。中美两国之间既有一些结构性矛盾，也有一些利益的冲突，问题一直存在，不可能一天两天就会消失。所以从总体上看，它有关系比较好的时候，也有矛盾多发的时期，这是一种常态，我们对此要有充分准备。在全球性问题日益突出的大背景下，中美合作的平台比过去更大，合作的方面和领域也比过去扩展了。"②

中国国际问题研究所所长曲星在 2011 年表达了相近的看法。他认为，在今天的世界上，中美合作给两国带来的利益是巨大的，而中美关系如果破裂，双方都承受不起这个后果，在一定程度上中美已经形成了一个利益的共同体。因此，尽管有波折，中美关系会向前发展。③

2. 中美竞争性共处

中国学者普遍对美国将战略竞争引入东亚的做法表示忧虑，认为这种战略竞争具有零和性质，这无疑会加深中国对美国的战略疑虑，迫使中国开始把注意力从原先的经济层面向军事战略层面转移。这种态势展示了两国关系及整个东亚战略格局非常危险的可能前景，但不会重回美苏冲突的老路。

复旦大学教授俞正樑认为，美国战略东移已经对中国造成了许多的严

---

① 赵灵敏：《乐观看待中美关系——专访北京大学国际关系学院院长王缉思教授》，《南风窗》2008 年第 21 期，第 52—55 页。

② 《梅兆荣、秦亚青谈当前世界格局及中美关系》，人民网，2010 年 4 月 2 日，http：//www.people.com.cn/GB/32306/143124/147550/11291622.html。

③ 《曲星谈"胡锦涛主席访美及中美关系"》，人民网，2011 年 1 月 17 日，http：//www.people.com.cn/GB/32306/143124/147550/13752588.html。

重后果。最严重的后果是美国再次把战略竞争引入了中美关系，并且在东亚撕开一个战略突破口，从战略层面威慑中国……中国做出一些强有力的回应，旨在创造对美战略威慑和同等的核威慑。这种态势展示了两国关系及整个东亚战略格局非常危险的可能前景。由于世界大势和中美关系大势所趋，两国在东亚地区的地缘政治博弈并不具有绝对意义上的对抗性。①

北京大学教授朱锋认为，当前中美关系已经从传统的双边议题导向型关系转向了以在东亚地区的地缘战略、地缘政治与地缘经济影响力为导向的竞争关系。随着美国奥巴马政府实施亚太“再平衡”战略，美国全球战略重心已经实质性地转移到了亚太地区。中美可以是战略竞争者，但并非注定是敌人。虽然中美关系的复杂性和不确定性在不断地上升，但是两国既竞争又合作的基调难以被根本改变。在中美战略竞争中，中国的核心目标是希望在东亚赢得安全、尊重和自身合法的领土与主权利益，美国则以影响、限制和塑造中国的行为和选择为目标。这两者能否调和平衡，将决定未来中美关系的走向。②

中国人民大学金灿荣教授认为，中美两国实力平衡的巨大变化带来两国相对位置的变化，尤其是在东亚位置的变化。中美传统模式的竞争转变成为中美对东亚地区影响力的竞争。但是，由于两国拥有着深入的相互依存的关系，两国都不愿将这种竞争转化为对抗。因此，中美在东亚地区的关系就是一种竞争与相互依存之间的平衡。冷战以后中美关系“冷热”交替但并没有出现实质性冲突的状态正是中美维持这种平衡的具体表现。③

复旦大学美国研究中心主任吴心伯教授认为，奥巴马政府强化对华制衡的战略态势使得中国的周边环境更趋复杂，中国承受的外交与安全压力增大，美国在亚太地区与中国的博弈有所得手，但后果是中美在亚太地区的竞争态势加剧，地区紧张因素上升。奥巴马政府的亚太战略调整及其所

---

① 俞正樑：《变动中的中国与主要大国关系》，《国际政治研究》2012 年第 4 期，第 100—103 页。

② 朱锋：《中美战略竞争与东亚安全秩序的未来》，《世界经济与政治》2013 年 3 期，第 4—26 页。

③ 金灿荣、刘宣佑、黄达：《“美国亚太再平衡战略”对中美关系的影响》，《东北亚论坛》2013 年第 5 期。

引起的中国的反应加深了中美之间的相互猜疑，不利于地区稳定，并结束了“9·11事件”后长达十年的中美关系的稳定。中美两国在东亚的互动要争取更好的前景，就必须有新的思维、新的举措。[①]

与美国学者不同的是，中国学者很少有人认为未来的中美关系将不可避免地陷入冲突或对抗型共处。如果美国全面遏制中国崛起或中国决意取代美国在东亚的主导地位，并最终导致两国的全面冲突。最近由美国卡内基国际和平基金会和中国军事科学院世界军事研究部共同开展的最新一项调查显示，尽管中国反美论调不断，但实际上中国的精英与一般人士，对美国敌意并不深。多数中国人视美国为一竞争对手，而非势不两立的敌人。[②]即使是较为悲观的现实主义学者，虽然认为中美战略竞争将日益加剧，但同时认为由于各种因素的制约，目前还不具备冷战的条件，对未来一段时期的中美关系保持一种有条件的乐观态度。[③]

二、东亚地区秩序模式研究述要

美国学者沈大伟认为：“目前亚洲体系主要有五个特征：第一，美国领导的安全体系仍然是亚洲支配性的地区安全框架；第二，中国正通过与周边国家进行经济、文化、外交和战略方面的交流合作积极主动地经营周边地区；第三，中美尽管在双边、地区和全球事务中的合作日益增多，但相互间仍存在怀疑和不信任；第四，中日关系踟蹰不前，且内容远比‘政冷经热’复杂；第五，地区性的安全共同体和基于某些共同理念的多边架构正在出现。”[④]东亚地区未来的国际秩序存在七种可能类型：（1）霸权秩序；（2）均势秩序；（3）新老大国冲突秩序；（4）大国协调秩序；（5）大国共管秩序；（6）等级秩序；（7）集体安全网络秩序。在东亚，大国竞相争夺影响力，国家间相互依存关系不断加深，行为规范和多边制度不断

① 吴心伯：《奥巴马政府与亚太地区秩序》，《世界经济与政治》2013年第8期。

② 《中美不是敌人》，《人民日报海外版》2013年12月14日。

③ 阎学通：《中美竞争前景：假朋友而非新冷战》，《国际政治科学》2012年第3期，第1—23页。

④ 祁怀高：《中美制度均势与东亚两种体系的兼容共存》，《当代亚太》2011年第6期。

发展，这种交叉趋势构成了东亚国际关系的现实。①

约翰·伊肯伯里和迈克尔·马斯坦杜诺（Michael Mastanduno）提出了四种可能的秩序类型：以美国为中心的霸权秩序、中美两极均势、多极均势、多元安全共同体。②

美国国家情报委员会在其2012年推出的《全球趋势2030：变换的世界》中，认为未来数十年亚洲秩序可能出现四种类型：（1）维持现状：在规则基础上合作，在地区框架内暗中较劲，美国领导的现存联盟体系不变。亚洲的种种机制会扎下根，经济一体化会围绕太平洋展开，而不是搞排外的亚洲轴心。（2）力量均衡：区内大国实力起伏、有升有落，美国地位下降导致大国放手竞争，美国退回孤立主义或经济衰退，对东亚联盟的承诺打折扣，充当安全保证者的意愿减弱。（3）趋于一体化：以中国的政治自由化为前提，东亚共同体沿着欧洲民主和平的路线前进。这种地区一体化以多元化垫底，保障小国独立自主。如此一个多元的、爱好和平的东亚共同体，可能需要美国继续充当安全保证者。（4）中国当头：中国地区影响力扩张，形成一个以中国为中心的秩序，维持别具一格的东亚共同体。中国处于地区等级秩序的巅峰，沿着封闭的亚洲排外主义路线前进，而非沿着开放的跨太平洋地区一体化发展。③

澳大利亚学者休·怀特在其著作《中国抉择》中提出，面对中国经济的快速发展和国力日渐强大，一股对抗的暗流也在强劲涌动，两国的长期关系因此蒙上了一层厚厚的阴影。作者认为，美国必须尽快做出选择——由于没有及时做出选择，华盛顿和北京已经滑向对抗的边缘，它们越来越将对方视为战略竞争对手。总的说来，美国可以做出三种选择：第一，抵制中国挑战，维护亚洲现状；第二，放弃在亚洲的领导地位，任凭中国在亚洲建立霸权；第三，它可以在一种新的格局下留在亚洲——允许中国在

---

① David Shambaugh, “Asia in Transition: The Evolving Regional Order,” *Current History*, Vol. 105, No. 690, 2006, pp. 153-159.

② John Ikenberry and Michael Mastanduno, eds., *International Relations Theory and the Asia-Pacific* (New York: Columbia University Press, 2003), pp. 423-429.

③ ［美］美国国家情报委员会编：《全球趋势2030：变换的世界》（中国现代国际关系研究院美国研究所译），北京：时事出版社2013年版，第127—128页。

亚洲扮演更重要的角色，同时自己也在亚洲发挥重要作用。作者在全面衡量了三种选择的利弊得失之后，认为美国应与中国分享权力，其余两种选择均不可取。唯有中美两国共同承担责任，才最符合美国的利益，亚洲、太平洋地区乃至全世界才可享有持久的和平与稳定。[①]

中国学者阮宗泽认为，未来东亚可能出现的秩序类型为权威秩序、碎片秩序、认同秩序、均势秩序、多边主义秩序。前三种秩序不符合当前以及未来很长时期内东亚秩序的演进方向和趋势。[②]均势模式容易使人陷入现实主义的权力争夺的困境。在可预见的将来，多边主义秩序是东亚最有前途的一种秩序模式，但这一演化过程可能会掺杂其他秩序模式的要素。[③]

周方银研究员认为，自20世纪90年代初以来，东亚格局中发生的最重要变化，是从起初美国对这一地区在经济、安全领域等多方面的全面主导，逐渐演变为美国在安全领域保持主导地位，中国在经济领域的地位迅速上升，从经济领域的非主要行为体，逐渐表现出发展为地区经济中心的态势。东亚二元格局在未来一个时期将长期存在，由此可能造成地区安全秩序与经济秩序之间长时期的脱节。中国经济实力的继续上升，以及与此相应的，美国主导的体系对中国崛起所采取的战略应对，将在很大程度上决定东亚秩序的未来。[④]

清华大学的孙学峰、黄宇兴从实力分配与地区规则认同两个方面将地区秩序划分为四个类型：霸权秩序、朝贡秩序、均势秩序、共同体秩序。

---

① ［澳］休·怀特：《中国抉择》（樊犇译），北京：世界知识出版社2013年版，第3—14页。

② 权威秩序将着眼点放在权力的增减和消长上，这在全球化时代忽视了权力内涵的新变化，以及其他行为体对权力的分散、权力是否等于权威等问题。碎片模式基本上是一种对东亚现实国际体系的描述。世界呈多极化趋势，国际事务的主导权力正在由集中向分散方向发展，从核心区域不断向外围地区扩散。碎片模式虽然看到在全球化背景下，东亚地区可能出现的多层次行为体相互作用及可能引起的不同反应，但是它没有回答在转型中什么是最重要的、引起变化的核心因素。均势模式容易使人陷入现实主义的权力争夺的困境。认同模式虽然强调培育东亚集体认同的前瞻性意义，但是如何实现这样一个认同共同体，特别是在权力政治、利益关系仍然占据着极其重要地位的情况下，如何寻求由此岸到彼岸还须假以时日。

③ 阮宗泽：《中国崛起与东亚国际秩序的转型》，北京：北京大学出版社2007年版，第163—164页。

④ 周方银：《东亚二元格局与地区秩序的未来》，《世界经济评论》2013年第6期。

他们认为："东亚地区秩序已呈现两极化的趋势，即美国依托其东亚同盟体系与经济崛起的中国协调，共同塑造地区规则，维护地区稳定安全。今后的东亚秩序将是中国与美国同盟体系协调共治秩序。"①郑先武也持类似观点。他认为大国协调已成为构建东亚地区新型大国关系一种新的制度安排。从规范上看，大国协调所拥有的一致性、合法性、责任性、包容性、自我克制等共有规范非常适合于东亚多边安全机制的"合作安全"理念、"东盟方式"决策和"开放的区域主义"取向。②

潘忠岐教授认为，之所以会对冷战后亚太地区秩序的变革形成如此众说纷纭的判断，很大程度上是因为不同学者从不同的理论视角出发，侧重强调的是推动亚太地区秩序变革的符合动力中的不同方面或不同组合。由于在推动地区秩序变革的主要动力中，任何一个因素都不容忽视，但同时任何单一方面都有其局限性，都不足以塑造整个地区秩序。因此，要对冷战后亚太地区秩序变革的总体趋势给出更准确、更全面的描述，讲究必须将不同理论范式的分析结合起来，将推动亚太地区秩序变革的所有内在动力结合起来。潘教授指出冷战后亚太地区秩序的变革趋势主要包括以下四个方面的发展，即（1）以美国为中心的双边联盟体系。（2）由中国参与的多边安全制度。（3）经东盟开创的规范共同体。（4）民间层次的地区性复合相互依赖。它们一并构成了变动中的亚太地区秩序。③

以上学者都从不同的理论视角出发，提出了东亚未来的秩序类型，以及影响秩序走向的因素。许多学者认为，未来的东亚秩序不是一种单纯的秩序起作用，而是两种甚或多种秩序起作用。沈大伟认识到，东亚存在大国权势竞争与规范和制度不断发展的现象，这种交叉趋势构成了东亚国际关系的现实。但他对此没有进行更深入地研究。

---

① 孙学峰、黄宇兴：《中国崛起于东亚地区秩序演变》，载周方银、高程主编：《东亚秩序：观念、制度与战略》，北京：社会科学文献出版社 2012 年版，第 223—224 页。

② 郑先武：《东亚"大国协调"：构建基础与路径选择》，《世界经济与政治》2013 年第 5 期，第 88—113 页。

③ 潘忠岐：《冷战后的国际秩序与亚太地区秩序》，载吴心伯等编：《转型中的亚太地区秩序》，北京：时事出版社 2013 年版，第 56—63 页。

三、现有解释的不足

许多学者对中美关系和东亚秩序的分析过于重视物质层面，对社会（规范）层面的因素重视不够，无法反映当前东亚国际政治中的新特征。东亚地区经过战后几十年的发展演变，虽然现实主义特征仍很明显，但是研究东亚的国际关系学者不得不承认，国际制度和国际规范已取得了长足的进展，这在东南亚尤其明显。东盟自1967年成立以来，一直推动规范化和机制化建设，取得了举世瞩目的成就，并以“东盟规范”[①] 为世人所知。20世纪90年代东南亚金融危机爆发以后，东盟国家加大了机制化建设，开始将东亚其他国家纳入东盟机制当中，形成了以东盟为中心的东亚合作机制，例如“10+1”机制、“10+3”机制，东盟地区论坛和东亚峰会等。冷战结束后，美国重视亚太地区的机制化建设和规范传播，倡导成立了亚太经合组织，大力传播西式民主人权观，延续联盟体系。20世纪末21世纪初，随着中国崛起和美国实力的相对衰弱，美国更加强调规范和制度建设，以期在实力不济时能够继续维护其在东亚的霸权地位，同时用制度和规范约束中国等新兴大国，因此，创制秩序成为美国在东亚进行秩序建设的抓手。中国作为崛起中的大国，近年来非常重视东亚规范和机制的建设，积极参与东盟主导的东亚合作进程，推动了东亚地区合作机制的迅猛发展，树立了中国的负责任大国的形象。最近几年新出现的制度现实主义，虽然体现了对制度和规范的重视，但缺少对制度现实主义起作用的机理分析，而且该理论把制度完全当作制衡的工具，这并不完全准确，不符合当前东亚地区融合的大趋势，也忽视了中美也是东亚秩序保障者的身份。

对于东亚的国际秩序，目前学术界主要还是从现实主义视角出发描述

① 张云将“东盟规范”概括为“硬规范”和“软规范”两个方面：“硬规范”指的是互相尊重主权、互不干涉内政、不使用武力、和平解决争端；“软规范”指的是宽容、安静外交/留面子、非正式、关切其他国家的利益、循序渐进、协商和寻求共识的决策方式。参见张云：《国际政治中“弱者”的逻辑——东盟与亚太地区大国的关系》，北京：社会科学文献出版社2010年版，第36—37页。

权力分布类型，或从理想主义出发认为东亚秩序应是什么样的情形。本文认为，未来的东亚秩序，既要考虑权力分布特征——这是地区秩序的内在基础，也要体现规范的分布——这是地区秩序外在表现形式。因此，论文将主要从规范与制度角度研究分析中美关系和东亚秩序的重组。在定义东亚秩序时，将兼顾物质实力分布和制度规范分布，以实现两者的均衡。

第三节　研究假设与研究方法

一、研究假设

在东亚国际秩序的实证研究中，作者将中美规范竞合作为自变量，中美权势竞争作为中间变量，将东亚秩序类型作为因变量。作为中间变量的中美权势竞争与中美规范竞争呈现正相关的关系，即规范竞争程度越大，中美权势竞争也越激烈，反之亦然。本文将自变量“规范竞合”量化为三个指标，即竞争大于合作，竞争与合作持平，合作大于竞争三种情况，相对应地，产生三种类型的地区秩序。

因此，本文做出如下的理论假设：

假设一：如果规范竞争性大于合作性，中美关系权势斗争也将因此加剧，制衡突出，地区秩序呈现出“两极化”特征。

假设二：如果规范竞争与合作大致平衡，中美权势斗争受到限制，地区秩序呈现出“二元兼容，规范均衡”特征。

假设三：如果规范合作大于竞争，中美权势斗争减弱，制度性合作突出，地区秩序呈现出“规范治理”特征。

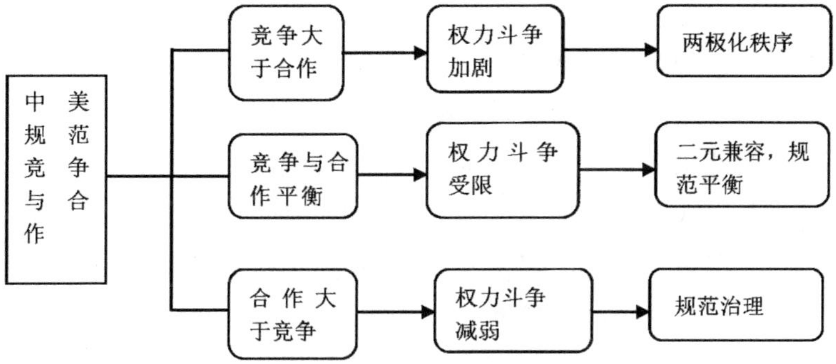

图 1-1　中美规范竞合与东亚秩序模式图

资料来源：作者自制。

二、研究方法

本书采用理性主义视角探讨中美两国在东亚的竞争与合作，肯定了国际规范（以及由此发展出来的规则和制度）的客观性，① 因此主要采用理性选择和实证主义研究方法，此外，还辅之以归纳法。

方法论不等于方法，二者有着密切的联系，但是又有所区别。方法是我们作研究的具体步骤，而方法论则是这些方法背后的认识论基础。②本文是在认识论的基础上运用“方法论”这一个概念的。

（一）实证主义

实证主义最早是由社会学家奥古斯特·孔德提出来的。孔德认为，研究社会现象，方法十分重要，不认真研究方法，在任何时候都难以求得真理。孔德认为科学的资料必须是社会的、公开的事件，是可证实的事实。单独的、私人的意识内省所得来的知识是不可靠的，是非科学的知识。科学的任务就在于描述一切可能观察到的事实，然后指出事物的一般规律，

① 建构主义也认为国际规范是客观实在的。此处谈论理性主义规范的客观性，并没有否认建构主义规范的客观性。

② 华翔：《国际关系实证主义方法论的思想演变：从“物质”到“观念”》，《国际论坛》2010 年第 7 期。

达到预测和控制自然的目的。

政治科学（包括国际关系学）中的实证主义方法论是行为主义的遗产：尽管采取了更为精巧的方式，但是它确实继承了行为主义的大部分假设和观点。实证主义者认为社会世界和政治世界，也包括国际世界，都具有某种规律和模式，如果采用正确的方法论并加以合适的运用，那么这些规律和模式可以得到正确的解释。基于同样的假设，即包括政治科学在内的所有科学，具有内在的一致性。实证主义者认为，观察和经验是建构和判断科学理论的关键，并坚称存在一个客观的知识世界，或者至少是有“诸多的主观间的一致性”。它强调经验命题的中心地位，即接受假设的原因显而易见地源自对显示的仔细观察。“我们观察事件，并且在这些观察的基础上希望预见到某些行为在现在以及将来可能造成的后果。”①

实证主义方法包括以统计分析为主的数量分析方法、以数学为主的形式模型方法以及以案例研究为主的非数学分析方法。本文旨在建立和验证一个理论命题，因此采用了案例分析方法。案例分析方法要求对案例的选择有一个事先确定的严格的标准。由于本文研究的是规范竞合与秩序重塑的关系，因此笔者选取了在政治、经济、安全等主要功能领域选择最为根本性的秩序规范（order norms）。实证研究需要遵循其固有的程序。本文将严格按照研究问题、基本假设、理论架构以及案例验证等步骤进行。

（二）理性主义（理性选择）

理性选择，最早起源于20世纪五六十年代经济学领域分析方法的变革，其经典性的著作主要有经济学家安东尼·唐斯（Anthony Downs）的《民主的经济理论》,②政治学家威廉·里克尔（William Riker）的《政治联盟理论》,③以及经济学家曼瑟尔·奥尔森（Mancur Olson）的《集体行动

① Michael Nicholson, “The Continued Significance of Positivism,” in Michael Nicholson eds., *Unset International Theory: Positivism and Beyond* (Cambridge: Cambridge University Press, 1996), p. 131.

② Anthony Downs, *An Economic Theory of Democracy* (Addison-Wesley, Boston: Stanford University Press, 1957).

③ William Riker, *The Theory of Political Coalitions* (New Haven: Yale University Press, 1962).

的逻辑》[①]，等等。由于奥尔森在《集体行动的逻辑》对北大西洋公约组织的联盟行为所做的经济分析中所涉及的核心问题是公共物品（public goods），所以这种方法也被称为公共选择方法（public choice）。这种方法假定行为体都是理性的，所以通常称之为理性选择方法。[②]

按照一般的定义，理性选择就是“用经济学的分析工具和方法来研究费市场决策的理论”。[③]换句话说，理性选择就是用新古典经济学的分析工具来分析政治过程，力图将“理性人”或“经济人”的假设扩展到政治问题的研究中。新现实主义基于理性选择分析对国际体系中的安全合作与“安全困境”进行了深入研究[④]，新自由主义基于理性选择对国际体系中的国际制度、国际机制、国际组织、公共物品、联盟和搭便车现象、关税和贸易限制进行了分析。因此，新现实主义和新自由主义又被称为理性主义理论，区别于温特等人的建构主义理论。

理性选择分析主要基于如下三个基本假设：

第一，个体是分析的基本单位和逻辑起点。这种分析假定个体对刺激所做出的反应是理性的，即个体在既定约束条件下追求效用最大化，因此个体的行为是可以预测的。

第二，个体行为可以通过分析其所面临的约束条件的变化来解释。也就是说，个体的偏好被假定为是持续的，而且个体被假定能够依其偏好比较选择各种相互替代的方案，实现其最优选择。

第三，理性选择强调分析的严密性和逻辑性，即任何理论假设和命题

---

① Mancur Olson, *The Logic of Collective Action*(Cambridge: *Harvard University Press*, 1965).

② 埃尔斯特对理性选择的定义：理性选择理论要求在选择情境中要有三种不同因素。第一，可行性方案，即（经过理性分析后所认为的）能满足不同的逻辑、物质和经济条件的各种行动方案。第二，对情境的因果结构的理性理解，该结构决定了特定的行动会导致特定的结果。第三，对可行性方案的客观排序，这个顺序往往是从对（期望产生的）结果的排序得来的。那么，简单地说，理性行为就意味着选择可行性方案中排在第一位的方案。

③ Robin Lynton, *Introducing Political Science: Themes and Concepts in Studying Politics* (London: Longman, 1985), p. 93.

④ Robert Jevis, "Cooperation under the Security Dilemma," *World Politics*, Vol. 30, No. 2, 1978, pp. 167 - 214; John J. Mearsheimer, "The False Promise of International Institutions," *International Security*, Vol. 19, No. 3, 1994/95, pp. 5-49.

都是可以在实际研究中得以检验，即结论必须产生一个能够经受经济或者政治检验的命题。①

（三）归纳法

除了上述实证主义与理性主义两种研究方法之外，归纳法也是本研究的一种重要方法。

为了准确把握东亚地区未来秩序的特征，在进行论文研究设计时，作者把东亚地区秩序拆解成为一系列特定问题领域的单独规范。这样做，我们就能够更有效地探索美国和中国挑战或者支持演进的地区秩序的程度如何。很重要的一点是，它使我们能够确定中国与美国就关键的地区秩序规范争论和共识的程度。由于中美两国作为全球行为体的重要性，如果它们争论的程度较大，我们就可以预料两国之间的冲突将不断增加，或者是在未来国际规范以及与此相关的规则和标准的激进的改变。

第四节　基本结构与章节安排

论文共九章。其中第一章和第二章是理论部分；第三至第八章是案例分析部分；最后一章是结论和政策建议。

第一章，作者首先提出了两个问题：是在中国崛起，全球权势东移的东亚地区，如何定位中美关系，二是中美关系如何影响东亚地区秩序的重塑。在全面梳理国内外有关文献后，作者指出了目前文献中的不足之处。提出了新的理论视角（规范）和理论假设。

第二章，作者对核心概念进行了界定，确定了理性主义视角下的规范、秩序等核心概念，进而建立规范与秩序的理论框架，提出了东亚未来国际秩序的理论假设。

第三章至第六章是中美规范竞争的案例分析。笔者选择了主权与干

① George T. Crane and Abla Amawi, eds., *The Theoretical Evolution of International Political Economy: A Reader*(Oxford University Press, 1991), pp. 220-221.

涉、安全规制、区域经济合作规制与海洋规范四个领域的竞争性规范和制度。选择范例的标准有三：一是按照重要性进行选择。论文所选取的规范属于攸关地区秩序的根本规范（fundamental norms），被称为秩序支柱（pillars of order）。二是按照领域进行选择。作者按照政治、安全、经济等领域分类选择相关案例。三是对应性，所选竞争案例在逻辑上是相互对应的，例如主权对应的是干涉。

第七章至第八章是规范合作的案例分析。作者选择反恐、气候变化两个案例，这些问题在冷战结束后尤为突出，关乎东亚地区的和平与安全。它们的发展直接影响东亚地区的秩序。中美在这些领域的合作不仅有助于地区的和平与稳定，也为中美关系的良性发展以及地区秩序的未来奠定了新的基础。

第九章是结语。经过实证研究，作者认为，东亚地区未来的秩序将呈现“二元兼容，规范平衡”的特征。并以此提出作者的政策建议。

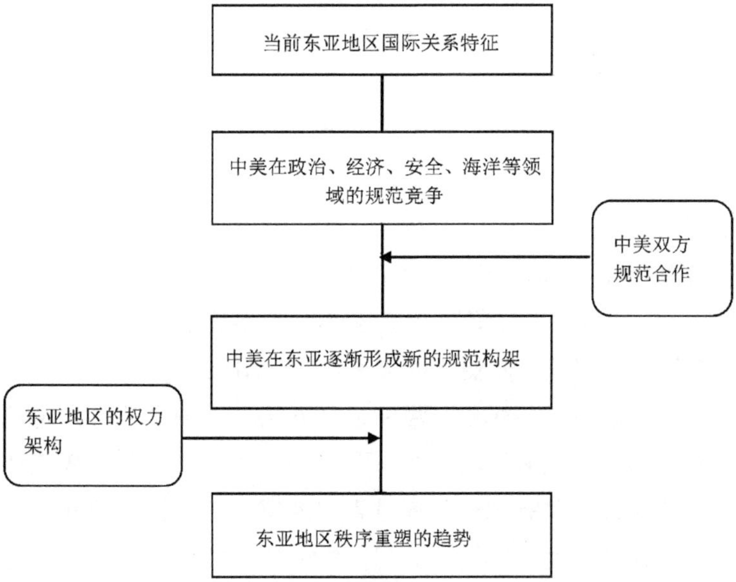

图 1-2　本文的分析框架

资料来源：作者自制。

第二章　规范与秩序

第一节　核心概念

一、规范

规范（norm）这一术语是从希腊语（nomos）演变而来。规范最初是一个社会学概念，社会学家齐尔曼（R. Zihlmann）认为："规范是赋予某个具体社群以意义的秩序。"①按其本来意义，规范不光是一种自上而下或由外部强加于人的法定条规，它更大程度上与行为的意义和规则相关，类似于某种群体或社会的内在化了的常规，或内在化了的社会的和文化的价值观与准则。

以往有关国际规范的著作的一大缺点就是"规范"概念的多重和相互冲突。对许多人来说，"规范"意味着不同的事物。因此，在不同学术团体之间进行明白无误的、专业化的交流是非常困难的。

国际上对规范的定义存在着两种定义方法，一种是从道义论角度定义规范，但对于如何定义国际规范并未取得一致的意见。大多数人认为规范是"有关行为标准的共有知识，通过表明国家在相对特定的环境下应该如何行事，用以指导人类行为"，而且这些行为标准"被其他重要行为体认为是合适的"。换句话说，规范包含三个方面的内容：一是关于应该做什

---

①［奥］霍利（H. Holley）：《全球化和社会失范——走向世界新秩序途中的问题与机遇》（马迅译），《现代外国哲学社会科学》1998 年第 11 期。

么的集体评价；二是将要做什么的集体期望；三是对遵从与不遵从行为的具体反应。

另一种是从行为的角度定义规范，从行为角度定义规范的学者将规范视为国家行为模式，与道义毫无关系。珍妮丝·汤姆森（Janice Thomson）认为，看待“规范”的最有成果的方式是把它看作“正常的（normal）国家实践”。罗伯特·阿克塞尔罗德（Robert Axelrod）的看法也基本相似。他声称规范是“存在于特定的社会背景中，从而使得个体通常按照某种方式行事”。与汤姆森不同的是，他还认为人们“如果被发现没有按照这一方式行事时，常常会受到惩罚”，而且这种对规范的违反行为象征着“包含有未来行为的信息的信号”。阿克塞尔罗德在规范定义中包含了“期望（expectations）”，这是所有从行为的角度定义规范的典型做法。[①]例如，乔舒亚·戈尔茨坦（Joshua Goldstein）认为，规范是“国家领导人持有的对正常的国家关系的期望”。

在以行为定义的规范中，存在着两类理论传统，一类是建构主义传统，另一类是理性主义传统。

建构主义学者彼得·卡赞斯坦（Peter J. Katzenstein）等人认为“规范是对具有给定身份的适当行为的集体期望”。[②]他将规范分成两类：管制性规范（regulative norms）和建构性规范（constitutive norms），前者制约行为体的行动，后者建构行为体的身份。[③]玛莎·芬尼莫尔（Martha Finnemore）则把规范定义为“行为共同体持有适当行为的共同预期”。[④]这种“共同预期”会在塑造行为体的行动方面产生影响，使其符合一定的规

---

① Gary Goertz, "The Context of International Norms," in: *Contexts of International Politics* (Cambridge University Press, 1995), pp. 223-248.

② 罗纳德·杰普森、亚历山大·温特、彼得·卡赞斯坦：《规范、认同和国家安全文化》，载［美］彼得·卡赞斯坦等主编《国家安全的文化：世界政治中的规范和认同》（宋伟、刘铁娃译），上海：上海人民出版社2006年版，第138页。

③ 罗纳德·杰普森、亚历山大·温特、彼得·卡赞斯坦：《规范、认同和国家安全文化》，载［美］彼得·卡赞斯坦、罗伯特·基欧汉、斯蒂芬·克拉斯纳编：《国际安全的文化：世界政治中的规范与认同》（宋伟、刘铁娃译），北京：北京大学出版社2009年版，第56页。

④ 罗纳德·杰普森、亚历山大·温特、彼得·卡赞斯坦：《规范、认同和国家安全文化》，载［美］彼得·卡赞斯坦、罗伯特·基欧汉、斯蒂芬·克拉斯纳编：《国际安全的文化：世界政治中的规范与认同》（宋伟、刘铁娃译），北京：北京大学出版社2009年版，第57页。

律，并有较高的可预测性。她和凯瑟琳·斯金克（Kathryn Sikkink）在《国际规范的动力与政治变革》中将规范进一步界定为“具有给定身份的行为体适当行为的准则”。①

另一类是理性主义传统。理性主义强调规范的约束性和因果作用，规范是以权利和义务形式定义的行为标准。②基欧汉（Robert Keohane）强调，以功利主义的视角将规范界定为以权利和义务方式确立的行为标准，对其分析十分重要。③因为只有这样，他才可以使其论述不超过理性主义的假定而坚持所谓的结果逻辑（logic of consequences）。中国社科院周方银研究员也是从理性主义认识论出发定义规范，他认为，国际规范是“国际行为体在国际社会中表现出来的一种行为常规性，或者一种普遍的行为模式，对这种行为常规的偏离将会招致来自其他行为体的惩罚，这种惩罚本身可能只是其他行为体追求自身利益的附带结果”。④

为了对规范的性质有一个更为全面的了解，笔者在此列举了规范的其他一些分类方法。

普查拉（Donald J. Puchala），霍普金斯（Raymond F. Hopkins）提出了四类规范：（1）明确的/发散的；（2）正式的/非正式的；（3）演进的/革命的；（4）分配偏差。

奥兰·扬（Oran R. Young）提出了三种类型的规范分类：（1）自发的（spontaneous）规范；（2）协商的（negotiated）规范；（3）强加的（imposed）规范。加里·戈茨（Gary Goertz）提出了类似的划分：去中心化的（decentralized）规范、合作的（negotiated）规范及霸权（hegemonic）规范。

小查尔斯·凯格力（Charles W. Kegley，Jr.）和格雷戈里·雷蒙德

---

① 玛莎·芬尼莫尔、凯瑟琳、斯金克著：《国际规范的动力与政治变革》，载［美］彼得·卡赞斯坦等编：《国际政治理论的探索与争鸣》（秦亚青等译），上海：上海人民出版社2006年版，第299页。

② Stephan D. Krasner, “Structural Causes and Regime Consequences: Regime as Intervening Variables,” *International Organization*, Vol. 36, No. 2, *International Regimes*, Spring 1982, p. 186.

③ ［美］罗伯特·基欧汉：《霸权之后》（苏长和等译），上海：上海人民出版社2001年版，第65页。

④ 周方银：《国际规范的演化》，清华大学博士论文，2006年，第8—9页。

（Gregory A. Raymond）提出了基于下面三个要素的规范分类：（1）实质的VS程序的；（2）正式的VS非正式的；（3）特定盟友VS普遍行为者。

安东尼·吉登斯（Anthony Giddens）提出规范分类的四个要素：（1）密集的/浅显的；（2）默示的/话语的；（3）正式的/非正式的；（4）弱制裁/强制裁。

笔者将从理性主义视角研究国际规范，因此，采用理性主义对规范的通常定义：规范是以权利和义务界定的行为标准。它有如下四个特征：（1）国际规范是国际行为体在国际社会中表现出来的一种行为常规性，或者一种普遍的行为模式；（2）规范体现的是一种集体期待，对规范的违反将会受到其他行为体的惩罚，尽管惩罚本身可能只是其他行为体追求其自身利益的附带结果；（3）在多数情况下，“权利”并不直接表现出来，而是通过社会承认的方式间接体现出来；（4）规范是进化的，规范的进化蕴含在对行为常规的偏离中。①

规范是竞争的。任何新的或者出现不久的规范都必须同现存的、可能还是对立的规范进行竞争。这是一个政治过程，涉及国际国内联盟的力量对比。规范是与具有不相容的指令的规范开展竞争。竞争的结果有两种：一种是其中一种规范绝对性的胜出，另外一种是两种规范长期共存。

规范要求特定的行为。规范之间的竞争相对来说是直接的。行为者不能够同一时间遵循两种互相对立的规范。但是，当规范变异出现时，即任何一种竞争性规范都不能消除另外一种规范时，极有可能的情况是，一些行为者会遵循其中一种规范，而一些行为者会遵循另外一种规范。或者，对同一个行为者来说，它会采取一种混合战略，即在某些场合遵循一种规范，而在另外一些场合遵循另一种竞争性规范。

新现实主义和新自由主义，是国际关系中关于“内容”的主要理论。它们视规范为行为标准，可以改变成本和收益的计算，以及限制政策制定者的政策选项。同时，在它们看来，规范也是外生的。在新现实主义者眼

---

① 本文采用经典的理性主义规范定义，即规范是以权利和义务界定的行为标准，以此表明本文的规范是以行为来界定规范的，与道义等无关。但另一方面，本人同时接受规范的另一重要特点：规范也是一种集体期望，从而使理性主义规范同样具有社会性特征。

里，由于它们主要关注安全问题，规范反映了权力在国家间的分配，规范的影响仅限于在权力分配和国际后果之间充当一种干涉变量。由于权力分配是最重要的——如果不是唯一的话——行为体行为的决定因素，因此，国际关系中的变化，包括规范的变化，在权力分配发生变化后，也会因此发生。相比之下，新自由主义者，由于他们主要关注经济互动，并对维持国际合作的可能性持有相对乐观的态度，比起新现实主义者，他们认为这些干涉变量具有更持久、更重要的影响。但是，两种理论都把规范当作由外生因素决定的。

二、机制（制度）、规则

斯蒂芬·克拉斯纳（Stephen Krasner）所界定的国际机制概念，实际上包含了一个层层递进的逻辑关系。“国际机制是在国际关系特定问题领域里由行为体的预期汇聚而成的一整套明示或默示的原则（principle）、规范（norm）、规则（rule）和决策程序（decision-making procedure）。原则是指关于事实、因果和公正的信念；规范是界定权利与利益的行为标准；规则是指导或禁止行动的具体指令；决策程序是指做出和执行集体决策的普遍实践。”①

基欧汉提出制度是“规定行为者的权责、限制行动以及影响行为体期望的持久性互动的一组正式或非正式的规则”。②目前学者基本认同国际制度包括以下三个方面：正式的政府间组织或跨国的非政府组织，政府间的明确规则，国际惯例。它们在实际运作中具有权威性、制约性和关联性三

---

① Regimes are implicit or explicit principles, norms, rules, and decision-making procedures around which actors' expectations converge in a given area of international relations. Principles are beliefs of fact, causation and rectitude. Norms are standards of behavior defined in terms of rights and obligations. Rules are specific prescriptions or proscriptions for action. Decision-making procedures are prevailing practices for making and implementing collective choice. See Stephen Krasner, "Structural Causes and Regime Consequences: Regimes as Intervening Variables," in S. Krasner ed., *International Regimes* (Ithaca: Cornell University Press, 1983), p. 2.

② Robert O. Keohane, *International Institutions and State Power: Essays in International Relations Theory* (Bouder: Westview Press, 1989), p. 3.

个特征。[①]

从基欧汉的定义中可见，国际制度既包括为约束国际关系某一领域的行为体而设立的原则、规范和程序，也包括为执行、监督和修改国际制度而设置的国际组织。[②]

原则和规范是整个制度的构成性基础，规则和决策程序是制度的具体条文。其中规则和决策程序的变化是制度的具体形态的变化，属于"细节变化"，而原则和规范的变化属于制度基本形态的变化，属于根本变化；规则和决策程序可能随着制度所面临的技术环境发生变化而变化，也就是随着利益格局和权力态势的变化而变化；原则和规范的变化一般是由于制度所面临的社会环境的变化而变化；这是在长时段内才会发生的情况。[③]

三、秩序

秩序是一个充满争议的概念。穆提亚·阿拉加帕在其《国际秩序研究：一种分析框架》[④]中指出了五十多种秩序的含义。每一位作者都竭力阐述秩序这一概念最为核心的内涵。例如，北京大学教授梁守德认为，"秩序表现为稳定，秩序的基本特征也是稳定，稳定则靠行为规范建立和维持。秩序、稳定、行为规范三位一体，不可分割"，[⑤] "国际秩序就是国际社会依一定准则行为规范化，国际秩序的建立只能以国际机制体现的国际准则为纽带，国际秩序的稳定必须以国际机制体现的国际准则为依据"。[⑥]

---

① Robert O. Keohane, *International Institutions and State Power: Essays in International Relations Theory* (Bouder: Westview Press, 1989), pp. 3-4.

② 杨洁勉等：《体系改组与规范重建：中国参与解决全球性问题对策研究》，上海：上海人民出版社 2012 年版，第 69 页。

③ 朱杰进：《国际制度设计中的规范与理性》，《国际观察》2008 年 7 月 5 日。

④ Alagappa, "The Study of International Order: An Analytical Framework," in Muthiah Alagappa ed., *Order and Security in Asia: Instrumental and Normative Features* (Stanford, CA: Stanford University Press, 2003).

⑤ 梁守德、洪银娴：《国际政治学理论》，北京：北京大学出版社 2008 年版，第 237 页。

⑥ 梁守德、洪银娴：《国际政治学理论》，北京：北京大学出版社 2008 年版，第 239—240 页。

中央党校教授门洪华也在21世纪初提出，“国际秩序是国际社会中主要行为体尤其是大国权力分配、利益分配、观念分配的结果，而其主要表现形式就是国际机制的创立与运行。基于以上认识，我们可以说，国际秩序是一种国际公共产品，它由各主要行为体尤其是大国提供，又体现并导致了大国之间的合作与冲突。国际秩序之争，实质上就是权力之争，利益之争，又主要表现为观念之争、国际机制之争”。①

史蒂夫·陈（Steve Chan）谈到的不同的秩序概念介于“现有格局、规范性的观念、战略行为”之间。这些秩序概念大致相当于“现有的相关政治行为体之间的安排”，“勾勒未来的愿景，首选的关系类型”或者“实际的政策行为，我们可以从中看出一国对全球秩序的大致态度”。②

在罗伯特·吉尔平看来，国际体系中的内在联系和规律运动，具体体现为国际格局和与之相适应的运行机制和规则，这就是世界秩序。③

英国学者赫德利·布尔（Hedley Bull）认为国际秩序是“用以支持国际社会或国家之间基本或首要目标得以实现的一套行为规则和模式”。④在国际社会处于无政府的状态下，国际秩序能够得以建立和维持的基本要素是各国集体共享的共同利益、一致遵守的行为规则和解决相互矛盾的协作机制，⑤其实质是各国就相互关系所共同认可的政治妥协和政治约定。这种政治妥协和政治约定的根本作用和理想目标是在有序状态下各国相互间实现地位与实力的一致、责任与地位的适应、权利与责任的平衡，从而保证各个参与国能够各就其位、各尽其责、各享其利。⑥

美国学者斯坦利·霍夫曼（Stanley Hoffman）认为，国际秩序是国家

---

① 门洪华：《大国崛起与国际秩序》，《国际政治研究》2004年第2期，第134页。

② Steve Chan, “Chinese Perspectives on World Order,” In: T. V. Paul and John A. Hall eds., *International Order and the Future of World politics* (Cambridge: Cambridge University Press, 1999), p. 197.

③ ［美］罗伯特·吉尔平：《世界政治中的战争与变革》（武军等译），北京：中国人民大学出版社1994年版，第26页。

④ ［英］赫德利·布尔：《无政府社会：世界政治秩序研究》（第3版）（张小明译），北京：北京大学出版社2007年版，第8页。

⑤ ［英］赫德利·布尔：《无政府社会：世界政治秩序研究》（第3版）（张小明译），北京：北京大学出版社2007年版，第62—73页。

⑥ 郭伟华、王红续：《危机幕后的东亚地区秩序分析》，《当代亚太》2011年第6期。

间建立和睦关系的一种理想化模式，是国家间友好共处的重要条件和规范行为的规章准则，是合理解决争端冲突、开展国际合作以求共同发展的有效手段和有序状态。①

对秩序的定义存在争议，是因为任何特定的国际秩序都有利于某些行为体、崇尚某些价值观念，而不顾其他行为体的利益和忽视其他的价值观念。不过，大多数政治学家可能都认为，一个成功的地区秩序应包括该地区的国家之间不发生重大的战争。它还应包括不以大战的方式处理地区争议，最理想的是不以战争的方式成功地解决地区争议。最后，秩序还需要以和平的方式适应国际变化，或者像 T. V. 保罗和约翰·霍尔（John Hall）所说的："国际秩序的成功取决于它不以暴力方式适应变化的程度。"②

安德鲁·赫里尔（Andrew Hurrell）更为强调格局，区分了极简主义秩序、多元主义秩序和连带主义的秩序观。极简主义秩序观依靠权力，偶尔同时依靠利益，而不依靠协商制定的规则或者对维持某种秩序的共识。第二种秩序观支持通过机制维持国际社会，机制认可差异但寻求规制使用暴力作为解决因差异导致的紧张关系的方式。第三种秩序观需要在国家和非国家行为体之间就全球社会的治理的核心原则以及接受使那些原则生效的必要过程达成共识。③

以上关于秩序的定义从不同的角度描述了秩序的内涵。本文作者认为，国际秩序本质上是一种特定的、相对稳定的国家间关系，它以国家实力为基础，以机制和规则为其外在表现形式。

在此需要注意的是，这些分类并不意味着只有一种定义提供了对现实的准确描述。在大多数国家里，在概念层面，总有一些竞争性的观点，解释国家利益是由什么构成的、可取的外交政策目标是什么，以及有关全球秩序的观点。这些不同观点相互竞争，以获得决策者的注意，并且在很长

---

① Stanley Hoffman, *Primacy or World Order: American Foreign Policy since the Cold War* (New York: McGraw-Hill Book Company, 1978), pp. 180-190.

② T. V. Paul and John Hall, *Introduction to International Order and the Future of World Politics* (Cambridge: Cambridge University Press, 1999), p. 2.

③ Andrew Hurrell, *On Global Order: Power, Values, and the Constitution of International Society* (Oxford: Oxford University Press, 2007).

一段时间里是共存的，包括在个体决策者的头脑里。例如，在 20 世纪 90 年代，人道主义争议出现在提交给联合国安理会的大约九起冲突中，安理会成员也展开了基于利益考虑的可能反应的辩论。秩序观也在演进，但并不必然朝着进步的方向。

在冷战和后冷战秩序之间，确实存在某种连续性。美国力量，冷战时期的制度的维持以及全球化的效果模糊了 1989—1991 年国际体系变化所带来的差别。影响全球秩序的国际规范的进一步发展为国际体系提供了一些稳定性。在小布什政府时期，虽然美国物质力量超强，但它在重新阐释气候变化和使用武力等领域的规则上并没有成功。但正如安德鲁·赫里尔指出的，争论是全球体系的一个持久的现象，而不平等仍将是国际体系的一个特征。因此，在有关秩序问题上的立场如何，取决于在全球等级结构中所处的位置。他指出了在传统的多元主义（包括支撑它的不平等的力量）以及自由连带主义（经受到来自跨国行为体和强国的推动）之间持续的“不愉快共处”。例如，冷战时期的超级大国使用核不扩散机制来限制核俱乐部的准入时，被排除在核俱乐部的国家当中，有一些国家并不会将此看作是一个好的公共产品，而是把它看作是冻结世界权力分配和维持等级制的一种途径。在后冷战时期，当自由连带主义者为有更多的机会推广一整套核心原则——这将闯入国家主权的传统领域——而欢欣鼓舞时，多元主义者针锋相对，坚持更强和持久的对主权平等、不干涉的偏好。

这些对国际秩序的理解显示出国际秩序演进和争议的性质以及把握其当代本质的复杂性。在大国和国际组织中保持突出的作用，以及诸如国际法、均势和外交等有助于基于国家的秩序的机制中保持其相关性，我们仍然可以看出很强的多元主义因素。众所周知，美国经常坚决捍卫国家民主制度的主权以及其凌驾国际组织的卓越地位；中国的受害者意识促使它积极支持多元主义规范，保护其政策不受外部要求改变的影响。在其他情况下，中国使用其不断增长的经济和政治影响力来宣示其作为大国的权利。

然而，伴随全球化的规范和世界发展进程，一系列超越单个国家能力的问题凸显起来，并使得解决它们的多元主义机制不足的问题暴露出来。

为了应对这些问题提出的新要求，国家连同其他基于国家的和非基于国家的跨国及国内制度设计出一些措施，这些措施往往采取干涉的形式和野心勃勃的目标。全球化也导致全球规范在一系列领域内的大扩张，包括人权、自决、贸易、金融、投资和环境。通信技术的进步为培育共享价值的全球性话语提供了机会。一些个人和团体已经在这些价值中而不是国家的公民身份中找到了共同体，并把推广一个具体的全球性或共同体目标作为他们的最大愿望。无论是干涉性的规则还是共享的话语已经挑战了国家的中心性，前者是通过设计规定直接影响国内社会的组织，后者是通过培育忠诚的新的关注点。但是，许多国家，尤其是中美两国，在某些关键领域仍保留决策的自主权。

第二节　规范在亚洲秩序转型中的作用

国际秩序，总体来说，可以分为两种类型：一种是权力秩序，另外一种是创制秩序。[①]国际体系的权力秩序主要是指由国际体系内各国之间的权力关系，主要是由实力对比确定的国家间秩序。国际体系的创制秩序是指由国际体系内国家之间的不同制度创设能力所确立的国际秩序。冷战结束之后亚洲地区秩序呈现出显著特征，即它是权力秩序与创制秩序的混合体。[②]但不可否认的是，在亚洲地区，规范与制度的作用不断增强，权力的作用日益受到限制。以此相对应，规范秩序在亚洲日益显现，权力秩序总体而言开始弱化。这既是由亚洲地区的地缘政治经济

① 于红梅：《国际体系与国际秩序》，载秦亚青等：《国际体系与中国外交》，北京：世界知识出版社 2009 年版。约翰·伊肯伯里把权力秩序分为霸权秩序和均势秩序，参见［美］约翰·伊肯伯里《大战胜利之后：制度、战略约束与战后秩序重建》（门洪华译），北京：北京大学出版社 2008 年版，第 18—44 页。

② 秦亚青教授认为，冷战结束之后，权势霸权的迹象仍然明显，但制度霸权的成分也在加大。冷战以后的国际体系更多的是一种介于权势霸权和制度霸权之间的体系，维持霸权的机制是制度和权势的结合和交互使用。笔者认同此观点，并将权力和制度作为东亚秩序重建的两个关键变量。参见秦亚青：《权势霸权、制度霸权与美国的地位》，《现代国际关系》2004 年第 3 期，第 6—8 页。

以及主要国家的战略决定的，也是解决亚洲地区新问题与挑战的客观要求。

一、亚洲新的地缘政治经济现实有助于亚洲规范秩序的发展

首先，中美两国都是核大国，都拥有强大的实力，都有置对方于死地的有效手段。即使是遭到核攻击，这些幅员辽阔的大国都拥有有效报复能力。于是便形成所谓的“恐怖的和平”，相互制约，谁也不敢贸然发动针对其他大国的战争。

其次，经济全球化使各国形成了一荣俱荣、一损俱损的利益共同体，零和竞争不符合时代发展的潮流。虽然矛盾和冲突仍然存在，但是各方都会从切身利益出发将其限制在一定范围内，避免发生正面碰撞。

最后，二战后美国创立的许多国际制度，主要在西方世界实行。冷战结束后，亚洲不少国家先后接受了美国主导的自由主义国际制度。经过20年的地区一体化过程，亚洲国家已经形成了较为密切的经济合作，建立了以东盟为中心的区域合作制度。东盟国家形成了一套行之有效的“东盟规范”，引导亚洲区域合作的发展进程。上述原因导致了亚洲地区在客观上形成了有利于规范秩序发展的环境。

二、新的现象与挑战客观上助推了对规范治理的需求

冷战结束之后，美苏“冷战”不复存在，国际形势大大缓和。但与此同时，原先被压制、被忽视的一些问题开始显现，国际体系又面临许多新的现象和挑战。

首先，全球性问题不断涌现，内战、恐怖主义、经济危机、金融失控、自然灾害、气候变化、流行疾病等不一而足。① 国际社会似乎在努力

---

① Bruce Jones, Carols Pascual and Stephen John Stedman, *Power and Responsibility: Building International Order in an Era of Transnational Threats* (Washington, D. C.: Brookings Institution Press, 2009).

解决这些问题，提出了一个又一个的方案，但是成效甚微。跨国威胁和全球性问题都没有得到根本的解决，有些甚至越来越严重。但是对于这样一个新的世界，国际管理体系及其相应的制度安排却是严重的滞后，规则背后的支撑理念也没有根本性的演进。全球问题是任何一个国家都无法独立解决的，这些问题需要各国共同解决，而目前的国际治理机制严重不足。

其次，冷战结束之后，一批发展中国家迅速兴起，各类超国家和非国家力量也在兴起，各有自己合理的发展需求，但现有国际治理体制在考虑和容纳新兴力量的合理需求方面表现出明显的不足。

最后，一些战略新边疆相继形成，例如网络空间、极地、太空，国际社会还没有为此制定规则，尚属于无规则时期，亟须制定规则。

三、亚洲主要大国的战略取向主观上促进了规范秩序的发展

国际秩序走向与地区大国的秩序偏好密切相关。奥巴马于 2012 年 1 月公布了题为《维持美国的全球领导地位：21 世纪国防的优先任务》的“防务战略指南”。该报告指出，“与盟友和伙伴网络密切合作，我们将继续促进以规则为基础的国际秩序，该秩序确保稳定，鼓励新兴力量的和平崛起，经济的蓬勃发展以及建设性的防务合作”。①时任国务卿希拉里・克林顿在《美国的太平洋世纪》一文中称，美国要求新的伙伴们与美国一道塑造和参与“一个以规则为基础的地区和全球秩序”。②鉴于中国的迅速崛起，美国抛出“中国责任论”，意图通过规范和机制来制约中国的崛起，

---

① 这些规则包括商业活动的自由和开放，以和平方式解决争端，所有国家畅通无阻地进入天空、太空和海洋这些全球公共领域，经济秩序的开放、自由、透明和公平等。美国谋求通过自身和盟友的努力以使这些规则在新的地区经济与安全架构中充分体现出来。

② Hillary Clinton, “America's Pacific Century,” *Foreign Policy*, October 11, 2011, http://www.foreignpolicy.com/articles/2011/10/11/americas_pacific_century.

使之符合美国的利益。[①] 希拉里关于“21 世纪中美关系前景”的演讲是“中国责任论”的代表。她明确表示不同意把中国的发展视为一种威胁，认为尽管两国政治制度和世界观迥异，但“合作比冲突能使双方都得到更大的益处”。“如果中美双方都能履行大国责任，我们未来的关系就会牢不可破。中国有可能成为 21 世纪的一位独特的领导者。承担作为 21 世纪大国的义务将为中国带来更多机会，这意味着解决共同面临的问题，遵守并帮助建立一个基于规则的国际秩序。”[②]

美国重视规范和制度的作用，相比较体现硬实力的“压制”手段而言，美国认为通过规范进行管理的成本—收益高，合法性强，更有利于美国霸权的维持。奥巴马政府相信，在亚太地区力量对比发生重大变化的背景下，掌握游戏规则的制定权是确保美国在本地区的主导地位的关键，同时也是美国软实力和巧实力的体现。

新一代中国领导人非常重视领域外交中国际规范与机制的作用。通过对自己认同和接受的国际规则的遵守和履行，中国不仅加深了对规则的理解和认识，也在合理和合法的情况下利用这些规则来更大限度地增进国家利益。为了维护自己的正当利益，中国希望对现有的不符合时代潮流的国际规则和制度进行改革，使之更能体现公平和正义。

中美两国在亚洲存在规范与制度之争，是由它们之间的利益分歧所决定的。安全上，中国要维护其在本地区的核心利益和重要利益，包括遏制台独，捍卫其在南海、东海的领土主权和海洋权利，维持一个安全而稳定的战略环境，不断提升国防实力。美国则谋求保持和巩固其在本地区的军事优势，维持和扩大其在本地区的安全联系，制约中国力量的发展和影响力的上升，并在南海和钓鱼岛争端中站在中国的对立面。换言之，中国希

① “中国责任论”包括两个方面：第一，随着中国综合实力的增长和国际地位的提升，按照“实力与责任相当”的原则，中国应该担负起更多的国际责任和“大国义务”；第二，中国目前履行的国际责任和义务远远不够，必须更加受到国际规范和规则的束缚，按照西方世界倡导的规范履行应尽的职责与义务。西方对中国提出要求，清晰地体现出以国际机制制衡中国崛起化解挑战的目的。

② “Clinton's Speech on U. S. -China Relations in the 21st Century,” January 14, 2011, http://www.cfr.org/china/clintons-speech-uzsz-china-relations-21st-century-january-2011/p23813.

望变得越来越安全，越来越有能力维护其在本地区的利益，而美国则力图确保中国的安全脆弱性和手段的有限性，维持美国的安全主导地位。经济上，中国希望积极推动亚洲经济合作，与本地区国家形成更紧密的经济联系，同时继续参与亚太经济合作，而美国则力图迟滞和瓦解亚太合作，并在亚太合作方面另起炉灶，将中国排斥在外。政治上，中国希望推动亚太地区形成平等、合作、和谐的地区秩序，在地区事务中发挥更大作用，而美国则力图保持其主导地位，防止中国做大，并把中国作为利用民主和人权问题上敲打和施压的对象。中美都积极通过创建规范和制度，试图在亚洲地区的规范秩序中占据有利的地位。

不过，中美两国在亚洲地区存在重要的政治、经济与安全上的共同利益，这为它们进行规范合作提供了动因。

而且，作为亚太的两个主要大国，中美还肩负着维护亚太和平稳定的特殊责任。这就决定了它们之间的权力竞争和规范竞争是有限度的。亚太整体的和平与稳定不仅符合东亚国家的根本利益，也符合中美两国的根本利益。亚太的和平与稳定离不开中美之间的合作。

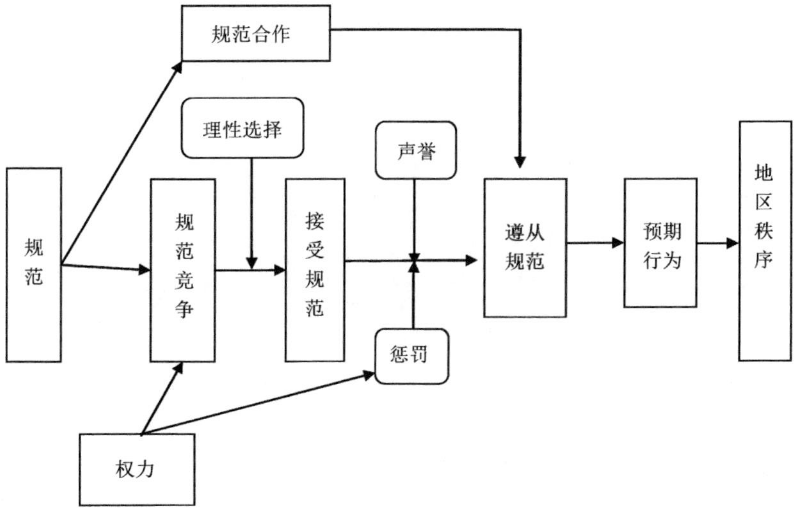

图 2-1　亚洲规范秩序形成机制图

资料来源：作者自制。

笔者认为，研究国际秩序可以把国际秩序拆解成为一系列特定问题领域的单独规范，例如，主权规范、安全规范、贸易规范、海洋规范、核不扩散规范、反恐规范、气候规范，等等。这样做，我们就能够更有效地探索美国和中国挑战或者支持演进的全球秩序的程度如何。很重要的一点是，它使我们能够确定中国和美国之间就关键的全球秩序规范争论和共识的程度。如果它们争论的程度较大，由于中美两国作为全球行为体的重要性，我们可以预料两国之间的冲突将不断增加，或者是在未来国际规范以及与此相关的规则和标准方面出现激进的改变。

上篇

中美规范竞争

第三章　主权与干涉：中美规范竞争

第一节　中国维护主权规范的努力

一、国家主权的概念及作用

主权是当代国际关系的一个核心概念。一般认为，主权概念是法国政治哲学家让·布丹（Jean Bodin）1576年在其著作《共和六书》（*Six Books of the Commonwealth*）中最早创立的。对于布丹来说，主权是“属于共和国的绝对的、永久性的权力”。[①]主权不在个人，而在国家，因此主权是永久性的。主权是“主权者的独特特征，主权者不能以任何方式屈服于他人的命令，因为只有主权者才能为隶属者制定法律，废除已经制定的法律，以及修改过时的法律”。[②]布丹提出主权理论是与其所处年代欧洲国家的形势紧密相连的，当时需要寻找一种能够恢复国内秩序的手段。

在国际法概念上的主权始于1648年的《威斯特法利亚条约》。该约确定了皇帝将部分权力转让给一些国王和贵族。这个概念后来演化成为君主的绝对权力，或者称为“威斯特法利亚主权”。到了19世纪，绝对主权概念在国际法上开始广泛传播。国家主权概念包含四个方面要素：领土、人口、权威和认可。[③]

---

① Jean Bodin, *Six Books on the Commonwealth* (Oxford, England: Basil Blackwell, 1967), p. 25.

② Jean Bodin, *Six Books on the Commonwealth* (Oxford, England: Basil Blackwell, 1967), p. 28.

③ Thomas Biersteker and Cynthia Weber, *State Sovereignty as Social Construct*(Cambridge University Press, 1996).

主权是与以下四个主要特征相联系的：第一，主权国家在其领土范围内享有最高政治权威以及合法使用武力的垄断权。第二，主权国家能够管理越过其边境的各种活动。第三，主权国家可以自主地选择外交政策。第四，主权国家被其他政府承认为独立实体，享有免受外部干涉的自由。

在上面确立的四个要素中，第一个要素是被伊莱休·劳特派特爵士（Sir Elihu Lauterpacht）称为对内主权（internal sovereignty），而其他三个要素则被他称为对外主权（external sovereignty）。[①]

二、不干涉原则

不干涉原则是和主权原则紧密相连的，是国家主权原则发展的必然产物。一般认为，不干涉原则包含两个方面的含义，一是除国际法另有限制外，主权国家享有自由决定其内政外交事务并免受外部直接或间接干涉的权利；二是任何国际法主体均负有义务不干涉主权国家的国内管辖事项。[②]国家主权是在欧洲中世纪动荡无序的历史背景下，在普遍的宗教世界主权的废墟之上，伴随着现代民族国家的产生而产生的。1648 年的《威斯特伐利亚条约》不仅承认了神圣罗马帝国境内近 300 个诸侯国的主权地位，而且它还拒绝了罗马教廷对欧洲各国内部事务的干涉，并在实践上肯定了各国的主权身份；更为重要的是，它开创了一个由主权国家构成的，迥异于中世纪欧洲的国际体系。主权概念的提出，一方面，反映了处于形成过程中的民族国家力图摆脱罗马教廷和神圣罗马帝国的控制和统治，有权独立处理自己事务的政治要求。另一方面，也反映了近代资本主义的发展要求扫除欧洲各国地方封建割据的障碍，建立统一的国内市场的需求。与此相适应，要求在政治上全权统一国家，并以最高权力的名义进行统治。这就是构成主权的两个方面：对外主权（其特征是独立）和对内主权（其特征

① Sir Elihu Lauterpacht, "Sovereignty: Myth and Reality," *International Affairs*, Vol. 73, No. 1, 1997, p. 138.

② See Vaughan Lowe, "The Principle of Non-Intervention: Use of Force," in Vaughan Lowe and Colin Warbrick eds., *The United Nations and the Principles of International Law: Essays in Memory of Michael Akehurst*(London: Routledge, 1994), p. 68.

是自治)。由此，我们可以引申出两项原则，即主权平等原则和不干涉内政原则。也就是说，不干涉内政原则是主权原则发展的题中应有之义。

第二次世界大战以后，不干涉原则在国际法上得到进一步强化。《联合国宪章》（以下简称《宪章》）第二条第七项规定：“本宪章不得认为授权联合国干涉在本质上属于任何国家国内管辖之事件，且并不要求会员国将该事件依本宪章提请解决；但此项原则不妨碍第七章内执行办法之适用。”1946 年联合国大会通过的《国家权利义务宣言草案》第三条明确提出：“各国对任何他国之内政、外交，有不加干涉之义务。”1965 年联大通过的《关于各国内政不容干涉及其独立与主权之保护宣言》宣称：“任何国家，不论为任何理由，均无权直接或间接干涉任何其他国家之内政、外交，故武装干涉及其他任何方式之干预或对于一国人格或其政治、经济及文化事宜之威胁企图，均在谴责之列。”1970 年联大通过的《国际法原则宣言》也指出：“任何国家或国家集团均无权以任何理由直接或间接干涉任何其他国家之内政或外交事务。因此，武装干涉及对国家人格或其政治、经济及文化要素之一切其他形式之干预或试图威胁，均系违反国际法。”1981 年联大通过的《不容干涉和干预别国内政宣言》不仅庄严宣告：“任何国家或国家集团均无权以任何方式或以任何理由干涉或干预其他国家的内政和外交”；“充分遵守不干涉和不干预别国内政和外交的原则对维持国际和平与安全和实现《宪章》的宗旨和原则都最为重要”，而且较为全面、系统地规定了不干涉和不干预别国内政和外交原则应包括的各项权利和义务。1987 年联大通过的《加强在国际关系上不使用武力或进行武力威胁原则的效力宣言》再次强调：“每一国家均有不受别国任何形式的干涉，选择其政治、经济、社会及文化制度的不可剥夺之权利”；“各国有义务不武装干涉和不以任何其他形式干预或企图威胁国家的个性或其政治、经济和文化要素。”

三、新中国的主权立场

正如萨缪尔·金姆（Samuel Kim）所认为的，中国当代关于主权观念的认识是在19世纪晚清时期的动乱年代发展起来的，与国家建构（state building）密切相关。中国以主权为核心处理国际关系的方式极大地强化了这种对主权的理解方式。反过来，这种当代的感悟与传统世界秩序观的结合，定义了中国当前的国家主权观念。①

中国在近代不幸的遭遇使其维持了关于主权与干涉主义的传统认知。从中国人的视角来看，从19世纪中期到20世纪中期的一个世纪，中国受外国人欺凌，遭受了巨大的苦难和“一个世纪的耻辱”：不平等条约、治外法权、全面战争、割地赔款，等等。由于外国侵略所造成的国家能力破坏，中国的国内状况变得混乱不堪。

以1954年中印和中缅总理联合声明中倡议、并在1955年万隆会议上推广的“和平共处五项原则”为开端，中华人民共和国对“主权”一词使用严格的定义。“和平共处五项原则”已经成为中国政府处理国际事务的准则，中国在与世界一百多个国家签订的双边政治文件中，也包含了“和平共处五项原则”。其各条原则包含了关于主权的最基本的方面：互相尊重主权和领土完整；互不侵犯；互不干涉内政；平等互利；和平共处。

万隆会议结束之后将近50年，在20世纪90年代后期，这种观点在被重新阐述和发布时变得越加清晰。中国政府于2000年10月发布的第二本国防白皮书——《2000年中国的国防》用更强烈的用语重申了这一主题，白皮书指出：“国际力量对比严重失衡，不公正不合理的国际政治经济旧秩序还没有根本改变，霸权主义、强权政治在国际政治、经济和安全领域依然存在并有新的发展。某些大国推行‘新干涉主义’、新‘炮舰政策’和新经济殖民主义，严重损害许多国家的主权独立和发展利益，威胁世界和平与国际安全”。②白皮书强调新安全观的必要性，指出新安全观的实质是“互信、互利、平等、合作”。白皮书进一步指出：“中国坚决反对霸权主义和强权政治，反对战争政策、侵略政策和扩张政策，反对任何国家以

① Samuel S. Kim, “Sovereignty in the Chinese Image of World Order,” in Essays Notes to Pages 96-105, 235, in R. St. J. Macdonald eds., *Honor of Wang Tieya*(London: Kluwer Academic, 1993), pp. 429, 442.

② 国务院新闻办公室：《2000年中国的国防》，2000年6月，第6页。

任何形式把自己的政治制度和意识形态强加于别国。”①

20 世纪 90 年代，中国一些论著也都从绝对主权的角度，对主权的含义进行了详细的理论探讨：

“根据国际关系准则，主权观念意味着民族国家主体的某种不容置疑的至上性。它的核心原则是，作为特定区域内民众之统治者的国家当局，是处理民族国家所面临的一切内外事务的至高无上的权威，它享有其他任何行为主体不具有的权利和职责；它可以自由地独立地规定其领土范围内的国体和政府形式，它的内部组织和外交政策以及合法使用暴力的手段。”②

中国关于民族解放运动和对国外分裂主义运动的理解反映了当代中国对主权观念的认识。作为一个经历西方侵略和半殖民地统治而获得独立的国家，新中国始终把支持被压迫民族和第三世界国家争取和维护民族独立作为自己的责任和应尽的义务。因此，中国大力支持原殖民地半殖民地的国家和人民争取和维护民族独立的斗争。这一斗争挑战了被西方列强据为殖民领地的大片领土的主权。③

到了 20 世纪 90 年代，战后风起云涌的殖民地半殖民地的民族解放运动已基本完成了其历史使命，其结果是在国际舞台上出现了一大批新独立的发展中国家。随着反殖民主义运动的完成和主权政权的合法建立，一国内部更进一步的分离主义运动便不再在是正义的了；相反，这些运动是被国外“帝国主义”或“霸权主义”势力支持的，目的是在人权和民主化的幌子下扩大其自身影响力。在今天的世界中，支持这种活动的干涉就非常危险，联合国前秘书长吴丹曾说过：“联合国过去从未接受过、现在不接受，而且我相信永远也不会接受某一成员国的一部分分离出去的原则。”因为它“挑动、制造和激化民族矛盾……鼓吹肢解主权国家、破坏别国领土完整”。④

---

① 国务院新闻办公室：《2000 年中国的国防》，2000 年 6 月，第 8 页、第 13 页。

② 郭隆隆等著：《联合国新论》，上海：上海教育出版社 1995 年版，第 14—15 页。

③ 要了解中国对这些问题解决途径的综合分析，参见庞森：《关于民族自决权的一些思考》，《国际问题研究》1997 年第 2 期，第 37—45 页。

④ 庞森：《关于民族自决权的一些思考》，《国际问题研究》1997 年第 2 期，第 39—42 页。

正如过去那样，当代中国在实践中把关于主权和干涉的观念总结为国家利益、国内合法性和政权生存。在国家主权和领土完整关系问题上，中国人认为国家主权和领土完整是构成中国与意识形态相关的安全利益的关键，因为这一安全利益的核心表现是“坚持共产党的领导和社会主义基本制度，保持国内政局的高度稳定”。[①]

四、中国的主权主张与东盟的不干涉原则的汇聚

中国领导人坚定地捍卫传统主权的行为，与东盟捍卫不干涉内政原则一脉相承，因而得到东盟的理解与支持。东盟在成立初期，可以说是在美苏冷战的夹缝中求生存。当时的东盟领导人认为，东盟内部矛盾如果时机尚未成熟而去解决，只会把问题变得更加复杂化，并可能被超级大国所利用，因此最好是先把矛盾搁置一边，等时机成熟时再解决。正是基于这样的考虑，不干涉内政原则才得以在东盟内部得以确立。不干涉内政原则已经载入东盟重要文件中。1967 年 8 月东盟成立时，当时通过的《曼谷宣言》呼吁东盟国家“确保它们的稳定和安全不受任何形式和表现的外部干预”。1971 年 11 月《东南亚中立化宣言》（该宣言又称《吉隆坡宣言》）指出：“承认每个国家不分大小，都有领导其国家实体不受外部力量干涉其内部事务的权利，因为这样的干涉将对其自由、独立和安全产生有害的影响。”[②] 1976 年东盟巴厘岛首脑会议通过了《东南亚友好合作条约》和《东南亚国家联盟协调一致宣言》，从根本上确立了不干涉他国内部事务作为东盟内部行动的准则和基本理念。[③]不干涉原则保持了东盟的独立、稳定与发展。

在 20 世纪 80 年代末政治风波后，西方国家纷纷指责中国，对中国采取各种制裁措施，肆意干涉中国的内政。在这个困难时刻，东盟国家没有

---

① 吴鹏：《试论我国亚太地区安全观及发展》，《世界经济与政治》1999 年第 6 期，第 12—17 页。

② 王泽编译：《东盟》，北京：中国法制出版社 2006 年版，第 77 页。

③ ［加］阿米塔·阿查亚：《建构安全共同体：东盟与地区秩序》，上海：上海人民出版社 2004 年版，第 81—82 页。

一个出来指责中国，相反还继续维持与中国的贸易关系，事实上帮助中国渡过了难关。

90年代早期，随着冷战的结束，西方各国的外交政策日益转向推进民主化和人权。这对东盟与美国、与欧盟的关系有着巨大影响。西方要求东盟增强对民主和人权的认同。然而东盟明确拒绝采取亲西方政治理念的政策思路。面对这种理念攻势，东盟积极发扬“东盟路线”，基于东南亚精英层的共同价值观推行地区合作的另一条路。因此，冷战后西方的意识形态压力不仅没有削弱互不干涉内政原则，反而强化了东盟处理地区事务时的传统。莫纳什大学政治经济学教授奈萨度莱（Helen E. S. Nesadurai）提出，“各国领导强调”支持弹性合作和互不干涉“应在保护各国地区政策自治时被作为东盟的一条核心原则，在处理地区治理事务时应以此原则为中心”。[①]由此可见，虽然冷战后由于受到新安全观以及时代潮流变革的影响，东盟的不干涉内政原则也出现了一些细微的调整，但该原则仍然是东盟指导内外关系的基本原则。

中国与东盟在对待主权和内部事务上的相近立场与政策协调，使得西方各式各样的干涉规范难以在亚洲找到更多的市场，或者是传播速度和效果大打折扣，从而有力地维护了中国和其他发展中国家的利益。

第二节　美国极力推行干涉规范

一、干涉的概念

《奥本海国际法》将干涉定义为：“一个国家对另一个国家事务的强制

---

① Helen E. S. Nesadurai, “ASEAN and regional governance after the Cold War: from regional order to regional community?” *The Pacific Review*, Vol. 22, No. 1, 2009, p. 104.

或专断的干预，旨在对另一个国家强加某种行为或后果。”① 奥本海认为：“真正的干涉总是专断的干预，而不是单纯的干预”，干预不应与斡旋、调停、调节或合作混为一谈。干涉的形式是多样的，但无论采用什么形式，“要构成干涉，干预必须是强力的或专断的，或者是胁迫的，在实际上剥夺了被干涉的国家对有关事项的控制权。”②

干涉是与主权相关的概念。在本质上，干涉就是妨碍、削弱、限制、取消国家行使主权的行为。③在当代，干涉大体上可分为两类：一类是联合国体系之内的干涉，即由联合国组织的干涉，或由联合国授权某个国家或某些国家进行的干涉。这类干涉通常被认为是合法的，诸如联合国直接组织的各种维和活动以及由联合国授权进行的反侵略战争等。另一类是联合国体系之外的干涉，也就是未得到联合国批准，或是绕过联合国进行的干涉，这类干涉都是不合法的。北约对南联盟的干涉，美国对伊拉克的侵略就是非法的干涉，践踏了国际法准则。

在国际关系中，干涉有狭义、广义两种解释。狭义解释专指暴力性军事干预，广义解释是指干涉别国主权的各种行为，包括从发表言论、经济制裁到采取军事行动等各种不同程度的行为。从理论上来说，还是广义解释可取，因为对主权的干涉事实上有各种形式，并非只有军事行动。就联合国体系之内的干涉行为而言，只有用广义的界定才能解释，因为联合国对主权国家内部事务所做的任何事，实际上都是干涉。联合国实施的人道主义救援、解决难民问题、监督一些国家或地区举行选举或进行全民公决、实施经济制裁、进行预防性外交等，属于非军事行为，而采取维和行动，则属于军事行为。

---

① ［英］詹宁斯·瓦茨修订：《奥本海国际法》（第 1 卷第 1 分册）（王铁崖等译），北京：中国大百科全书出版社 1995 年版，第 314 页。

② ［英］詹宁斯·瓦茨修订：《奥本海国际法》（第 1 卷第 1 分册）（王铁崖等译），北京：中国大百科全书出版社 1995 年版，第 315 页。

③ 李少军：《干涉主义及相关理论问题》，《世界经济与政治》1999 年第 10 期，第 20 页。

二、新干涉主义

新干涉主义是一个相对于传统干涉主义的概念。传统干涉主义以武装侵略、军事颠覆为主要形式，新干涉主义重视为其干涉行动“正名”，即披上合法外衣，以抢占道义制高点。它以人道主义和捍卫西方共同价值观为借口，用政治施压、军事打击和经济制裁等手段干涉别国内政，又被称为“人道主义干涉”。

严格说来，迄今没有一份国际法文件对人道主义干预做出过明确的规范，《联合国宪章》规定“不得认为授权联合国干涉在本质上属于国家内部管辖之事件”，但对于什么是“在本质上属于国家国内管辖之事件”，《联合国宪章》并没有做出明确界定，这就为某些国家利用这一规范把人权排除在规范之外打开了方便之门，而且，《联合国宪章》第二条第七款还规定此项原则不适用于对和平的威胁、破坏和侵略行为。根据这一精神，1948 年联大通过的《防止及惩治灭绝种族罪公约》宣布，“灭绝种族行为，不论发生在平时或战时，均系国际法上的一种罪行”，对于这种行为，“本公约任何缔约国得请联合国任何主管机关依照《联合国宪章》，采取任何适当的行动，以预防并禁止种族隔离罪行”。这一规定是国际人道主义干预在国际法上唯一能够找到的合法性依据。①

美国学者史蒂芬·斯特德曼提出了“新干涉主义”的四个原则，②美国学者迈克尔·格莱农（Michael F. Gelnnon）提出要建立符合“正义”的国际法，为北约轰炸南联盟的暴行辩护。③在新干涉主义者看来，在一个人权

---

① 黄仁伟、刘杰：《国家主权新论》，北京：时事出版社 2004 年版，第 200—201 页。

② 所谓“新干涉主义”的四个原则是：（1）无论在任何地方，凡是一个国家或者国家之内的集团不能满足人民的人道主义要求时，国际社会就有义务进行干预；（2）新干涉主义提倡一种新的充满人道主义的社会秩序，在这种秩序中政府要受到控制，必要时可以通过外来暴力施加这种控制；（3）新干涉主义的目标是把国际社会的道德义务和实行通过联合国干预各国内部争端的希望结合在一起；（4）新干涉主义认为主权的含义已经发生了重大的变化，主权已经不属于国家，而是属于国家的人民。见 S. J. Stedman, “The New Interventionists,” *Foreign Affairs*, Vol. 72, No. 1, 1993, pp. 1-16。

③ Michael F. Gelnnon, “The New Interventionism,” *Foreign Affairs*, Vol. 78, No. 3, 1999, pp. 2-7.

国际化程度越来越高的世界，任何地方发生的人权问题都应该由国际社会加以控制和干预，这就无限扩大了国际人道主义干预的权限和范畴，人道主义干预成为霸权主义和强权政治干涉他国得心应手的工具。

新干涉主义的美国版是“克林顿主义”，主要针对的是西方所谓的由种族冲突或者国家暴力侵犯人权造成的人道主义灾难。1999 年 6 月，美国总统克林顿在访问欧洲时抛出了他的新干涉主义政策：“这是一个我希望将来能够得到确认的重要原则。如果说国际社会有力量阻止种族灭绝和民族清洗，我们就应当加以阻止。无辜的平民不应当由于他们所属的宗教或民族或种族而成为屠杀的对象……北约空袭南联盟是为制止民族清洗行为而进行的一场正义的、合法的战争，这种军事干预不仅应得到美国、北约的支持，还需要世界上其他大国的支持，尤其是联合国的道义支持。”① 同年 9 月，克林顿总统在第 54 届联大发言时，敦促联合国在防止内战和种族清洗等方面发挥“更大的作用”，他同时强调地区国际组织有权在其范围内通过联合军事手段制止种族大屠杀的罪行，其干预程度取决于这些国家本身的能力以及他们的国家利益。在经过了科索沃军事干预的“实践”后，美国今后在处理全球范围涉及所谓“民主”“人权”“人道主义”等危机以及应对“恐怖主义”活动时将越来越可能“有选择地介入”。

虽然新干涉主义的理论表现是多种多样的，但是其核心问题在于对人权和主权关系的认识是相同的，即“人权高于主权”。②克林顿总统从“确保美国继续成为世界上最强大的维护和平与繁荣的力量”出发，宣称自由、民主、人权、法治是人类共同的价值观，任何国家违背了这些原则都不能因主权的理由而免于干预，“文明世界不能容忍种族清洗和滥杀无辜”。③

新干涉主义提倡的“人道主义干涉”同人权国际保护原则存在本质的

① 丁胜：《新“克林顿主义”评析》，《现代国际关系》1999 年 8 期，第 22 页。

② 魏宗雷、邱桂荣、孙茹：《西方“人道主义干预”理论与实践》，北京：时事出版社 2003 年版，第 54—55 页。

③ ［美］比尔·克林顿：《希望与历史之间——迎接 21 世纪对美国的挑战》，海口：海南出版社 1997 年版，第 103 页。

区别。第一，“人道主义干涉”把人权政治化和意识形态化，从意识形态出发来功利性地观察和判断人权问题，从而不可不避免地戴着有色眼镜去评判他国的人权状况；人权的国际保护则反对把人权政治化和意识形态化，认为人权有超政治和意识形态的一面。有的人权问题是属于国内管辖事项，应当按照国家主权原则由一个国家自主处理；有的人权问题则属于国际管辖事项，如种族灭绝、战争罪等严重危害国际和平与安全的罪行。第二，新干涉主义片面强调“人权高于主权”，混淆了人权的共性和个性，否认了人权的特殊性，否认了促进普遍人权必须考虑各国不同的社会制度、发展水平和不同的历史、文化背景，把主权国家的内部事务同人权搅缠在一起，从而为干涉别国内政和侵犯别国主权寻找借口；人权的国际保护则承认人权问题有国际性的方面，但也承认人权问题主要是一个国家主权范围内的问题，反对借自己享有主权而侵犯别国的人权和侵犯本国人民的人权，反对以保护人权为借口侵犯别国主权。第三，“人道主义干涉”在实践中往往会造成新的“人道主义灾难”。北约在南联盟的“人道主义轰炸”丝毫没有缓解阿族和塞族之间的矛盾，而是制造出了更大的人道主义灾难。正因为如此，在20世纪最后一次联大一般性辩论会上，发展中国家普遍认为，“人道”不是去轰炸一个主权国家，先轰出百万难民，再“人道地”护送他们重返家园。真正的人道应该是促进经济增长，消除贫困，提高人民生活水平，绝不是某个国家和国家集团以保护人权为借口随意干涉他国主权。

三、“保护的责任”的兴起

人道主义干涉理论与《联合国宪章》确立的基本原则存在不相容之处，在实践中缺乏统一的标准和必要的监督程序，引发了巨大的争论和质疑。如果仍然按照人道主义干涉的理论去干预世界各地的动荡和冲突，则将制造出更多的问题，其干预的合法性必将受到更大的质疑，也使得《联合国宪章》确立的原则遭到挑战与破坏。因此，2000年9月，为了促进国际社会就如何在大规模侵犯人权和违反国际法的行为面前做出反应的问题达成新的共识，加拿大政府组织成立了干预与国家主权国际委员会（International Commission on Intervention and State Sovereignty，ICISS），其任务是使人们在调和为保护人类目的的干预和主权的关系问题上达成更加广泛的谅解，特别是要设法从经常处于瘫痪状态的论战走向国际体系内的行动，尤其是要通过联合国达成全球政治共识。

2001年12月，干预与国家主权国际委员会提交了名为《保护的责任》的报告。该报告认为，"'人道主义干涉'的表述不利于争论的推进，因此我们确定过去那种一国对另一国的'干涉的权利'的表述已经变得过时而毫无帮助。因此，我们将不再谈'干涉的权利'，而只谈'保护的责任'"。[①]"保护的责任"是指"主权国家有责任保护自己的公民免遭可以避免的灾难——大规模的屠杀和强奸，以及饥荒，但是如果当事国不愿意或者不能这样做时，这一责任必须由更为广泛的国家共同体所承担"。[②]

2004年，联合国秘书长安南任命的"威胁、挑战和改革问题高级别小组"发表《一个更安全的世界——我们的共同责任》报告，[③]首次采纳"国际社会集体负有提供"的概念，即"如果发生灭绝种族和其他大规模杀戮，国际社会集体负有提供，由安全理事会在万不得已情况下批准进行军事干预，以防止主权国家政府没有力量或不愿意防止的族裔清洗或严重违反国际人道主义法行为"。[④]

2005年3月21日，在第59届联合国大会上安南秘书长做了题为《大自由：实现人人共享的发展、安全和人权》的报告，对上述两份报告进行

---

① 报告认为，有关主权和干涉辩论的传统语言——"人道主义干涉的权利"或"干涉的权利"在以下三个关键方面是毫无帮助的。第一，过于注重干预者的要求、权利和特权，而不是干预行动潜在受益者的迫切需要。第二，仅仅关注干涉的行为，而忽略了干预之前的各种预防性的努力，以及干预后的后续援助。第三，传统语言从一开始就认定干预重于主权，试图给那些反对干预者贴上反人道主义的标签。ICISS, *The Responsibility to Protect*, The International Development Research Center, December 2001, p. 11。

② ICISS, *The Responsibility to Protect*, The International Development Research Center, December 2001, p. Ⅷ.

③ High-level Panel on Threats, Challenges and Change of UN, *A More Secure World: Our Shared Responsibility*, 2004.

④ 联合国"威胁、挑战和改革问题高级别小组"：《一个更安全的世界：我们的共同责任》（中文版），第55页。

了肯定，并认为需要为此行动起来。报告第四部分指出："干预与国家主权国际委员会和最近由来自世界各地16名成员组成的威胁、挑战和改革问题高级别名人小组，都赞同'新的规范即集体负有提供'（见A/59/565，第203段）。虽然我清楚这一问题的敏感性，但我坚决赞同这种做法。我认为，我们必须承担起，并且在必要时采取行动。这一责任首先在于每个国家，因为国家存在的首要理由及职责就是保护本国人民。但如果一国当局不能或不愿保护本国公民，那么这一责任就落到国际社会肩上，由国际社会利用外交、人道主义及其他方法，帮助维护平民的人权和福祉。如果发现这些方法仍然不够，安全理事会可能不得不决定根据《联合国宪章》采取行动，包括必要时采取强制行动。"①这是联合国秘书长首次正式将"保护的责任"的基本含义传达给各国，并请各国给予认真的考虑。②

在2005年3月召开的第59届联大会议上，"保护的责任"概念及其性质得到相应的界定和阐述："这一责任首先在于每个国家，因为国家存在的首要理由及职责就是保护本国人民。但如果一国当局不能或不愿保护本国公民，那么这一责任就落到国际社会肩上，由国际社会利用外交、人道主义及其他方法，帮助维护平民的人权和福祉。如果发现这些方法仍然不够，安全理事会可能不得不决定根据《联合国宪章》采取行动，包括必要时采取强制行动。"③

2005年10月24日，第60届联合国大会通过了《2005年世界首脑会议成果》。《2005世界首脑会议成果》对"保护的责任"的范围进行了更审慎的描述。该文件严格限定了应用"保护的责任"的四个方面，即：

---

① ［加纳］科菲·安南：《大自由：实现人人共享的发展、安全和人权》，U. N. Doc. A/59/2005，第135段。联合国网站，http://daccess-dds-ny.un.org/doc/UNDOC/GEN/N05/270/77/PDF/N0527077.pdf, Open Element, 2010-07-07；另可参见 http://www.r2pasiapacific.org/docs/R2P%20Key%20Documents/In%20Larger%20Freedom%20Towards%20Development.pdf, 2014-06-01。

② 罗艳华：《"保护的责任"的发展历程与中国的立场》，《国际政治研究》2014年第3期，第14页。

③ UN Secretary General Kofi Annan, *In larger freedom: Towards development, security and human rights for all*, para. 135.

“灭绝种族、战争罪、族裔清洗和危害人类罪。”① “国际社会通过联合国也有责任根据《联合国宪章》第六章和第八章，使用适当的外交、人道主义和其他和平手段，帮助保护人民免遭种族灭绝、战争罪、族裔清洗和危害人类罪之害。在这方面，如果和平手段不足以解决问题，而且有关国家当局显然无法保护其人民免遭种族灭绝、战争罪、族裔清洗和危害人类罪之害，我们随时准备根据《宪章》，包括第七章，通过安全理事会逐案处理，并酌情与相关区域组织合作，及时、果断地采取集体行动。我们强调，大会需要继续审议保护人民免遭种族灭绝、战争罪、族裔清洗和危害人类罪之害的责任问题，要考虑到《宪章》和国际法的相关原则。我们还打算视需要酌情做出承诺，帮助各国建设保护人民免遭种族灭绝、战争罪、族裔清洗和危害人类罪之害的能力，并在危机和冲突爆发前协助处于紧张状态的国家。”②

中国外交部条法司司长黄惠康认为，“保护的责任” 概念在 2005 年的联合国世界首脑会议上得到了比较一致的认同，其核心要素有如下四点：第一，对本国公民的保护责任，首先是本国政府；第二，所谓，它的适用范围仅限于四种最严重的国际罪行，即灭绝种族、战争罪、族裔清洗和危害人类罪，也就是说只有发生这四种严重侵犯，或者严重违反国际法的罪行的时候，本国政府又不愿或者没有能力行使保护权，方可适用；第三，国际社会可以进行适当干预，来行使。第四，如果要涉及使用强力或者武力，还要有安理会授权。如果符合这四个条件，行使 “保护的责任” 就不违反国际法。“但是如果打着履行保护责任的旗号，实行的是翻版的 ‘人道主义干预’，或超越了安理会的授权，那也是违法。” ③

2009 年 7 月 23 日、24 日及 28 日，第 63 届联合国大会召开了讨论秘书长关于《履行保护的责任》报告的辩论会，94 个国家代表发言阐述了本

① “2005 World Summit Outcome Document,” United Nations, http://www.un.org/summit2005/presskit/fact_sheet.pdf., para. 138.

② “2005 World Summit Outcome Document,” United Nations, http://www.un.org/summit2005/presskit/fact_sheet.pdf., para. 139.

③ 《调查委员会：效忠卡扎菲和反对卡扎菲的部队均犯下严重罪行》，http://www.un.org/zh/focus/northafrica/newsdetails.asp? newsID = 17334&criteria = libya。

国对这一概念的理解及其关切的重点。绝大多数国家都对此报告表示欢迎，并支持报告为实施“保护的责任”所提出的“三大支柱”（国家的保护责任、国际援助和能力建设、及时果断的反应）的建议，认为前两个支柱尤其重要。多数国家认为“保护的责任”源于《联合国宪章》、国际人权条约和国际人道法等已经存在的约束之中，赞同将该概念的适用范围严格限定在种族灭绝、战争罪、族裔清洗和危害人类罪四项罪行。很多国家尤其是非洲国家，都承认非洲联盟在实施该概念发展上的开创性作用。①

四、“保护的责任”在实践中的挑战

虽然经过2005年世界首脑会议和2009年联大的几次辩论，国际社会已经在原则上就“保护的责任”达成某种共识，但并不表明所有国家都对“保护的责任”拥有了完全相同的看法。事实上，不同国家对“保护的责任”的看法不尽相同，现阶段联合国在推行“保护的责任”的问题上仍然面临着重重挑战，官方的联合国会议笔录、非官方的对话、“保护的责任”相关决议的投票记录，以及联合国小组会议和讨论的官方出版物至少总结出了三个彼此相关的异议。

对于“保护的责任”问题政治化、大国“保护的责任”滥用的疑虑是最常见的异议。比如，巴西、中国、古巴、印度、伊朗、尼加拉瓜、朝鲜、俄罗斯、南非、叙利亚、委内瑞拉、巴基斯坦和津巴布韦都着重批评了其“特洛伊木马”的本质，因为“保护的责任”似乎仅仅是为大国干预弱国政治、谋求别有用心的自利目的提供了借口。这些国家指出，美国领导的伊拉克战争和西方在卡扎菲倒台后对于石油合同“颜面扫地的争夺”证明了，“保护的责任”太容易被当作政治投机主义的伪装。

第二个异议是关于主权问题和互不干涉内政问题的。阿尔巴尼亚、白俄罗斯、古巴、尼加拉瓜、朝鲜、苏丹、委内瑞拉和津巴布韦倾向于对绝对主权的传统理解，即主权不可侵犯、不受外部干预是正当的。因此，这

---

① 罗艳华：《“保护的责任”的发展历程与中国的立场》，《国际政治研究》2014年第3期，第15页。

些国家声明“保护的责任”的第三条主旨违反了国际法，因为它侵犯国家主权、政治独立性和领土完整，而这些权力都是《联合国宪章》所赋予的。

中国、俄罗斯、马来西亚、印度、厄瓜多尔、缅甸、巴基斯坦、斯里兰卡、叙利亚、突尼斯和越南则认为，他们接受现代主权问题可以协商，以迎合大规模暴行发生时的“保护的责任”。但是在基于互不干涉内政原则的情况下，这些国家仍然对于国际社会在实行“保护的责任”时的角色表示关切。比如，中国认为“即使当外部帮助是必要时，仍应该充分尊重该国意愿，避免强行干涉”。同理，俄罗斯在解释2011年叙利亚问题中与“保护的责任”有关决议的反对票时表示，该决议未能尊重叙利亚主权和领土完整，忽视涉及内政时的互不干涉内政原则。

第三个异议是对于军事干预的厌恶。巴西、中国、俄罗斯、苏丹、津巴布韦、卡塔尔、朝鲜和叙利亚质疑“保护的责任”的第三条主旨，尤其是其要求以《联合国宪章》第七章为根据的集体行动。他们担心以武力解决大规模暴行的行动只会增加而不是减少平民伤亡。他们以伊拉克和阿富汗战为例，武力解决争端使恐怖主义崛起、政治不稳定，另有数以千计的民众在针对利比亚的军事干预中遇害。这些都说明了军事干预反而加剧了人权侵犯，使局势愈加恶化。

“保护的责任”仍有潜力成为国际共同规范，至少有两种可行的方法可以扩大“保护的责任”的全球共识。

第一，侧重防范，巩固国家能力。联合国秘书长在他最近的一份报告中强调了“抑制”暴行的重要性。能起到这种“抑制剂”作用的是，使国家有能力预防大规模暴行的风险付诸现实。比如在象牙海岸，仇恨言论导致了暴力，联合国就帮助媒体增强驳斥仇恨言论的能力，协助记者和司法提高调查暴力行为的能力，并优化记者的职业行为以免不公正报道。

侧重防范和国家能力的巩固让“保护的责任”向各国重申其目的是强化而不是削弱国家主权——至少对于那些并不利用国家机器实施大规模暴行的国家来说是这样的。另外，它可以改善各国对于暴力干涉的担忧，因为“保护的责任”第二条主旨，即对于国家政府暂时的国际援助，使基于“保护的责任”第三条的、有争议性的干涉在理论上更难发生。因此从这个角度来说，实现早预警的机制是十分重要的。有关防范种族屠杀和“保护的责任”规范的联合国特别顾问已经发展了一套框架，来分析暴行罪的预防，指导如何衡量种族屠杀和其他大规模暴行的风险。它在国家、地区和国际层面的广泛应用可能使客观公正的早期预警系统制度化，更好地得到预警并且尽早采取行动。

第二，建立军事行动中正确行为之原则。为将“保护”作为一个补充性规范，进一步发展巴西的责任可能会有帮助。“保护时的责任”基于正义战争理论，理论包括军事行动应为最后的办法、不应敌我悬殊、合理的成功预期等概念，这将确立如何界定正当的军事干涉，并呼吁建立一种监管反思审核机制（monitoring-and-review mechanism）以确保联合国安理会恰当地使用它的职能。这能阻止基于“保护的责任”的决议被滥用于防止大规模暴行以外的目的（比如在利比亚），并再次向有异议的国家重申“保护的责任”并没有被政治化、滥用或误用，恰恰相反，确立军事行动的正确行为之原则有利于控制这样的风险。[①]

第三节　中国关于主权认识的演进

一、新时期中国关于主权的认知与实践

虽然中国坚持绝对主权的观念，但是在新的历史条件下，中国对这一原则加以丰富和修订、使之更加符合了新时代特点，正在成为日益迫切的一件事情。

---

① Lauren Greace Fitzsimons, “The Status of the Responsibility to Protect Norm in International Relations,” June 11, 2015, https://www.e-ir.info/2015/06/10/development-and-good-governance-in-egypt/.

首先，全球化的加速发展和全球性挑战的严峻化，使得信息的传递更加迅速，使任何一个地点的坏消息及其严重后果的扩展超出以往任何时期。如果没有及时地介入和制止一个国家内部的消极事态，很有可能不仅伤害本国、本地区的人民，而且危及周边国家和整个国际社会的利益。内战的外溢就是一个典型事态，从波黑战争到海湾战争直至近期的利比亚战争均属于这类麻烦。据不同的评估数据，近二十年，由内战或动荡政局诱发的国际对抗，占到地区冲突和局部热点战争总数量的60%以上。在新的时代，国际安全的保障、各国自身的稳定乃至全球性治理的推进，都要求对传统的不干涉原则做出某种修正，使之允许在保证当事方基本权利的前提下由各国和国际社会参与个别国家内部危机的解决。

其次，发达国家早已意识到干预的必要，发达地区的公众和媒体对之有众多的讨论和呼声。在过去一个时期里，形成了大量理论与政策实践，并且竭力将这些东西扩展成国际共同标准与规范。例如，有人道主义干涉学说、人权高于主权学说、区域一体化与治理学说、全球分层次干预学说、反恐与先发制人学说、国际组织功能变化学说、联合国维和行动的新使命学说等。应当承认，这中间确有相当多的内容表达了新时期国际社会的共同需要与多数国家的诉求，有一定的进步意义和启发性。然而，这些干预学说往往被歪曲、狭隘使用，首先满足的是发动干涉的西方国家的私利与霸道要求，并且多半是在没有征求国际社会多数探讨与同意、没有得到当事国及其他各国允许和理解的前提下实施的，因而后果往往是顾此失彼，甚至带来更大的灾难与不确定性。从这个角度说，中国作为联合国安理会里唯一来自发展中国家的代表，又是一个强调正义和平等权利的社会主义大国，应当积极参与有关国际介入的最新讨论，认真研究实践中提出的新要求、新机遇，为建立既符合国际安全和全球治理新要求，又能为多数弱小国家和危机地带民众所能接受的介入理论做出自己的贡献。

我们这个时代的复杂性在于：一方面，体现在国家当局执政的主权，作为国际法和国际惯例的基础和主要承受者，依然是无政府状态的现代国际关系中不可或缺的中轴；另一方面，坚持主权的最好办法之一是积极参与全球和国际组织，善于妥协和灵活应变，包括做出必要的付出和让步，因为主权利益并不是在所有时候都能与国家所有的利益保持一致的；它从属于国家的整体利益，不能不惜任何代价地仅去保护它。[①]随着冷战的结束，“保卫我国主权的斗争从未停止”，但是中国面临的挑战越来越复杂和微妙，“中国应该务实灵活地应对面临的威胁，软硬兼施”。[②]甚至在预防性外交问题上，国内学者注意到，任何国际组织，在寻求平衡国际社会利益与民族国家利益时，当然都会对其成员国的主权权利采取一些限制；中国需要为亚洲的“危机管理”付出更大的努力，但中国需要小心谨慎地付出努力，警惕自己不要越过界限而成为“非法干涉”。[③]

在坚持国家主权的原则不变的前提下，中国政府在有关主权的实践上综合考虑实际情况，灵活处置。为了收获全球化带来的利益、比较优势和市场份额，中国的官员、精英阶层乃至普通民众热情地拥抱外部世界。这显示出中国对于主权的理解发生了微妙的变化。

尽管存在挥之不去的担忧，中国官方和学界都清楚地认识到，从长期来看，让渡部分经济主权的行使以实现中国的更加强大，是可以带来好处的。[④] 20世纪90年代早期，阎学通认为：“中国参与国际和地区经济合作是为了削弱一些国家制造的经济压力和实施制裁带来的经济损失。”[⑤]为了支持中国的经济一体化，他说：“由于中国对西方国家的市场和高科技的需求日益加大，西方国家利用经济手段干涉中国内政的能力也日益增强。这是无可争议的事实……提高我们与西方国家相互依赖的程度可以使其不轻易地干涉中国内政，因为他们也必须考虑自己的经济利益。”[⑥]陈德昭提出了他对经济主权问题的看法：中国必须“创造条件，趋利避害”，“尤其

---

① 阎学通：《中国国家利益分析》，天津：天津人民出版社1996年版，第217页。

② 吴鹏：《试论我国在亚太地区安全进程中应坚持的原则与措施》，《世界经济与政治》1999年第7期，第47—51页；阎学通：《中国国家利益分析》，天津：天津人民出版社1997年版，第192页。

③ 郭隆隆等著：《联合国新论》，上海：上海教育出版社1995年版，第15页；吴鹏：《试论我国在亚太地区安全进程中应坚持的原则与措施》，《世界经济与政治》1999年第7期，第50页。

④ 薛荣久：《经济全球化的影响与挑战》，《世界经济》1998年第4期，第9页。

⑤ Yan Xuetong, “China's Security after the Cold War,” *Contemporary International Relations*, Vol. 3, No. 5, 1993, pp. 1-16.

⑥ 阎学通：《中国国家利益分析》，天津：天津人民出版社1996年版，第131页。

是通过对中国经济进入全球经济设限以及通过经济增长以加强中国国力，由此可以抵御外国对中国的控制”。①

中国政府在坚定维护国家主权原则的同时，从实际出发灵活处置的一个典型例子是中国提出以“一国两制”原则来解决香港问题。中国政府恢复行使香港主权是一件高度敏感的事情。香港问题的历史重负承载了中国“一个世纪的耻辱”。即使如此，中国赋予香港这一“特别行政区”以高度的政治、经济和社会自治权力，并且在条件限定清楚的情况下可以自己推选政府，这种异乎寻常的宽松政策显示了中国政府的灵活性。

泰勒·弗拉维尔（Taylor Fravel）指出，最近几年来，中国在另外一些具有相当的历史性重大和敏感意义的事例上，同样显示出高度的灵活性和实用性，比如在与其邻国解决边界和领土争端的问题上。根据他对这一问题的大量研究，弗拉维尔指出，中国“经常使用合作的手段解决其领土争端问题，显示出远超人们想象的复杂的行为模式”。从 1949 年到 2005 年的 23 起边界与领土争端问题中，中国通过合作方式解决了其中 17 个争端。弗拉维尔总结到，“对于中国来说，领土争端的解决强有力地暗示了和平关系，从另一个方面反映了其领土冲突的现状”。②

中国关于主权立场的细微变化是中国新安全外交的重要组成部分，它受到以下各种因素的影响：第一，为了寻求更主动和更灵活的方法处理主权问题，中国领导人主要通过缓解国外潜在的安全压力而聚焦于国内的社会经济和社会政治问题。第二，中国的这种改变有助于中国向其邻国显示出友善和负责任的形象，消除邻国对其日益增长的实力和影响的疑虑。第三，在主权问题上显示出更加主动和更负责任的态度可以使中国有机会抗衡（但不是对抗）美国的影响，从而使中国可以更加有效地寻求其安全利益。

20 世纪 90 年代后期至 21 世纪初，中国在提出新安全外交的同时，对联合国维和行动开始更加主动和灵活。最显著的表现就是中国直接参与维

---

① 陈德昭：《经济全球化对中国的机遇与挑战》，《国际问题研究》1999 年第 3 期，第11 页。

② M. Taylor Fravel, “Regime Insecurity and International Cooperation: Explaining China’s Compromises in Territorial Disputes,” *International Security*, Vol. 30, No. 2, 2005, pp. 46-83.

和。20世纪90年代后期之前，中国对联合国维和行动最大的贡献是，在1992—1994年联合国对哥伦比亚的维和行动中，提供了可武装800人部队的装备（分两批，每批可武装400人）以及47位军事观察员。然而，从1999年开始，中国开始从数量、范围以及类型等方面大幅度提高了对联合国维和的支持力度，从1998年大约50名增加到2017年6月2515名官兵，分布在刚果（金）、南苏丹、达尔富尔、黎巴嫩、马里、中东、西撒哈拉、阿富汗、塞浦路斯和利比里亚十个任务区执行维和任务。[①] 1997年5月，中国表示希望参与联合国维和待命安排制度。这一制度是指联合国成员国自愿建立应急储备，包括军事、民警和文职人员，以及必要的装备，随时准备待用。到2002年，中国已正式参加了联合国维和行动第一级待命安排机制，发布了可以提供储备的清单。中国是参与该机制的联合国80个成员国中的一员。2015年9月，在联合国维和峰会上，习近平宣布成立中国—联合国和平与发展基金（现在已经进入第二年度的运营），建立8000人维和待命部队。中国现已成为联合国维和行动第二大出资国和五个常任理事国中第一大维和人员提供国。2016年12月，中国政府发表的《发展权：中国的理念、实践与贡献》白皮书指出，截至2016年，中国已向联合国维和行动累计派出维和军队、警察及民事人员达3.3万人次。[②]

从20世纪90年代后期开始，中国参与的联合国维和行动更加多样化。在此之前，中国的维和人员主要是军事观察员，主要任务是加入联合国维和部队，提供人道主义救援、抢修基础设施、监督停火协议、在有争议的边境地区巡逻、在冲突双方之间的非军事区执行隔离任务，比如在伊拉克—科威特边境和叙以边境的戈兰高地上执行任务。然而，2000年，中国采取了新的措施，第一次向联合国维和行动派出了成建制的武装警察，成为东帝汶过渡政府（UNTAET）以及联合国东帝汶支助团（UNMISET，2002年5月）的部分成员。目前，一些维和行动的任务区安全环境复杂，

---

① 根据联合国官网统计数据整理，参见 http://www.un.org/en/peacekeeping/contributors/2017/jun17_3.pdf, 2017-07-12。

② "Full text: The Right to Development: China's Philosophy, Practice and Contribution," December 1, 2016, http://www.xinhuanet.com/english/2016-12/01/c_135872822.htm.

维和人员伤亡事件时有发生。例如，中国派往马里和南苏丹的维和部队在2016年5月和7月分别遇袭，导致数人伤亡。中国参与维和行动的目的不仅仅是制止直接的军事冲突，还包括为长期和平创造必需条件等。

过去有研究强调中国不愿意支持联合国的非传统干涉，包括符合《联合国宪章》第七条规定的干涉。然而在东帝汶事例中，中国扮演了积极的角色：推动联合国介入大选后动乱日益加剧的东帝汶。1999年9月15日，在中国投赞成票的情况下，联合国授权组建一支由澳大利亚指挥的多国部队进驻东帝汶，执行恢复东帝汶的和平与安全的任务，并保护和支持联合国驻东帝汶特派团（UNAMET），同时为人道主义援助行动提供便利。这项决议授权这支多国部队"运用一切可能的办法以完成使命"。[①] 第二天，中国政府就派出了一支武装警察奔赴东帝汶，履行维和责任。[②]一个月之后，中国在联合国安理会投票支持组建联合国东帝汶过渡行政当局（UNTAET），这一过渡政府完全是在《联合国宪章》第七条的授权下组建的。这一决议授权联合国东帝汶过渡行政当局在履行使命时可以"运用一切必要的手段"。

同样的，"9·11"恐怖袭击发生后，联合国授权美国为首的多国部队打击阿富汗塔利班政府，中国支持相关联合国决议。2001年年底，中国政府也表达了对联合国向阿富汗派出维和力量做出贡献的愿望："关于向阿富汗派维和部队的问题，中方尊重在联合国主导下，有关各方在此问题上达成的一致意见。我们认为维和行动应获得安理会授权……中方愿意为阿维和行动做出贡献。"[③] 2002年7月，中国驻阿富汗大使建议20名阿富汗军官在中国接受训练。中国驻联合国特使重申，中国愿与德国一起，训练阿富汗警察，给阿富汗提供20000套警服警靴和50000套军服军靴，以及

---

① UN Security Council, September 15, 1999, S/RES/1264.

② "Spokesman on Joining UN East Timor Special Mission," Xinhua, FBIS, *Daily Report: China*, September 16, 1999.

③ Text of 4 December Transcript of Foreign Ministry Press Conference, "Foreign Ministry Spokesperson Zhang Qiyue Answers Questions from Reporters at Press Conference," December 4, 2001.

其他衣物。[1] 2005—2006 年，中国也向联合国阿富汗援助团（UNAMA）派遣了武装警官。从驻阿富汗的国际安全援助部队启动工作以来，中国一直赞成联合国向阿富汗派驻武装力量，并授权其运用“一切必要的手段”去完成使命。此前，1996 年 12 月，联合国授权驻波斯尼亚和黑塞哥维那的多国稳定部队（SFOR）刚成立时，中国也同样支持其依据《联合国宪章》第七条的规定，运用“一切必要的手段”去完成使命。在其他关键问题上，2002 年 11 月，中国赞成了安理会第 1441 号决议。这项决议确认伊拉克没有履行其裁军义务；敦促伊拉克“恢复该地区的国际和平与安全”；警告伊拉克“如果其继续违反义务，将面临一系列严重后果”。[2]

2013 年，中国向联合国马里稳定团（MINUSMA）区派出一支 135 人的安全部队，这是中国人民解放军第一次在维和行动中执行武装任务。2014 年中国向联合国驻南苏丹特派团（UNMISS）派出 700 人成建制的维和步兵营，这是中国对武力使用原则的再一次突破。2017 年 6 月，中国首支维和直升机分队在喀土穆部署到位。作为发展中国家和安理会常任理事国之一，中国以切实行动支持联合国维和行动。[3]

中国关于主权观念的转变，尤其是关于维和与反恐看法的转变，导致其前所未有地实施了一些行动，扩大了其新安全议程。中国新安全外交的三个目标导致这种观念的转变和行动的实施：第一，观念的转变有助于帮助中国分散国外压力以专注于应对国内社会、政治和经济挑战；第二，中国灵活处理主权问题是为了使区域邻国和其他国家对中国和平崛起的建设性作用消除疑虑；第三，中国希望对主权问题的新观念可以突出中美关系的建设性因素，以便赢得更多的安全利益。

中国对主权采取更加开放的观念，同样也是为了使其邻国和国际社会更加安心。例如，通过对联合国维和越来越大的支持，中国在国际事务中

---

① Kabul Bakhtar News Agency, July 24, 2002; “Statement by Ambassador Wang Yingfan, Permanent Representative of China to the United Nations, at the Security Council on the Situation in Afghanistan,” March 26, 2002, www. china-un. org/eng/27765. html.

② UN Security Council, November 8, 2002, S/RES/1441.

③ 孟文婷：《中国参与联合国维和行动的研究述评》，《国际政治研究》2017 年第 4 期，第 89 页。

的影响越来越大，对全球和地区事务的责任也越来越大。对维和更加积极的贡献，树立了中国的国际形象，也表明了中国愿意做一个负责任大国和坚持和平发展道路的意图。正如中国公安部副部长所说："中国积极参与联合国维和行动，尤其是参与还没有与中国建立外交关系的海地的维和行动，充分展示了中国爱好和平和负责任国家的形象。"①

最后，中国新安全外交及其关于主权的新观念，旨在以更符合中国利益的方式平衡美国和塑造中国的地区安全环境。例如，中国在联合国投票支持了美国在阿富汗进行的反恐战争，但中国对国际干涉行动的支持是有原则的，例如，2003 年美国入侵伊拉克时，中国就表示了反对。

中国对维和态度的改变，反映出其对主权概念的新解读。以北京大学国际关系学院王逸舟教授为代表的学者认为：在坚守主权命题当代有效性的同时，也要看到新的主权观应当超越旧式的纯粹法理的层面，以更加丰富的层次、更加多样的内涵和更具动态感的形态，给国家在国际社会的新角色以更好的理论及政策说明。②显然，中国关于主权的观念正在体现灵活性，但中国的原则立场仍然没有根本变化。总体来说，中国寻求更有力的、一致同意的国际和地区的作用机制，而不是屈从美国或其他大国的单边行动。

二、中国新主权观和对"保护的责任"建设性立场

（一）中国新主权观基本原则

无论从话语还是实际的事实上，完全的"不干涉内政"的主权观早已不再是指导中国和世界交往的原则之一。北京大学教授王逸舟提出了"创造性介入"，丰富和发展了中国的主权学说。他在《创造性介入——中国外交新取向》一书中提出："'创造性介入'讲的是一种新的积极态度，即

① "China to Send Antiriot Peacekeepers for Haiti," Xinhuanet, June 4, 2004, www.chinaview. cn.

② 孟文婷：《中国参与联合国维和行动的研究述评》，《国际政治研究》2017 年第 4 期，第 91 页。

在21世纪第二个十年到来之际，中国对国际事务要有更大参与的意识和手法。它要求中国的各个涉外部门和更大范围的中国公众，在坚持邓小平改革开放基本路线的同时，增强进取心和‘下先手棋’，积极介入地区和全球事务，拿出更多的方案并提供更多的公共产品及援助，以使未来国际格局的演化和人类共同体的进步有中国的印记、操作及贡献。”

但是，许多人士会担心，如果中国干涉其他国家，特别是发展中国家的内政，这和西方列强和日俄干涉昔日旧中国的内政又会有何不同？中国需要什么样的“主权观”呢？我们认为可以有以下三点最基本的原则。

首先，我们应该明确，建议和批评（或者说是话语的干涉）不是干涉，而只有付诸行动才是真正的干涉。因此，新的主权观的第一原则是我们秉承尽可能只用语言（建议、批评，以及对话）来干涉他国的事务，而不用行动来干涉他国的事务。言语可以私底下交流，只有一定必要的时候才公开。

我们提出建议和批评，是希望其他国家能够听取来自中国的批评意见和建议（当然，听取不代表他们会执行）。而这一原则也同样要求我们能够听取别人的批评意见和建议（同样，听取不代表我们执行）。只要人家不是恶意欺负我们或者通过压力来从我们这里获取好处，我们都应该心平气和地对待。当然，对于恶意的攻击和打压，我们一定要回击和反驳。

其次，是对等协商原则。即，你给我这样的条件，我就给你这样的条件。比如，美国以国家安全为由，对中国的华为进行打压，而同时要求我们开放美国有优势的产业和市场。那我们也应该要求同样如此。类似地，欧洲一直拒绝承认中国的市场经济地位，但是又想进入中国的市场。同样，我们也应该要求对等原则。中国如今已经参与到无数的多边和双边自由贸易协定中，这些协定中无一例外，都体现了对等协商的原则。

最后，除非得到合法政府的要求和联合国授权，我们绝不采取行动来干涉其他国家的内部事务。同时，我们绝不做美国和西方其他国家动用间谍机构或者其他手段，进行政权颠覆，推动颜色革命那样的事。这样的做法最后是害人害己。中国在卷入其他国家的政治时，必须守住这样的底线。也就是说，即便是得到了合法政府的要求但没有联合国授权时，中国也要拒绝以行动，特别是军事行动，来实质性地介入其他国家的内部事务。如果中国跨越了这根红线，将走向一条不断卷入其他国家内部的纷争、内乱甚至内战的不归路。

归根结底，中国拥有与时俱进的主权观不是要重走西方列强无视发展中国家人民的生计，对发展中国家施行殖民、奴役、和横加干涉的政策。中国拥有与时俱进的主权观是希望中国的某些意见能够被倾听，也能够更多地倾听其他国家对中国的意见。

（二）中国对"保护的责任"的建设性立场

"保护的责任"与以往的"人道主义干预"论和"人权高于主权"论有着很大的区别，其突出的是一种"负责任的主权"（Sovereignty as Responsibility），强调人道主义危机中平民应该得到保护的权利和主权国家负有保护公民的主要责任。在全球治理的大背景下，虽然国家主权日益成为一种对国内和国际社会的责任已经是不容忽视的事实和客观趋势，但西方国家在此问题上存在着借此实现干涉主义的企图。许多发展中国家担忧"保护的责任"是西方国家的"特洛伊木马"，很容易成为西方干涉发展中国家内政的"幌子"。中国政府在联合国的多种场合反复强调履行"保护的责任"不应动辄进行武力干预，要通过对话与和平的方式解决问题，防止该项规范被滥用。在叙利亚危机爆发后，西方国家向联合国施压，推动对叙利亚动武，试图复制"利比亚模式"。中国政府反复强调，军事干预不是解决叙利亚危机的最好手段，相反只会使叙利亚危机更加复杂化，并先后几次与俄罗斯携手否决了西方国家涉叙的决议草案。

对于联合国推广的"保护的责任"概念，中国政府用一系列文件和行为表达了自己的态度。2005 年 6 月 7 日，中国政府发表了《中国关于联合国改革问题的立场文件》，其中在谈到"保护的责任"问题时指出："有关行动须严格遵守《宪章》的有关规定，尊重有关当事国及其所在地区组织的意见在联合国框架下由安理会根据具体情况判断和处置，尽可能使用和平方式。在涉及强制性行动时，更应慎重行事，逐案处理。”[①] 6 月 21 日，中国常驻联合国代表王光亚大使在联合国大会上提到“保护的责任”问题时说：“对如何判定一国政府是否有能力和意愿保护其公民，应研拟国际社会普遍同意的综合评定标准，不应由少数国家或机构自行制定，进而鼓吹干涉国际社会在缓和和制止大规模人道危机时，应严格遵守《宪章》，尊重当事国及有关区域组织意见，由安理会根据具体情况判断和处置，尽可能使用和平方式。在涉及强制性行动时，更应慎重行事逐案处理。”[②] 12 月 9 日，中国常驻联合国副代表张义山大使在安理会讨论“武装冲突中保护平民问题”的公开辩论会上发言说：“在发生大规模人道主义危机或大规模严重违反人权情况时，迅速采取措施加以缓解和制止，是国际社会的普遍共识和正当要求。安理会应根据具体情况，做出判断和处置。与此同时，要避免匆忙搞强制干预，使问题更加复杂化，甚至对无辜平民造成更多伤害。”[③] 2009 年 7 月 24 日，中国常驻联合国代表刘振民在联大关于“保护的责任”问题全会上的发言时说，“保护的责任”是 21 世纪初出现的一个新概念。2005 年《世界首脑会议成果文件》（以下简称《成果文件》）对“保护的责任”作了非常谨慎的描述。《成果文件》将“保护的责任”的适用范围严格限于“种族灭绝、战争罪、种族清洗和反人类罪”四种严重的国际罪行。但几年来，各方对此概念的内涵和适用性仍存在争议。联大讨论这一概念，有助于会员国厘清思路，寻求进一步共识。“保护的责任”迄今还只是一个概念，尚不构成一项国际法规则。因此，各国应避免将“保护的责任”作为向他国施压的外交手段。“保护的责任”能否得到各国一致接受、能否真正有效履行，还需要在联合国或有关区域组织内进一步探讨。[④]

---

① 《中国关于联合国改革问题的立场文件》，2005 年 6 月 7 日，https：//www. fmprc. gov. cn/web/ziliao_674904/tytj_674911/zcwj_674915/t199083. shtml。

② 《王光亚大使在联大磋商 9 月首脑会成果文件草案时的发言》，2005 年 6 月 21 日，纽约，https：//www. fmprc. gov. cn/ce/ceun/chn/fyywj/wn/fy2005/t200663. htm。

③ 《张义山大使在“武装冲突中保护平民问题”公开辩论会上的发言》，2005 年 12 月 9 日，https：//www. fmprc. gov. cn/ce/ceun/chn/xw/t225607. htm。

④ 《刘振民大使在联大关于“保护的责任”问题全会上的发言》，2009 年 7 月 24 日，联合国大会厅，http：//www. china-un. org/chn/xw/t575179. htm。

第四章　中美安全观念与制度竞争

第一节　亚洲安全形势特征与主要安全合作机制

一、亚洲安全形势的特征

当今亚洲，一方面经济合作蓬勃发展，是世界上最具发展活力和潜力的地区之一。另一方面，亚洲的发展前景正受到日趋复杂的安全环境困扰，在某些局部地区形成了“安全困局”甚至“安全危局”。总体上看，亚洲安全形势呈现出以下几个主要特征。

（一）传统安全威胁与非传统安全威胁相互交织，新威胁新挑战不断生成

当前，亚洲面临的传统安全威胁不仅没有消失，而且变得更加错综复杂。东北亚的朝核问题一波三折，围绕岛屿主权和海洋权益的争端突出，巴以冲突和阿富汗安全局势恶化，一些国家之间由于缺乏信任，在某些方面已经陷入传统的“安全困境”，等等。亚洲面临经济金融安全、能源安全、粮食安全、网络安全、自然灾害、公共卫生等各类非传统安全挑战也十分突出。其中许多非传统安全与传统安全相互交织、相互影响，进一步导致了新威胁和新挑战的不断生成。例如，随着全球信息化和网络技术快速发展，网络犯罪、网络恐怖主义、黑客攻击和网络战给亚洲国家的安全带来重大威胁。美国利用高技术手段窃听全世界的通信，包括各国领导人的手机电话通信，对亚洲国家安全构成一种新挑战。一些别有用心的国家

和组织凭借其先进的生物技术，以生物物种入侵、重大传染病、生物暴力等为“生物武器”，“静悄悄”地推进其军事或政治计划。

（二）地区安全博弈日益复杂，军事集团逆势发展

冷战结束后，亚洲经济持续发展，区域一体化方兴未艾，中、印等发展中大国迅速崛起。面对亚洲日新月异的变化，美国不是以积极开放的心态建设性地参与亚洲区域一体化进程，与中国等崛起国家保持建设性合作，共同推动亚洲的和平与发展。相反，奥巴马上台后，美国开始高调“重返”亚洲，实施亚太“再平衡战略”和“空海一体战”，强化与日、韩等传统盟国关系，在亚洲制造各种矛盾，鼓励区域军备竞赛。美国的这种行为，导致区域内国家关系趋于紧张，区域经济一体化进程严重受阻，地区和平与稳定受到严重挑战。在美国的教唆和煽动下，亚洲一些国家安全政策出现调整，地区安全博弈日趋复杂。日本安倍政权利用美国推行再平衡战略的机遇加紧强化防卫力量，推动日本修宪扩军，解禁集体自卫权。在钓鱼岛问题上坚持强硬立场，强化与中国的安全对抗措施。菲律宾等少数东南亚国家依仗美国背后支持，不断对我南海权益进行挑衅。美国强化其亚洲同盟体系，公然支持日本、菲律宾等国与中国对抗，试图将更多的国家拉入到自己的羽翼之下，构筑一个所谓的遏制中国、威慑中国的“对华包围圈”。这种做法是冷战思维之下的零和游戏规则的产物，给亚太地区各国的稳定与发展带来新的挑战。

（三）地区安全合作机制众多，但尚无覆盖全亚洲的有效安全合作机制

长期以来，由于在经济发展水平、文化、宗教、地理等方面的重大差别，亚洲地区内的次区域组织众多，却缺乏能代表整个亚洲的安全政治对话平台。在此情况下，某些域外大国趁机插手亚洲地区安全事务，拼凑以其为核心的地区安全机制，加剧了亚洲各国间的矛盾与摩擦。本地区安全合作长期滞后于经济合作。目前，亚洲安全机制的特点是多层次、多形式、多样化和官民交叉，尚未建立符合地区实际、满足各方需要的、覆盖

全亚洲的安全合作架构。当前亚太地区许多安全框架或者是由东盟主导或推动的，比如东亚峰会、东盟地区论坛、东盟防长扩大会等，但显然这些框架还不足够；或者是由西方主导的，比如“亚太安全合作理事会”和“香格里拉对话会”。前者主导或推动的亚太合作安全机制既受其自身缺陷的制约，又受同盟体系的排挤，很难在地区安全秩序的建构中起到主导作用，后者则是美国等西方国家用来主导地区安全秩序、防范和遏制中国崛起的工具。因此“建立一个符合地区实际、满足各方需要的区域安全架构势在必行”。在这种复杂的安全形势下，亚洲国家迫切需要有一个新的安全观来有效管控分歧和摩擦，扩大共同利益与合作空间，维护亚洲的和平与安全。习近平主席在亚信会议上倡导“共同、综合、合作与可持续”的亚洲安全观可谓正当其时，契合了时代发展的需要。

二、亚洲主要的安全合作机制

亚太地区现有的安全机制和安全对话机制数量众多，这些机制在成员主体、覆盖区域、功能主题等方面存在交叉重叠，学界通常用“叠床架屋”来指称这种现象。这些机制大致归纳为四个类别。

第一，主要的双边或多边同盟/战略关系。这一层次的安全机制搭起了亚太地区安全格局的框架。以美国为核心的双边和多边安全同盟体系，是亚太地区安全机制中发挥作用时间最长、体制最严密、实践程度最高的机制。此外，比较重要的双边战略关系或机制还包括：《中朝友好合作互助条约》、中美战略与经济对话、《中美陆军交流与合作对话机制框架文件》《中俄睦邻友好合作条约》、中印边界信任措施、美印安全机制、俄印双边安全措施、五国（澳大利亚、马来西亚、新西兰、新加坡和英国）防务协定等。

第二，区域/次区域机制。这一类别的机制大多是由区域内大国或主要力量国主导成立的，其功能主题一般都包含安全、经济、政治等多个领域。最主要的机制包括亚洲相互协作与信任措施会议（简称“亚信会议”）、南亚区域合作联盟、东南亚国家联盟、上海合作组织、东亚峰会以及澜沧江—湄公河对话合作外交高官会，等等。在这些区域性机制中东盟占据特殊地位，在本地区安全议题的设置中经常替代大国担当领导者角色。此外，以东盟为中心又产生了一些外围机制，包括东盟地区论坛、东盟国防部长扩大会议等。

第三，专门议题机制。这一类别主要针对核不扩散、海上安全等安全议题。主要包括朝核问题相关机制（主要指“六方会谈”）、防扩散安全倡议（PSI）、《南海各方行为宣言》、全球海上伙伴项目（也称“千舰计划”）等。

第四，重要的“一轨半”对话机制和“二轨”对话机制。这类机制由于对安全议题的广泛探讨，对国际舆论深具影响，并且与各国官方有千丝万缕的联系，因而在地区安全进程中有独特的影响力。比较重要的机制有香格里拉对话、亚太地区安全合作理事会（CSCAP），等等。近年由中国军事科学学会主办的香山论坛也在国际舞台上崭露头角。[①]

亚洲安全问题复杂多元，如何应对这些安全挑战，首先要确立正确的安全观。在地区议程上，是坚持谋求共同安全，还是寻求自身绝对安全？在安全合作上是开放包容还是拉帮结伙？在国家关系上，是和平共处还是相互威胁？在维护利益上，是寻求共赢还是你输我赢？归根到底，是以冷战时代的旧观念、旧方式，还是以面向世纪的新观念、新方式来应对亚洲的安全挑战。

观念是制度的基础。不同的安全观就会必然导致不同的国际安全制度。中国奉行“互信、互利、平等、协作”的新安全观，强调“综合安全”“共同安全”与“合作安全”，因此在机制建设上自然追求多边主义安全制度。相反，美国仍然停留在20世纪的冷战思维和零和博弈上，自然会选择对抗性的同盟制度。围绕着新旧安全观念以及不同的安全制度，中美在亚洲开展了激烈的竞争。

---

① 王缉思：《亚太地区安全架构、目标、条件与构想》，《国际安全研究》2016年第1期，第5—6页。

第二节　美国扩大与深化亚太同盟体系

同盟是国际关系研究的核心问题之一。正如乔治·李斯卡（George Liska）指出的“谈到国际关系不能不涉及同盟，不谈同盟而谈国际关系是不可能的，这两者除了名称不同之外几乎可视为一体”①。凯格利与威特考夫（Charles W. Kegley Jr.，Eugene R. Wittkopf）合著的《国际政治》认为，同盟实质上就是两个或两个以上国家为了增强他们之间的相互安全，通过集合军事力量、承诺协调政策而签订的正式协定。按照这种界定，只有那些签订正式军事协定的安全合作才可以称为同盟。②布热津斯基指出“美国在全球至高无上的地位是由一个覆盖全球的联盟所组成的精细体系支撑的”。

一、冷战后美国与亚太盟国关系的总体强化

在亚太，日本、韩国、澳大利亚、菲律宾和泰国是美国的传统盟国。冷战时期美国的国家安全战略——其主要手段是利用盟国的力量对苏联及其他社会主义国家进行政治孤立、军事威胁和经济封锁。从这个意义上讲，美国的联盟战略为美国的国家安全战略发挥了重要作用，被美国看作是维护国家安全的基石。冷战结束之初，美国在亚太地区的同盟体系遭到合法性危机。由于苏联威胁的消失，美国在该地区的军事存在受到包括盟国在内的区内国家质疑，加之菲律宾、日本等国民族主义兴起，导致美军被赶出菲律宾军事基地，美日同盟一度停滞不前，美国在亚太施展领导力的平台出现动摇。③ 然而，冷战后美国的国家安全战略——参与和扩展战

① George Liska, *Nations in Alliance: The Limits of Interdependence* (Baltimore: John Hopkins University Press, 1962), p. 2.

② Charles W. Kegley Jr. and Eugene R. Wittkopf, *World Politics: Trend and Transformation*, 7th edition (Boston and New York: Bedford/St. Martin's: 1999), p. 463.

③ 刘卿：《美国亚太同盟关系衍化新趋势》，《国际问题研究》2016 年第 2 期。

略的核心是实现全球民主化，仍然需要美国与盟国共同向全世界推销西方的民主，美国把保持和加强同盟体系看作是制定和实施这一战略的基础。海外军事存在是美国在全球施加影响的重要手段。美国通过联盟在海外驻军并建立基地、预储物资和进行军事演习等，达到了显示力量、及时地干预或威慑，以及有效地控制盟国等目的。

朝鲜核问题和台海危机为美国延续同盟关系提供了难得的契机。克林顿政府更新同盟条约，包括修订《日美防卫合作指针》、签订《澳美21世纪战略伙伴关系协议》等。进入21世纪后，美国及其盟国受到前所未有的恐怖主义威胁，在共同反恐的名义下，小布什政府赋予亚太同盟关系新任务，美日、美韩、美澳同盟关系超越亚太区域安全责任限制，涉足中东、中亚地区。因反恐战线拉得过长，美国对亚太地区关注和投入相对不足。而在同期，亚太地区经历了历史上少有的快速发展期，区域一体化进展和地区力量的结构性变化使美国对该地区主导力显现出局限性。奥巴马上台后加快结束伊拉克和阿富汗战争，开始将主要战略精力转向亚太，提出“重返亚太”和“亚太再平衡”口号，寻求重塑亚太同盟关系。2010年发表的《美国国家安全》报告指出：“美国同日本、韩国、澳大利亚、泰国和菲律宾的盟友关系是亚洲安全的基石，是亚洲—太平洋地区繁荣的基石。为更好地反映亚太地区活力和21世纪的战略趋势，我们将继续深化和升级同这些国家的盟友关系。”①

（一）美日同盟

美日同盟是在冷战特殊历史背景下形成的一种双边安排。冷战时，《日美安保条约》将日美防卫合作界定为“日本防卫”和“维护远东地区的安全与稳定”。冷战后，美日同盟关系在经历了短暂的“漂移”。从20世纪90年代中期开始，美日同盟关系开始“再定义”和强化，重心由“日本防卫”转向“维护亚太地区的和平与稳定”。对美国来说，日本是其平衡中国影响的砝码，在日本看来，美国是其应对中国影响力上升的依

① White House, *National Security Strategy of the United States of America*, Washington, 2010, p. 42.

靠。双方都把美日关系视为自己东亚战略的基石。

1996年4月，美国总统克林顿访日。两国签署了《日美安全保障联合宣言》，决心维持冷战时期的日美同盟，强化“日美安保体制”，加强双方在防务方面的合作。

1997年修改《日美防卫合作指针》。日本自卫队与美军将在联合训练、情报共享和基地共同使用等传统领域加强合作，日美同盟的范畴也将扩大到应对网络攻击和太空合作等新战略领域，这意味着日美同盟的深度和广度都将得到大幅拓展。①

日本从1999年起制定《周边事态法》等一系列“有事法制”，为日美在亚太地区和全球范围加强军事合作铺平道路。《周边有事法》公然将台湾海峡纳入“周边有事”区域，企图在军事上介入两岸问题。

2004年，美国调整海外基地，将日本作为美国太平洋防区的陆、海、空军的指挥中心，进一步提升日本在美国亚太同盟体系中的中心地位。

奥巴马上台后，一再强调日本是美国在亚洲最很重要的盟友。2009年11月，奥巴马总统访问日本，在东京发表其亚洲政策演说，表示要深化美日同盟关系。但日本民主党鸠山内阁由于普天间基地搬迁等问题影响了日美关系，鸠山首相本人也因此于2010年6月被迫下台。2012年4月，日本首相野田佳彦与美国总统奥巴马在华盛顿举行会谈，并发表标题为《面向未来的共同蓝图》的联合声明。声明称“为了亚太地区的安全保障，美日将会运用一切能力来完成任务与责任”。双方明确表示美日将联手主导该地区的新秩序。②

2013年12月，日本安倍政府炮制出台了日本新《防卫计划大纲》和《中期防卫力整备计划（2014—2018）》，以及作为外交与安全政策首个综合方针的《国家安全保障战略》。这三大防卫文件“剑指”中国意味明显，而安倍政府以渲染周边国家“威胁”为借口，从而达到修宪扩军之目的的意图昭然若揭。2014年4月，美国总统奥巴马访问日本，发表《美日联合

① 吴谷丰：《日美同盟在危险的道路上越走越远》，新华网，2013年10月3日，http：//news.xinhuanet.com/world/2013-10/03/c_117592230.htm。

② 张仕荣：《美国重返亚太背景下的美日同盟》，《学习时报》2012年7月30日。

声明》，强化了两国同盟关系，并为日本军国主义撑腰。2015 年，美日双方在纽约举行“2+2 会谈”期间发布了新版《美日防卫合作指针》，该指针对美日安全合作的内容、范围及形式进行了大幅度的修改，是战后美日同盟成立以来最为重大的一次变革，预示着美日两国决心将美日同盟升级为“世界中的美日同盟”，也为美日两国在全球地区的安全合作建立制度保障。美日对双边安全合作的根本变革势必会加剧东亚地区现存的领土海洋问题争端，冲击东亚和平稳定的基础。不仅如此，美日借强化美日同盟之机，意图提升对中国的军事遏制及其掌控地区冲突热点的能力，并重塑美国在亚太地区的统治力，这必然会干扰中国周边外交政策的实行及“一带一路”倡议的推进，对中国的和平稳定带来极大的负面影响。①

（二）美韩同盟

冷战后美韩同盟经历了两次调整，一次是 2003 年的驻韩美军基地调整，另一次则是李明博上台后美韩同盟再定位。“9·11 事件”使美国意识到威胁的多元化，制定了化整为零、灵活机动的前沿部署战略。李明博上台后，积极推动美韩同盟强化。2009 年 6 月，美韩首脑峰会签署《韩美同盟未来展望宣言》，双方决定在朝鲜半岛、亚太地区和全球三个层面构筑“全方位战略同盟”，表明了美韩同盟战略新定位。从 2010 年朝韩之间发生“天安舰事件”至 2013 年 2 月朝鲜进行第三次核试验，朝鲜半岛局势紧张，新上台的朴槿惠政府采取了与美国加强同盟关系以遏制朝鲜，同时也改变李明博政府不与朝鲜打交道的政策，有条件开放南北对话的大门。2013 年 5 月朴槿惠访美，两国发表“韩美同盟成立 60 周年联合宣言”，拓展了同盟的内容，美国将美韩关系提升到“全球伙伴关系”的层次，提升了韩国在美国同盟体系中的地位。

（三）美澳同盟

冷战时期，澳大利亚出于应对苏联威胁的需要，于 1951 年与美国结成

① 朱清秀：《美日安全合作：从地区走向全球》，《国际安全研究》2017 年第 3 期，第 119 页。

同盟关系。冷战结束后，同盟关系出现“飘浮”倾向。1996年霍华德成为澳大利亚总理后，致力于强化澳美同盟关系，两国在战略、防务方面的合作富有成效。在1996年7月的澳美安全会议上，两国外长、国防部长发表《关于21世纪澳美战略合作伙伴关系的悉尼联合安全声明》，为在战略、防务上的全面合作指明了方向。2000年，美澳签署《在国防装备和工业方面加强合作的原则协议》，澳大利亚获得了分享美国国防高科技的特殊地位，使澳大利亚在军舰和潜艇的战斗系统、电子战系统和空对空导弹系统等方面极大提高了与美国协同作战的能力。“9·11事件”后，美澳同盟全面加强。2011年9月，美澳举行“2+2”年度部长级会议，两国就美军加强在澳的军备部署、使用澳的军事设施开展训练及联合演习、两军联合防范网络攻击等达成一致。11月16日，澳大利亚总理吉拉德和美国总统奥巴马举行首脑会晤，宣布美国在澳大利亚的永久驻军计划，澳方同意开放布里斯班、珀斯和达尔文基地给美国使用。美澳首脑会晤被认为是抗衡中国的影响力并重申美国在亚太地区的利益。2014年8月，时任美国国防部长哈格尔和国务卿克里联袂访问澳大利亚，签署了一系列军事合作协议。根据协议，在未来的25年时间里，澳大利亚允许美国海军陆战队和空军在其领土进行训练和驻扎。到2017年，将有2500名美国海军陆战队被派驻至澳北部的达尔文地区。目前，美澳军事同盟的合作内容主要包括外交磋商、定期对话、联合演习、情报共享和技术转让等，双方在战略规划、战役推演、军事协同、地区合作、技术转让、后勤保障等方面建立起了密切的合作机制。随着中国崛起、美国实力下降以及澳大利亚自主性增强对澳大利亚的美澳同盟政策构成一定制约。处于多重战略考量，澳大利亚的未来防务将一方面紧密配合美国的亚太政策，另一方面防范与借重中国并举，尽量避免在中美之间“选边”。①

（四）美泰同盟

冷战结束后，东亚对美国的地位大幅下降，美国对泰国关注度有所降

① 幕小明：《澳大利亚强化美澳军事同盟》，《世界知识》2016年第10期，第37页。

低，双方关系出现了一系列矛盾。1997 年东南亚金融危机使泰国损失惨重，而美国主导的国际货币基金组织（IMF）提出了苛刻的紧急贷款条件，要求泰国政府通过国营企业私有化、破产法、修改外商投资法等 11 份法律文件——被泰国民众称为“卖国契约”。美国也常用人权问题和民主化问题敲打泰国，引起泰国不满。2003 年之后，布什政府出于打造反恐“第二条战线”需要，将泰国、菲律宾提升为“非北约主要盟国”，恢复美泰关系。奥巴马上台后，美国开始实施“重返亚太”战略，迫切寻求和巩固在东南亚地区的战略支点，美泰军事同盟关系有所强化。2012 年 11 月，美国国防部部长帕内塔以及奥巴马总统先后访问泰国，强化与泰国的军事合作关系。美国国防部部长帕内塔与泰国国防部长素甘蓬签署《2012 年泰美防务联盟共同愿景声明》。这份声明强调建设地区安全伙伴关系，标志着双方 50 年来首次提升泰美防务合作水平。在声明中，双方强调了四个方面内容：（1）为东南亚地区安全加强伙伴关系；（2）支持亚太及其以外地区的稳定；（3）加强双边和多边互通性；（4）加强各个层面的关系构建、协调与协作作。[①] 尽管美泰关系在 2012 年获得提升，但是近来缺乏发展动力，并受到多方掣肘。一方面，泰国政局持续动荡、政府频繁更迭，而美国则强力干预泰国民主发展，使得两国军事关系发展磕磕绊绊。另一方面，泰国作为中小国家，奉行大国平衡外交原则，对军事上过度受制于美国有所提防。同时，泰国在经济上非常倚重其最大贸易伙伴国——中国，不愿因美泰军事合作过于密切而引发中国不悦，最终损害泰国经济发展。[②]

（五）美菲同盟

冷战结束后，菲律宾国内民族主义情绪高涨，菲国议会 1991 年否决美在菲国设驻军，也不再签新的租借基地协定。1992 年美国撤出了在苏比克海军基地的军队，两国同盟关系逐渐冷却。两国的军事合作关系在 20 世纪

---

① 2012 Joint Vision Statement for the Thai-U. S. Defense Alliance, November 15, 2012, http://www.defense.gov/releases/release.aspx? releaseid = 15685, August 30, 2015.

② 宋清润：《从“亚太再平衡”战略看美泰军事同盟关系》，《国际研究参考》2015 年第 2 期，第 5 页。

90年代末开始恢复，1998年两国签订《访问部队协定》，美军得以重返菲律宾。21世纪初，为了应对全球恐怖主义威胁，两国军事同盟关系逐渐进入快轨道。奥巴马上台后，随着美国战略重点转向亚太以及菲律宾妄图依靠美国力量攫取我国在南海的岛屿和海洋权益，两国之间的同盟关系进一步强化。2012年，双方建立了外交部长和国防部长“2+2”对话磋商机制，此后，对话每年举行一次。2014年4月，奥巴马总统访问菲律宾，两国签署一份为期10年的新防御协议《菲美加强防御合作协议》。协议允许美军使用菲律宾境内的军事设施，在菲轮换驻军并预置武器装备。① 2016年3月，根据协议，菲律宾明确了允许美国使用的五处军事基地，包括位于巴拉望岛的包蒂斯塔空军基地、马尼拉以北的巴萨空军基地、吕宋岛中部帕拉延的马格塞塞堡、棉兰老岛的伦维亚空军基地和中部城市宿务的麦克坦—贝尼托·埃本空军基地。美国在冷战结束后第一次真正重返菲律宾，重获菲军事基地使用权，使美菲防务合作拥有了冷战后曾缺失的最重要“纽带”。但是，由于美菲同盟关系是典型的不对称关系，容易受到菲律宾国内政治的影响。2016年6月，杜特尔特就任菲律宾总统后，美菲同盟关系受到一些波折，特朗普政府上任后，杜特尔特对美态度有所缓和，美菲“肩并肩”演习也已举行，这显示由于双方具有共同的威胁认知，美菲防务合作强化趋势虽有所减缓，但难以逆转。②

简言之，虽然几十年来亚太地区局势发生了巨大和复杂的变化，但美国的亚太同盟体系的架构总体得到保持和强化。

二、美国战略东移后扩大与深化亚太东盟体系

美国的亚洲政策长期以来是以与盟国的双边关系为基础的。美国的亚太同盟体系又被称为“轮辐体系”。美国居于轮子的中心，盟国处于辐条的末端。这一体系的主要特征是美国与地区国家建立了一系列的双边同

① 《美菲签署10年防务协议　美重申不开军事基地》，新华网，2014年4月28日。

② 刘琳：《美菲防务关系的演变与发展前景》，《当代美国评论》2017年第1期，第61—62页。

盟，这些国家与美国单线联系，相互之间缺乏横向安全合作。

奥巴马政府战略东移后，美国除了继续巩固已有的同盟体系外，还采取了扩大同盟体系的新措施，具体体现在两个方面：

（一）发展新的伙伴关系

随着亚洲大国中国和印度的崛起、中等国家印度尼西亚和越南的发展，美国传统盟国在地区事务中的分量下降已是不争的事实。奥巴马政府在传统盟友关系基础上提出要重视与地区新兴力量发展伙伴关系，在奥巴马政府谋求发展伙伴关系的努力中，印度、印度尼西亚、越南是三个重要对象。

美方认为，美印伙伴关系在亚洲、全球安全与繁荣和印度经济增长三方面面临着历史性机遇。在亚洲层面，平衡和牵制中国在亚洲不断增强的实力和影响力是美国对印政策的重要考虑。奥巴马政府积极发展与印度的军事合作，鼓励印度在东亚地区事务中发挥更大的作用。2010 年 6 月，美国与印度举行了首次战略对话。11 月，奥巴马访印期间表示，支持印度成为改革后的联合国安理会常任理事国。这是美国为提升美印关系做出的重要姿态。莫迪政府上台后推行雄心勃勃的内外政策，迎合了美国“亚太再平衡”的战略需求，双方防务合作迎来重大机遇。2016 年 6 月，莫迪访美时，美国给予印度“主要防务伙伴”地位，承诺将“促进与印度的技术分享”，达到同最亲密盟友和伙伴的程度”。[①] 2016 年 8 月，印度国防部长马诺哈尔·帕里卡尔访问美国，与美方签署《后勤交换协议备忘录》（LEMOA），印度允许美国战机和军舰使用本国军事基地来加油、维修和补给，或在联合演习中使用。在特朗普时代，印美在维护印太安全方面有望延续这一发展势头。2017 年 2 月，特朗普就任总统不久，美国国防部长马蒂斯与印度时任国防部长帕里卡通话，明确表示“要持续推进双边防务合

---

① “The United States and India: Enduring Global Partners in the 21st Century,” June 7, 2016. http://www.mea.gov.in/bilateral-documents.htm? dtl/26879./IndiaUS_Joint_Statement_during_the_visit_of_Prime_Minister_to_USA_The_United_States_and_India_Enduring_Global_Partners_in_the_21st_Century.

作”，强调“印度在维护全球安全方面的重要角色”。印度作为美国在印太地区战略支点的作用将继续上升。[①]

美国支持印度尼西亚在东南亚地区、东亚峰会和巴厘岛论坛等机构发挥领导作用。奥巴马政府希望通过与印度尼西亚关系的发展改善同伊斯兰世界的关系，推动东南亚反恐怖主义和极端主义以及影响东盟的内部发展和对外关系，如东盟在东亚合作中扮演的角色以及东盟的对华关系。美国军方在 2010 年夏天恢复了同印度尼西亚特种部队的关系。奥巴马 2010 年 11 月访问印度尼西亚期间，与印度尼西亚总统苏西洛签署了一份旨在提升双边合作的全面伙伴关系协议，以促进两国在贸易、投资、教育、能源、环境、国家安全等领域展开全方位合作。2015 年 10 月，印度尼西亚总统佐科·维多多首次访美，两国将双边关系从“全面伙伴”提升至“战略伙伴”，印度尼西亚还表示有意加入《跨太平洋伙伴关系协定》。两国签署了关于海上安全与防务合作的备忘录与声明。其中，“海上合作备忘录”强调要在海上安全、海洋经济、海洋资源及渔业保护与管理、导航与安全性、海洋科技及海上基础设施建设等方面进行合作，“全面防务合作联合声明”表示，两国将在海上合作、维和、人道主义救援与减灾、联合防务装备研发、打击跨国犯罪及军队专业化建设等领域深化合作。[②]

加强与越南在海上安全、外交与经济领域中的伙伴关系，支持越南在南海问题上的立场。2010 年 3 月，美越签订了民用核能合作谅解备忘录。同年 7 月的东盟地区论坛会议上，克林顿国务卿公开支持越南在南海问题上的立场，明确表现出美国要积极介入南海争端的姿态。8 月，双方举行了首次防务对话和首次联合军事演习。2011 年 9 月，两国签署了《防务合作谅解备忘录》，内容包括双方共同“保证海上安全”“为维护地区安全交换信息”等，被视作两国军事交流升级的标志。此外，美国和越南还在积极探索建立“战略伙伴关系”。[③] 2012 年出版的《国家军事战略报告》强

① 孙现朴：《特朗普时期的美印关系发展趋向》，《印度洋经济体研究》2017 年第 5 期，第 31 页。

② 刘平：《美国与印尼关系提升至“战略伙伴”》，《中国青年报》2015 年 10 月 28 日，http：//www. xinhuanet. com/world/2015-10/28/c_128365327. htm。

③ 吴心伯：《论奥巴马政府的亚太战略》，《国际问题研究》2012 年第 2 期，第 67—68 页。

调美国应发展与越南的军事关系，把越南塑造为新的战略伙伴，为美国重返亚太战略服务。2013 年 7 月，越南国家主席张晋创访问美国，与美国总统奥巴马（Barack Hussein Obama）共同发表了《联合声明》，双方决定建立全面伙伴关系，以推动两国在经贸、科学和技术以及防务和安全等领域的合作。2015 年 6 月，美越两国国防部长在河内签署《国防关系愿景联合声明》，以进一步加强两国国防关系。该声明将进一步指导两国发展国防关系，共同处理战后遗留问题，分享在搜救、应对自然灾害、维和等问题上的经验，加强对话。[①] 2016 年 5 月，奥巴马总统访越期间宣布美国全面解除对越南的武器禁运。对越武器禁运的解除“将扫清越南战争时代留下的一个最后残余”，[②]标志着美越军事互信的进一步确立，两国防务安全合作发展到了一个新阶段。

（二）同盟体系网络化

美国亚太同盟体系的网络化指的是盟国之间的安全合作机制化，横向联系大幅增强，美国与盟国、盟国与盟国之间开展小多边合作，使得单线联系的“轮辐体系”变得纵横交错，交织成网。美国亚太同盟体系网络化的进展以三边合作为代表。2011 年 6 月美日“2+2”会议通过共同战略目标，提出同时加强美日澳、美日韩三边合作，促进“美日印三边对话”。[③] 2011 年 12 月，首次美日印三边对话在华盛顿举行，并分别于 2012 年 4 月和 12 月又举行了两次三边对话。由于印度并不是美国的盟国，美日印三边合作在一定程度上被视为美国亚太同盟网络化的新突破。2012 年 6 月举行的美韩“2+2”会议同样强调美日韩三边安全协商的重要性，承诺加强三

---

① 罗会钧：《美越防务安全合作及其对中国的影响》，《国际安全研究》2017 年第 3 期，第 136—137 页。

② 《美争论是否解除对越武器禁运》，《扬州日报》2016 年 5 月 11 日，第 A4 版。

③ “Joint Statement of The U. S. -Japan Security Consultative Committee,” Washington, D. C. , May 1, 2007, http: //www. state. gov/r/pa/prs/ps/2007/may/84084. htm; “Joint Statement of the U. S. -Japan Security Consultative Committee,” Washington, D. C. , June 21, 2011, http: //www. state. gov/r/pa/prs/ps/2011/06/166597. htm.

边安全合作与协调机制。[①]

随着中国的崛起，美国深感其亚太“轴辐”安全体系已经不足以牵制崛起的中国。特朗普政府为此提出“印太战略构想”，实际是将亚太安全体系扩大到印度洋区域，企图形成一个把日本和印度作为“东西两翼”、澳大利亚作为连接印度洋和太平洋两洋与东西两翼的锚点、环绕着东亚大陆的大月牙形同盟与伙伴关系国网络，包括韩国、菲律宾和泰国等盟国以及越南、印度尼西亚、马来西亚和新加坡等这些美国的安全与经济伙伴国家，从而使美国在地缘战略上占有优势。[②]

美国强化亚太同盟体系并推动同盟体系网络化给中国的周边环境带来新的复杂因素。美国与地区国家以中国崛起为背景“抱团取暖”，加剧地区军事对立，不利于中国与这些国家构建战略互信。美国及其盟国集体介入地区热点问题，推升了紧张局势，增加了中国推进“合作安全”的难度，不利于中国营造“和谐周边”。[③]

三、美国对多边安全合作的态度转化

在二战之后相当长的历史时期里，美国对于在亚太地区建立多边安全机制一直持排斥的态度，但在冷战结束后特别是“9·11 事件”之后，美国在以双边同盟的基础上，逐渐重视开展多边合作。奥巴马上台之后改变了布什政府过于注重“单边主义”的作风，更多采取多边主义的外交战略，积极参与到亚太地区的多边国际组织中。

美国对多边主义态度的转化主要有如下几点原因：

---

① “Joint Statement of the 2012 United States-Republic of Korea Foreign and Defense Ministers' Meeting,” Washington, D. C., June 14, 2012, http://www.state.gov/r/pa/prs/ps/2012/06/192333.htm.

② 夏立平、钟琦：《特朗普政府“印太战略构想”评析》，《现代国际关系》2018 年第 1 期，第 24 页。

③ 孙茹：《美国亚太同盟体系的网络化及前景》，《国际问题研究》2012 年第 4 期，第 39—50 页。

（一）国际恐怖主义是真正推动美国参与亚太多边安全合作的最重要动因。“9·11 事件”之后，美国认为，主权国家对美发动大规模袭击的可能性小，取而代之的是恐怖主义和大规模杀伤性武器扩散。非传统安全带来的巨大威胁是美国自身无法单独应对的，因此美国在参与和建设多边安全合作与对话机制问题上的态度表现出越来越大的积极性。

（二）利用多边安全合作有效利用并制约崛起国家，以防止其挑战美国霸权地位是美国构想中的重要一环，这方面的对象主要是中国。在亚太地区的热点问题朝核问题上，美国通过六方会谈寻求与中国的合作，利用中国缓冲各种力量，建立危机控制机制，避免危机升级和扩大。而恰恰是在这个过程中，美国巧妙地将中国纳入其引导下的某种规范之中，防止中国做出“非分之举”。这种对崛起国的多边机制制衡是美国双边同盟体系途径的重要补充。

（三）外交解决潜在冲突。由于亚太地区充斥着各种不确定性的潜在冲突（如朝核问题、台海冲突等），美国极力支持在亚太地区内建立针对这些具体问题的安全合作机制和对话框架，以外交途径解决争端，降低其维护安全的战略成本。

（四）此外，传统上由美国领导的“辐轴”式双边军事同盟体系受到两股力量的冲击。一是美国加入亚洲多边安全合作进程。美国签署了《东南亚友好合作条约》，又加入了“东亚峰会”，并欲让其转变成亚太多边安全合作机制，这一势头不啻是对双边安全同盟体制的冲击。二是亚洲多边安全合作进程中，东盟地区论坛，中俄以及东亚国家以反恐、打击三股势力为目标建立起来的上海合作组织，由哈萨克斯坦倡导建立的亚洲相互协作与信任措施会议（亚信论坛，CICA），关于朝核问题的六方会谈机制，以及东盟防长扩大会议等，都是亚洲国家倡导并在政府主导下建立起来的多边安全合作机制，这一势头使旧式双边同盟及其影响开始减弱。

第三节　中国倡导新安全观与多边安全架构

一、中国对同盟的历史认知

20世纪，中国多次面临外国同盟的威胁。

1900年义和团运动期间，中国遭到外国同盟“八国联军”的侵略，战争在天津和北京周边展开，1901清政府被迫签订《辛丑条约》，赔款白银4.5亿两，几乎相当于清政府年收入的两倍！

新中国刚刚成立还不足一年，中国又成了美国在亚洲军事关系的目标。1950年6月25日朝鲜战争爆发，美国第七舰队进入台湾海峡，阻止中国人民解放军解放台湾。美国操纵联合国纠集了英国、瑞典、瑞士等15个国家的军队，以“联合国军”的名义出兵朝鲜。10月21日，美军攻占平壤后，继续向北推进，战火一直燃烧到鸭绿江边，使刚刚诞生的新中国面临严重的威胁。面对美国的武装入侵，中国人民志愿军入朝参战，历经三年艰苦斗争，终于将美军从鸭绿江边赶回到三八线附近，缔结了《朝鲜停战协定》。到了20世纪50年代中期至末期，随着美国在亚洲的同盟稳固成型，中国很快被周边邻国（地区）与美国的军事同盟构成的网络紧紧包围：菲律宾（1951年）、澳大利亚（1951年）、新西兰（1951年）、韩国（1953年）、日本（1954年）、台湾当局（1954年）、泰国（1954年）、“东南亚条约组织”（1954年）、“中央条约组织”（1959年）。

越南战争期间，美国轰炸逼近中国边界，30多万人次中国军队进入越南北方抗美援越。但总体上当美国于20世纪60年代到70年代在越南作战时，中国和美国都更为谨慎，相互暗示，以期避免双方军队在战场上的直接冲突，以免在印度支那半岛重演双方在朝鲜半岛的历史。而到20世纪70年代末期，中国又成了另外一个同盟的针对目标。这次的主导国家是苏联。冷战后期，中国与苏联关系依然紧张，而中美关系则开始正常化。出于牵制中国的目的，苏联于1978年11月3日与越南签订了带有军事援助性质的《苏越友好合作条约》，支持越南实施“地区霸权主义”，建立“印度支那联邦”。越南在苏联的默许下侵略中国友邻柬埔寨，出兵占领南沙群岛的部分岛屿，并在中越边境集结大量军队，制造边境冲突，侵犯中国领土。越南在中越边境的挑衅以及对柬埔寨的入侵和占领，迫使中国于1979年对越南进行了自卫反击作战。此后双方中低烈度的小规模的边境冲突和不断升温的外交论战一直持续到了20世纪80年代中期。

20世纪90年代初冷战结束，中国意识到，美国在东亚的同盟体系是冷战遗物，是引发不稳定的潜在因素，对中国是潜在威胁。中国主张，既然冷战已经结束，作为冷战遗留的反华反共同盟体系也应该结束，因此一直致力于打破中国周边的冷战同盟体系。这一时期中国的国防白皮书也多次指出，“扩大军事集团、强化军事同盟给国际安全增加了不稳定因素”，“一些国家继续扩大军事集团、强化军事同盟和谋求更大军事优势，严重影响了国际安全与稳定”。①

90年代中后期，美国大力加强美日同盟及与台湾当局的军事关系。因此，中国政府高度关注美国亚太同盟体系的发展，尤其是对台湾问题的影响。1997年9月23日，美日签订新的《美日防卫合作指针》，首次表明美日防卫合作范围包括“日本周边地区”，其实质是将美日同盟作用范围扩大到中国的台湾海峡地区。9月24日，中国外交部发言人沈国放表示：“日美安全合作是在特定历史背景下形成的一种双边安排，这种安排应严格限制在双边范畴内。否则，势必会引起亚洲邻国不安，也会给地区安全形势带来复杂因素”，“众所周知，台湾是中国不可分割的一部分，无论是直接还是间接把台湾海峡列入日美安全合作范围，都是对中国主权的侵犯和干涉，这是中国政府和人民决不能接受的。”②此后，美日安全磋商委员会2005年2月又发表声明表示“对台湾问题和中国军事透明度的共同关

① 国务院新闻办公室：《2000年中国的国防》白皮书，2000年10月16日，http://news.sina.com.cn/china/2000-10-16/135370.html。

② 《就新日美防卫合作指针正式出台　外交部发言人答记者问》，《人民日报》1997年9月25日。

切”。作为对上述声明的回应，我国外交部发言人孔泉表示，中国政府和人民“坚决反对美日将台湾问题列入其共同声明中”，“美日军事同盟是在冷战特殊历史条件下形成的一种双边安排”，“不应超出双边范畴”。①

2005 年 3 月，中国警告澳美军事条约应该避免涉及台湾问题。外交部美洲大洋洲司司长何亚非表示，台湾是中国领土不可分割的一部分，不希望看到台湾问题以任何方式卷进双边军事同盟，无论是澳美同盟，还是日美同盟。中国外交部发言人刘建超声明：“中方对双边军事同盟的立场是一贯的，没有改变。我们认为这种军事同盟不应超出双边范畴。在当前世界上求和平、谋发展、促合作是大势所趋，人心所向。有关国家在处理同盟关系时应充分考虑本地区其他国家的利益和关切，多做有利于整个地区和平与稳定的事情。”②

二、中国倡导新安全观

为抵制来自外国同盟的严重安全威胁，创造和维护和平的国际安全环境，20 世纪 90 年代中后期，中国开始倡导新安全观。安全观是“一个国家对其自身安全利益及其在国际上所应承担的义务和所应享受的权利的认识，是对其所处安全环境的判断，同时也是对其准备应对威胁与挑战所要采取的措施的政策宣示”。规范是以权利和义务界定的行为标准。由此可以看出，安全观与国际安全规范之间有着密切的联系，两者都涉及安全方面的权利与义务，当一国的安全观被区域内其他国家普遍接受时，就形成了具有约束力的地区安全规范，成为区域各国在安全领域内的行为标准。

（一）新安全观的形成过程

新安全观是中国在参与东盟地区论坛这一区域安全合作机制的过程中

---

① 《外交部：中国坚决反对美日发表涉台问题共同声明》，新华网，2005 年 2 月 20 日，http：//news. xinhuanet. com/newscenter/2005-02/20/content_2597110. htm。

② 《外交部发言人刘建超在例行记者会上答记者问》，外交部网站，2005 年 3 月 8 日，http：//www. mfa. gov. cn/mfa_chn/fyrbt_602243/jzhsl_602247/t186383. shtml。

逐渐发展形成的。

东盟地区论坛（ARF）首次正式会议于1994年7月召开，起初有18个成员国，此后发展到23个成员国，实质上已涵盖亚太地区、印度以东的所有大型经济体，此外还包括加拿大、欧盟和美国。东盟地区论坛按照“东盟方式”运行：通过对话进行磋商并达成共识，目的是保证所有成员国具有高度舒适感。组织不设永久秘书处，力求通过磋商等社会化程序来加强安全，而不是通过集体行动或者正式的防卫机构来达到这一目的。东盟地区论坛分三阶段开展合作，即促进建立信任措施、发展预防性外交和探索对付冲突的途径。但目前该组织还停留在第一阶段，后两个阶段并无任何实际意义的推进。

1991年7月，中国首次作为“磋商伙伴”参加东盟外长会议，因此参与了东盟地区论坛的创建进程。1993年2月，中国提出了对东盟地区论坛的最初设想：极小的建立信任措施、对东盟地区论坛扩容的限制、限制俄罗斯和美国在本地区的作用。但有些学者对东盟地区论坛的目标持很深的保留意见，希望能对其目标加以限制。例如，丁奎松指出，不仅东盟地区论坛的“指导原则”（建立信任、增进互信、减少敌对行为）“仍然需要深入讨论和研究”，而且，如果论坛想要奉行积极外交，“ARF无疑将成为高度机制化、主动卷入地区冲突、必要时干预其他国家内部事务的安全组织”。[①]他主张东盟地区论坛应尽量避免自初始阶段就介入地区冲突，应该促进地区国家间达成共识，之后再与全球层面的组织比如联合国进行协调处理本地区的危机。但就连这个观点，也没有在中国国内形成一致意见，尤其是关于预防性外交和冲突解决机制。[②]

然而，在政府层面，中国充分运用东盟地区论坛这个舞台，逐渐形成了清晰的新安全观和地区安全合作理念。

中国副总理兼外交部部长钱其琛在1994年7月曼谷举行的东盟地区论坛的首次会议上强调，东盟地区论坛需要一个缓慢演变的、寻求最广泛共

① 丁奎松：《东盟地区论坛与亚太安全合作》，《现代国际关系》1998年第7期，第10页。

② Yan Xuetong, “China’s Security after the Cold War,” *Contemporary International Relations*, Vol. 3, No. 5, 1993, pp. 1-16.

同利益的方式。他说："亚太国家有各自不同的历史传统、文化背景、政治体系、宗教信仰，甚至是价值观和发展水平。自然他们对于安全局势和安全合作也有不同的观点和建议……我们应该充分考虑这个地区的上述历史特征，同时也要兼顾现实国情……唯有建立在所有成员国的共同利益和需求的基础上，论坛才能促进本地区的健康发展……（东盟区域论坛成员国之间）不同的价值观和信念应该更好地通过加强与其他国家的双边联系和严格遵守在所有谈判中的平等原则来实现。"①

在1996年7月的东盟地区论坛上，中国政府提出共同培育通过对话和协商增进信任、通过扩大交流和合作促进安全的新安全观。1997年3月，中国政府在与菲律宾共同举办的东盟地区论坛信任措施会议上，首次正式提出了"新安全观"的理念。在1997年7月东盟外长后续会议和庆祝东盟成立30周年会议上，时任中国副总理兼外交部部长钱其琛对"新安全观"做了较为全面的阐述。在2002年7月东盟地区论坛上，中国代表团向大会提交了《中国关于新安全观的立场文件》，全面系统地阐释了中国"新安全观"的政策主张和理念。至此，中国在东亚安全合作中的指导性理念正式成型。此后，中国领导人又在一系列多边国际场合向国际社会介绍和阐述了中国的新安全观。2009年9月23日，胡锦涛同志在第六十四届联合国大会上发表题为《同舟共济 共创未来》的讲话指出，在人类历史上，各国安全从未像今天这样紧密相连。没有世界和地区和平稳定，就没有一国安全稳定。这次讲话的发表，标志着"新安全观"已经成为中国解决国际安全问题的根本指导思想和核心价值理念。②

与此同时，中国也将新安全观及其指导下的外交与东盟地区论坛的建设直接结合起来。

在1997年的东盟地区论坛会议上，钱其琛再次提出由于"本地区多样性"和"历史上不同的安全经历"③，所以建立信任（不同于更为野心

① 《中国在亚太安全上的立场》，《北京周报》1994年8月8—14号，第21—22页。

② 马筱妍：《新安全观：亚太安全共同体建设的行动指南》，《党政论坛》2014年1月，http://www.faobserver.com/NewsInfo.aspx?id=9979。

③ 钱其琛：《在第四届东盟地区论坛会议上的讲话》，1997年7月27日，http://www.people.com.cn/electric/hh50/4/4_1_20.html。

勃勃地承担预防性外交或者冲突解决机制）“在相当长的一段时期内应该成为论坛的中心任务”。中国外交部部长唐家璇在1999年的论坛上主张，论坛应该继续将其重心集中在构建信任措施上，不要试图跨越到预防性外交政策安排。唐家璇谈到东盟地区论坛应该“首先充分讨论亚太地区的预防性外交的概念、定义、原则和范围，以便统一认识和思想”。中国不能接受将“冲突解决”作为东盟地区论坛审议的正式目标。这一术语最初是为了描述东盟地区论坛的第三阶段任务的特征，在中国的坚持之下，该说法在官方表述中被改为东盟地区论坛审议的目标是“探讨对待冲突的方式”，中国方面担心东盟地区论坛将很快朝向机制化的安全机制演进。

然而，中国对东盟地区论坛还有更深层次的关切。1993年7月，钱其琛外长在与新加坡外长黄根成举行会谈时表达了中方立场：“中国方面赞赏东盟提出的就安全问题与有关各方进行自由、非正式的对话的主张。中国愿为地区的和平、稳定与发展作出自己的贡献。”[①] 其后，在黄根成主持的“非正式晚宴”上，钱其琛外长进一步表示，“中国赞赏东盟有关安全问题对话的安排，赞同成立‘东盟地区论坛’，但‘东盟地区论坛’应属交换情况或看法，不是针对某个国家、某个地区或某个问题做出什么决定，或采取共同行动”[②] 1994年在曼谷举行的东盟—中国磋商会议上，钱其琛外长在讲话中指出：“（东盟地区论坛）对地区安全合作的讨论，应该充分考虑到地区的实际情况。我们不赞成照搬世界其他地区的经验和措施，例如产生两大军事集团大规模军事对抗时期的欧安会组织……在现阶段，多边安全对话应该通过交换意见的方式致力于增强相互的理解与信任”。[③]西方观察家总结了中国在参加东盟地区论坛初期的四个方面的顾虑：这一地区论坛可能会被美国控制，或者可能为美国插手地区事务提供正当

① 《钱其琛拜会新加坡领导人　中新两国外长举行会谈　钱其琛分别会晤越老外长》，《人民日报》1993年7月23日，第6版。

② 中华人民共和国外交部外交史研究室：《中国外交概览1994》，北京：世界知识出版社1994年版，第571页。

③ Statement by H. E. Mr Qian Qichen Vice Premier and Minister of Foreign Affairs of the People's Republic of China at the ASEAN-China Consultative Meeting, Bangkok, Thailand, July 23, 1994, ASEAN Secretariat.

理由；担心领土争端国际化；担心台湾问题可能会被摆上桌面，从而干涉中国的内政；担心东盟地区论坛可能发展成为中国周边国家联合反华的工具。①

然而，中国也不希望被当成异类。中国很清楚，无论如何精心选择和小心谋划，不参与多边安全机制的风险都比参与更大。②事实上，在东盟地区论坛之外，中国也在加强和改善与东盟邻国的关系方面有所行动。比如，中国和东盟于 1994 年 7 月建立经济、贸易合作联合委员会；中国在 1996 年 7 月以全面对话国的身份加入东盟外长会议；中国帮助建立东盟 10+3峰会（东盟十个成员国，加上中国、日本和韩国），并于 1997 年 7 月举行首次会议，之后又由此衍生出中国—东盟（10+1）首脑会议。

总的来说，整个 20 世纪 90 年代中国在东盟地区论坛里仍然扮演着不太情愿的参与者角色。中国代表按照事先准备的文本严格照本宣科，尽量在孤立的议题上偏离主题不谈重点。但是渐渐地，中国的处置方式开始有所改变，这是因为中国看得到因为自身的参与给本国利益带来了诸多机遇，如能够遏制住日本和美国在本地区的作用，安抚东南亚的邻国并与之改善关系，帮助促进更为稳定的区域外部环境从而有助于实现国内经济发展的全局利益等。到 1997 年，一位东盟地区论坛的观察家就指出，中国已经成为相当积极的参与者；1997 年 3 月，中国甚至与菲律宾在北京联合举办了一次关于建立信任措施的会议，这是中国首次以东道主的身份主办有关地区安全议题的官方多边会议。2003—2004 年，中国又与缅甸联合举办

① Jing-dong Yuan, China-ASEAN Relations: Perspective, Prospects and Implications for U. S. Interests, The Strategic Studies Institute (SSI) of the U. S. Army War College, October 2006, p. 24; Michael Richardson, " A step ahead on Asian security, " *International Herald Tribune*, 26, July 1994, p. 2; Banning Garrett and Bonnie Glaser, "Multilateral Security in the Asia-Pacific Region and Its Impact on Chinese Interests: Views from Beijing, " *Contemporary Southeast Asia*, Vol. 16, No. 1, 1994, p. 14.

② Banning Garrett and Bonnie Glaser, "Multilateral Security in the Asia-Pacific Region and Its Impact on Chinese Interests: Views from Beijing, " *Contemporary Southeast Asia*, Vol. 16, No. 1, 1994, pp. 14-15.

两次建立信任措施的会议。①

为了更为深入地参与东盟地区论坛，中国在20世纪90年代末和21世纪之初采取了很多行动。比如，1995年11月中国发布了第一份《中国的军备控制与裁军》白皮书，从1998年开始，中国政府每两年发布一份《中国的国防》白皮书。中国支持在东盟地区论坛的框架内发展“软性”信任构建措施，如军舰互访、高级军事将领的高层互访、信息互通、军队院校的学生的对外交流互访。中国在东盟地区论坛框架内主办了一系列活动：1998年11月，热区卫生与热带病防治军事医学研讨会；1999年10月，中国安全政策培训班；2000年9月，第四届国防院校长会议；2001年9月，军转民合作研讨会；2002年9月，军事物流外包研讨会；2004年9月，东盟地区论坛关于药物替代品的转换发展工作组。东盟地区论坛的年度会议同样也为中国方面重申以和平方式解决争端和维持地区稳定的官方承诺提供了常规化渠道。如果没有东盟地区论坛，关于范围的讨论和辩论、关联、透明度和对话的效用等术语，很可能不会这么早就进入中国的政策制定圈。

（二）新安全观的内涵

中国认为，新安全观的核心内涵应是互信、互利、平等、协作。

互信，是指超越意识形态和社会制度异同，摒弃冷战思维和强权政治心态，互不猜疑，互不敌视。各国应经常就各自安全防务政策以及重大行动展开对话与相互通报。

互利，是指顺应全球化时代社会发展的客观要求，互相尊重对方的安全利益，在实现自身安全利益的同时，为对方安全创造条件，实现共同安全。

平等，是指国家无论大小强弱，都是国际社会的一员，应相互尊重，

① Rosemary Foot, “China in the ASEAN Regional Forum: Organizational Processes and Domestic Modes of Thought,” *Asian Survey*, Vol. 38, No. 5, 1998, pp. 425 – 40, esp. p. 426. See also China’s Information Office of the State Council, “chapter 9” in *China’s National Defense in 2004*, Beijing: December 2004.

平等相待，不干涉别国内政，推动国际关系的民主化。

协作，是指以和平谈判的方式解决争端，并就共同关心的安全问题进行广泛深入的合作，消除隐患，防止战争和冲突的发生。

（三）新安全观的主旨

中国提出的新安全观，是中国在新的国际与地区安全环境中推动和促进安全合作的指导性安全理念，其中包含综合安全、共同安全、合作安全的理念内涵和追求。

第一，新安全观是一种综合性的安全观。这种“综合性”主要体现在两个方面：一是安全领域的综合性，二是维护安全手段的综合性。新安全观使安全范畴涵盖了军事、政治、经济、文化、能源、科技、环境等诸多领域，并要求把各种手段结合起来综合运用，以达到有效应对传统安全威胁和非传统安全威胁、维护综合安全的目的。

第二，新安全观是一种合作的安全观。新安全观要求以《联合国宪章》、和平共处五项原则和其他公认的国际关系准则为政治基础，完善多边协调机制，积极开展安全对话与合作。要以合作谋和平、以合作保安全、以合作化干戈、以合作促和谐，反对动辄使用武力或以武力相威胁。

第三，新安全观是一种共同安全的安全观。在经济全球化背景下，国际社会应增强共同安全意识，树立“和则共赢、合则同安”的新思维，既要维护本国安全，又要尊重别国安全关切。要摒弃冷战思维和同盟对抗，通过多边合作维护共同安全。

总之，新安全观超越了一国安全的范畴，体现了一国安全与他国安全、地区安全乃至全球安全之间的内在联系与互动关系，反映了全球化时代国际社会对普遍安全的共同追求，是一种和平共处的共同安全观。

三、新安全观与中国周边关系的成功实践

中国不仅是新安全观的倡导者，也是新安全观的坚定倡导者，通过自身的实践，中国证明了新安全观是行之有效的，可以用来指导各国的安全

实践。

（一）中国新安全观与东盟

中国在这一时期努力推进新安全观，以期与邻国及世界其他国家建立新型而富有成效的政治和安全关系。首先是促成一系列的双边伙伴关系国，其中最重要的是俄罗斯；其次是更多参与多边安全安排，如参加东盟地区论坛、主办六方会谈、建立上合组织、加入香格里拉对话等，以期建立新的地区多边安全机制。

无论在双边还是多边上，东盟及其成员国都是中国推进新安全观最重要的合作对象，而且取得了最引人注目的成就，可谓中国新安全观外交具有示范意义的地区。

在 2003 年 6 月于金边举行的东盟地区论坛上，中国外交部长提议建立东盟地区论坛安全政策会议，由成员国的高级防卫和军事人员参与，意在为对话机制敞开大门，增进地区成员国的防卫和军事人员之间的信心与信任。该提议关于信任构建的措施在 2003 年 11 月于北京举行的东盟地区论坛的闭会期间会议上得以充实。中国提议的话题讨论包括亚太安全挑战、东盟地区论坛成员国之间的安全和军事战略，还有一些关于军事事务的解决、防御现代化、军转民用、国内军事关系等专业的话题。[①]尤为引人注目的进展之一是集结东盟地区论坛的军事人员，中国的这一提议在 2004 年的东盟地区论坛部长级会议期间获得赞同。耐人寻味的是，同样的提议曾经提出并得到美国强烈支持，但遭到中国和许多东盟成员国的反对。2004 年 11 月，首届东盟地区论坛安全政策会议在北京召开，吸引了 24 个成员国代表团。会议期间，东道主中国还为与会者安排了观看反恐演习。[②] 2004 年的东盟地区论坛部长级会议上，中国提议继续巩固地区信任共建措施，在预防性外交上多花工夫，在地区的行动中增加军事和防御官员的参与，

---

① “FM Stresses Asian Security Issues in ASEAN Forum,” Xinhua, June 19, 2003, www.china.org.cn/english/international/67429.htm.

② 《东盟代表观摩中国特种部队反劫持演练》，新华网，2004 年 11 月 7 日，http：//news.xinhuanet.com/mil/2004-11/07/content_2186478.htm。

更加关注跨国犯罪和反恐。①

同时，中国在世纪之交在东盟地区论坛之外也采取了一系列信任共建措施和建立了外交对话渠道，强调“非传统”和“跨国”问题，这些都属于新安全观的范围。比如，正在进行的东盟 10+3 和东盟—中国峰会已经取得了许多重要进展。1999 年 11 月，东盟 10+3 发布了东亚合作的联合声明并指派了一个工作组——东亚展望小组——勾勒出东盟 10+3 合作的远景报告。最终报告为东盟 10+3 展示了范围宽广的合作领域，涵盖政治、经济、安全以及资源的相关领域，并吁请东亚领导人的年度峰会。此外，作为东盟 10+3 进程的一部分，中国、日本和韩国已经开始定期举行领导人峰会。2003 年 10 月的第五次三国领导人峰会，三国领导人签署了《中日韩推进三方合作联合宣言》。这份文件更加增强了他们的决心：增进安全相关交换和军事信任共建，共同致力于武器控制和防止核扩散，包括朝鲜半岛去核化。

在东盟 10+3 进程基础上，东盟领导人同意建立东亚峰会新机制。首届东亚峰会于 2005 年 12 月在马来西亚的吉隆坡召开。东亚峰会定期在东盟成员国举行，东盟是其主导者。②由于美国没有被邀请加入，围绕峰会就出现了一些争论。东盟组织提出了参加东亚峰会的三个基本条件：与东盟组织有实质性的政治和经济关系；应是东盟的全面对话伙伴；已加入《东南亚友好合作条约》。根据一位美国国务院官员的说法，“美国暂无签署加入的计划”，因为“正在对文本进行关切，包括非东盟成员国的权利”。这些关切很有可能暗指签约国在地区军事行动的选择权可能受限（比如，限制单边打击恐怖分子的袭击目标）。③

除了开始就表示参与意愿的国家（东盟十国，中国、日本、韩国）之

---

① 国务院新闻办公室：《2004 年中国的国防白皮书》，第九章。

② Eric Teo Chu Cheow, “East Asia Summit's Birthing Pains,” *Straits Times*, February 22, 2005, www. siiaonline. org/et_st220206.

③ See also P. Parameswaran, “US Says Not Ready to Accede to ASEAN Nonaggression Pact,” Agence France-Press, October 5, 2005. The Treaty of Amity and Cooperation has been signed by all ten ASEAN nations, as well as China (2003), India (2003), Japan (2004), Pakistan (2004), South Korea (2004), Russia (2004), Australia (2005) and New Zealand (2005).

外，澳大利亚、新西兰和印度也被邀请参加首届在吉隆坡举行的东亚峰会。《中国日报》的一篇文章评论道，美国原本已经“对东亚峰会采取了抵制的态度”，不过随着澳大利亚和新西兰的加入，“美国从反对者转为观众”，并声明“美国—东亚的关系极有可能通过东亚峰会的平台更为缓和”。会后发布的宣言表明，这次会议更像是一个地缘政治的符号，而非具有实质性意义。宣言认同“东亚峰会可以在本地区一体化建设的过程中发挥重要作用”，东盟将继续在一个“开放、包容、透明和外向型的论坛”中维持“驾驶员位置”。①

同时，在21世纪之初的早到中期，中国—东盟在安全领域的直接合作也日益密集。2000年10月，中国、老挝、缅甸、泰国召开部长级会议，发表了《中国—东盟禁毒合作行动计划》，旨在应对边境线上的毒品走私的挑战。②在2002年11月的中国—东盟会议期间，达成了许多重要的协议。首先，会议宣布中国和东盟到2012年寻求建立涵盖11个成员国的自由贸易区。此次峰会还发表了《中国—东盟关于非传统安全领域合作联合宣言》，中国和东盟将遵从协议合作打击“贩毒、偷运非法移民包括贩卖妇女儿童、海盗、恐怖主义、武器走私、洗钱、国际经济犯罪和网络犯罪等”。③

2002年11月的中国—东盟峰会最重要的成果文件是《南海各方行为宣言》。这一宣言意在治理对南海广袤区域宣誓权力的各方行动，减少争端区域的潜在紧张和冲突。各方承诺“以和平方式解决它们的领土和管辖权争议，而不诉诸武力或以武力相威胁……根据公认的国际法原则，包括1982年《联合国海洋法公约》”，“各方承诺保持自我克制，不采取使争议复杂化、扩大化和影响和平与稳定的行动”。④为了实现上述目标，各方

① “Kuala Lumpur Declaration on the East Asia Summit,” December 14, 2005, www. aseansec. org/18098. htm.

② “ASEAN and China Cooperative Operations in Response to Dangerous Drugs (ACCORD),” October13, 2000, www. aseansec. org/645. htm.

③ “Joint Declaration of ASEAN and China on Cooperation in the Field of Non-Traditional Security Issues,” 6th ASEAN-China Summit, November 4, 2002, www. aseansec. org/13185. htm.

④ “Declaration on the Conduct of Parties in the South China Sea,” November 4, 2002, www. asseansec. org/13163. htm.

同意就有关争议建立磋商机制，在自愿基础上向其他有关各方通报即将举行的联合军事演习，在海洋科学研究、海洋环保、搜寻与救助、打击犯罪等方面展开合作。与之前立场相比，《南海各方行为宣言》体现了中国态度的较大转变。2002 年之前，中国一直坚持南海争端应该严格限于双边处置，其他各方不应介入。

一年以后，2003 年 10 月的中国—东盟峰会的协议更加巩固了中国与东南亚邻国的关系。中国加入东盟的《东南亚友好合作条约》，这就意味着除其他事项外，东盟承认中国和其他的签约国"为促进本区域出现和平、和谐和稳定的局面开展合作"，"决不能以任何形式或方式参与对其他任何一个缔约国的政治和经济稳定、主权和领土完整构成威胁的活动"，"应不以武力相威胁或使用武力……在任何时候都应通过友好协商来解决它们之间的争端"。[①]在这次峰会上，双方还签署了《中国与东盟面向和平与繁荣的战略伙伴关系联合宣言》，承诺 11 个国家在全球和地区事务中紧密合作。建立伙伴关系的目的是"通过在 21 世纪全面深化和拓展中国与东盟的合作关系，培育睦邻友好，加强互利合作，为本地区的长期和平、发展与合作做出更大贡献"。[②]

2004 年 11 月召开的第八届中国—东盟峰会，双方"同意深化和加强在非传统领域的合作"，并采用了《落实中国—东盟面向和平与繁荣的战略伙伴关系联合宣言》的行动计划，目的是"为巩固中国—东盟战略伙伴关系，全面深化和拓展双方关系与互利合作"。双方划出一些优先合作的领域，如能源合作，尤其是清洁能源、生物燃料、水力发电；公共健康；科学技术；检验检疫等。东盟主席国在会后发表的声明称"意识到了中国在地区和全球事务中的发回的重要作用"。[③] 2004 年 11 月，《中国—东盟五

---

① "Instrument of Accession to the Treaty of Amity and Cooperation in Southeast Asia," October 8, 2003, www. aseansec. org/15271. htm; Treaty of Amity and Cooperation in Southeast Asia, February 24, 1976, www. aseansec. org/1217. htm.

② "Joint Declaration of the Heads of State/Government of the Association of Southeast Asian Nations and the People's Republic of China on Strategic Partnership for Peace and Prosperity," October 8, 2003, www. aseansec. org/15265. htm.

③ "Chairman's Statement of the 8th ASEAN + China Summit," Vientiane, November 29, 2004, www. aseansec. org/16749. htm.

年行动计划》公布，为中国和东南亚邻国之间更加紧密的睦邻友好关系提供了政治框架。2005 年 1 月，中国主办了东盟工作组关于“地震海啸预警”的研讨会，期间通过了一个行动计划。①参与各方同意建立一体化的亚洲地区地震监测网络，中国政府同意对此提供科技支持、人员培训、地震预报研究、灾难评估、紧急响应等方面的援助，与联合国协调行动。一旦中国的国家地震监测网络观测到异动，中国地震局将及时向东盟及其他利益相关国家通报。

（二）中国新安全观与上合组织

推动建立上海合作组织，是中国以新安全观为指导，推动地区安全机制建设的一次重要成功实践。自 1996 年 4 月“上海五国”机制启动以来，中国、俄罗斯、哈萨克斯坦、吉尔吉斯斯坦、塔吉克斯坦五国先后签署了《关于在边境地区加强军事领域信任的协定》和《关于在边境地区相互裁减军事力量的协定》等多个文件，通过友好协商妥善解决了五国间历史上遗留下来的边界问题，并提出了打击恐怖主义、分裂主义和极端主义“三股”势力的主张。这不仅促进了五国边境地区和平、发展的大好局面，而且是建立冷战后新型安全模式的一次具有开创性意义的探索。

1998 年 7 月，“上海五国”第三次元首会晤决定将安全合作作为主要议题引入会晤领域。2000 年 7 月，五国元首在塔吉克斯坦首都杜尚别举行第五次元首会晤，会后签署了《杜尚别声明》。声明指出，五国在维护本地区安全与稳定方面发挥着日益重要和积极的作用，各方将致力于使“上海五国”成为五国在各领域开展多边合作的地区机制。五国决定深化在政治、外交、经贸、军事、军技和其他领域的合作，以巩固地区的安全与稳定，并切实落实五国会晤所签署的关于在军事领域加强信任及在边境地区相互裁减军事力量的协定的所有条款。五国表示，绝不允许利用本国领土从事损害五国中任何一国主权、安全及社会秩序的行为，支持彼此为维护五国国家独立、主权、领土完整和社会稳定所做的努力。《杜尚别声明》

① “ASEAN Workshop on Earthquake-Generated Tsunami Warning,” Beijing, China, January 25-26, 2005, www. aseansec. org/17249. htm.

的签署，标志着“上海五国”机制由定期会晤向长期合作发展。

2001 年 6 月上海合作组织成立后，中国同该组织其他成员国相继签署了《上海合作组织成立宣言》《打击恐怖主义、分裂主义和极端主义上海公约》和《上海合作组织宪章》等文件，积极参与地区反恐斗争，稳步推进区域经济合作，大力倡导不结盟、不对抗、不针对第三方的新型地区安全合作模式。2006 年 6 月，上海合作组织成员国元首理事会会议一致通过的《上海合作组织五周年宣言》郑重宣布：上海合作组织“将为建立互信、互利、平等、相互尊重的新型全球安全架构作出建设性贡献”①。

由于上海合作组织秉承了互信、互利、平等、协商、尊重多样文明、谋求共同发展的“上海精神”，它已树立起和平、合作、开放、进步的良好形象，在地区安全合作中正发挥着越来越重要的影响。2004 年 6 月，上海合作组织第四次元首会晤塔什干峰会上吸收蒙古国为观察员，2005 年 7 月第五次元首会晤阿斯塔纳峰会上又给予巴基斯坦、伊朗、印度观察员地位。上海合作组织以其参与国际及地区事务的合作姿态与开放原则展现出了强大的生命力。

上海合作组织是中国实现其所倡导的新安全观，维护地区稳定，进而建立新型国际关系和创立新型国际安全制度的一个成功的范例。中国还积极推动该组织经济合作，并在组织内开展双边、多边经贸活动，先后与俄罗斯、哈萨克斯坦等签订了石油管道协议，这对于各国的经济发展无疑是非常重要的。

四、中国倡导亚洲安全观

2014 年 5 月 21 日，在中国上海举行的第四届亚洲相互协作与建立信任会议（亚信会议）上，中国国家主席习近平提出，应该积极倡导共同、综合、合作、可持续的亚洲安全观。亚洲安全观是中国“新安全观”在新的历史时期的继承和发展。它具有一些亚洲自身的特点和色彩，抓住了当

---

① 任晶晶：《新安全观：中国理论与实践路径》，《社会科学管理与评论》2012 年第 3 期，第 75 页。

前亚洲安全形势的新特点，强调以发展的眼光看地区安全，通过谋求合作和发展来促进安全，突出安全在解决安全问题上的“总钥匙”作用。不难看出，中国提出的亚洲安全观对亚洲更具实用性和区域性。从规范的角度看，亚洲安全观体现了以下主要的规范意涵：

（一）发展

今天，亚洲各国呈现出总体稳定、欣欣向荣的良好势头，这是长期以来各国抓住机遇聚焦发展的成果。亚洲是世界上最具发展活力和潜力的地区。正是通过发展，地区国家壮大了自身力量，促进了合作与信任，消弭了许多潜在争端。中国强调以发展的眼光看待地区安全，认为发展是最大的安全，也是解决地区安全问题的“总钥匙”。亚洲国家仍面临一系列突出的发展问题，它们成为进一步巩固安全的制约因素。亚洲国家应该聚焦发展主题，积极改善民生，缩小贫富差距，不断夯实安全的根基。中国坚持与邻为善、以邻为伴，坚持睦邻、安邻、富邻，践行亲、诚、惠、容理念，努力使自身发展更好惠及亚洲国家。中国将同各国一道，加快推进“丝绸之路经济带”和“21世纪海上丝绸之路”建设，尽早启动亚洲基础设施投资银行，更加深入参与区域合作进程，推动亚洲发展和安全相互促进、相得益彰。

“发展”作为亚洲新安全观的核心准则之一，要求地区国家珍惜来之不易的稳定与发展局面，共同抵制干扰地区发展的消极言行，让发展促安全成为亚洲高扬的主旋律。世界需要一个持续发展、稳定和谐的亚洲。域外国家应积极维护亚洲发展的良好势头，发挥建设性作用，共同推动亚洲发展快车跑得更快、更稳。只有实现经济上的可持续发展，亚洲安全与和平才有保障。

（二）合作

合作安全，就是要通过对话合作促进各国和本地区安全，是国家间通过在政治、经济、军事等领域的广泛合作，实现国际安全或地区安全，进而实现各自国家安全目标的一种观念或模式，是国家之间处理安全困境的一项重要战略选择和实现安全的一种非对抗模式。它以相互依存思想为基础，要求以和平方式寻求安全，在安全利益相互冲突的国家之间展开政治和安全对话，使各个国家的安全都得到保障，从而维护地区或世界的和平，因此，合作安全是一种综合性的，共同性的安全。合作安全强调通过平等的、渐进的、多渠道的合作、磋商而非武力的手段实现安全利益。合作安全的成员组成与合作内容具有非排他性与广泛性：它不仅可以使安全利益一致的国家坐到一起开展合作，而且允许安全利益有冲突的国家走到一起进行安全对话，因此它是开放性和非排他性的；它也是广泛性的，既包括传统安全领域的合作，又包括政治、经济、人权、环境保护等非传统安全领域的合作。

需要指出的是，虽然双边或多边军事同盟也是一种安全上的合作，但在规范性上与合作安全有本质的区别。前者是以排他性零和、含蓄或明确针对第三方的消极安全；合作安全是开放性的、普遍性的、共赢的积极安全。

（三）包容

包容，即宽容、容纳。包容是一种超越容忍的积极态度，是推动国际关系走向和谐的一种努力。包容性是不把自己的意志强加于人，即“己所不欲，勿施于人”。包容意味着不以完全对立的眼光看待不同国家之间的利益，不认为国与国之间是一种完全零和的利益关系。包容也意味着“不机会主义地利用国际环境变化过程中出现的形形色色的机会，不把通过向对方施压以获取利益作为优先的政策手段”，它是中国与周边国家建设“命运共同体”的一个基本要求。

亚洲地域辽阔，不同的次区域有不同的特点，是世界上民族、宗教、文明等最为复杂的板块。亚洲地区多样性突出，发展道路多元化。亚洲安全观承认世界的丰富多彩性，承认地区内国家的多元性，强调兼容并蓄，安全合作的参与主体可以是社会制度、意识形态和国家实力不同的国家行为体，也可以是相似或者相同的行为体，在安全合作中，“把亚洲多样性和各国的差异性转化为促进地区安全合作的活力和动力，恪守尊重主权、独立和领土完整、互不干涉内政等国际关系基本准则，尊重各国自主选择的社会制度和发展道路，尊重并照顾各方合理安全关切。强化针对第三方的军事同盟不利于维护地区共同安全”。[①]

亚洲安全观的提出是中国对亚洲安全建设的一大贡献，对指导构建亚洲安全合作机制具有重大的理论指导意义。通过积极倡导亚洲安全观，中国希望增强亚洲在自身安全事务上的话语权。长期以来，在阿富汗、巴基斯坦、东南亚与东北亚的一系列亚洲安全问题中，外部因素的干预和介入并没有给本地区带来和平与安宁，反而使亚洲安全局势变得更加复杂。尤其是美国实施战略东移计划以来，不少地区热点问题被重新激活，严重阻碍和迟滞了亚洲安全合作的开展。通过倡导亚洲安全观，中国希望相关国家转变冷战思维和集团政治的霸权逻辑，通过合作、开放而非对抗、结盟的方式实现本地区的持久和平与共同发展。[②]

五、中国积极构建泛亚安全合作新架构

冷战结束以来，东盟以及日本、美国、俄罗斯等亚太国家的政府、智库和专家多次提出各自的亚太安全构想。但迄今为止，一个涵盖亚太主要国家的安全架构尚未进入初创阶段。中国抓住目前的战略机遇，本着“主动谋划、积极进取”的精神，在亚太地区安全问题上扮演“概念设置国”“议程设置国”的角色。

2013 年 10 月 10 日，李克强总理在文莱举行的第八届东亚峰会上指出，“亚太地区经济合作架构众多，建立一个符合地区实际、满足各方需要的区域安全架构势在必行。我们主张推广综合安全、共同安全、合作安全的新安全观，推动在传统安全和非传统安全领域的坦诚对话与合作，促

---

① 《积极树立亚洲安全观，共创安全合作新局面》，习近平在亚洲相互协作与信任措施会议第四次峰会上的讲话，2014 年 5 月 21 日，http：//syss. 12371. cn/2015/07/01/ARTI1435713390551143. shtml。

② 任晶晶：《亚洲安全观——构建亚洲和平发展大厦的行动指南》，中国日报网，2014 年 10 月 9 日，http：//www. cssn. cn/xr/xr_ rw/xr_ xrld/201410/t20141009_ 1354337_ 2. shtml。

进政治安全与经济安全的互动"①。他用筷子做比喻："东亚许多国家都使用筷子，一根筷子很难吃着东西，两根筷子一起用才能夹到食物，一把筷子捆在一起就不易折断。"②这是中国政府首脑在亚太地区首次倡议建立一种安全架构，不仅显示出中国议题设置能力得到加强，也体现出中国力图更加积极承担地区安全责任的愿望。

中国国家主席习近平提出创新安全理念，搭建地区安全和合作新架构，努力走出一条共建、共享、共赢的亚洲安全之路，建议"推动亚信成为覆盖全亚洲的安全对话合作平台，并在此基础上探讨建立地区安全合作新架构"③。这是中国国家最高领导人在亚洲安全合作多边舞台上提出以亚洲安全观构建覆盖全亚洲的地区安全对话平台。

2016 年 4 月 28 日，习近平主席在亚信第五次外长会议开幕式上进一步提出了构建泛亚安全合作新构架的指导性路径，概括为以下四点：

第一，把握方向，构建亚洲命运共同体。亚洲各国安危与共、命运相系。我们要发展合作共赢的新型伙伴关系，相互尊重，平等相待，守望相助，同舟共济，在追求本国利益时兼顾各国合理关切，在谋求本国发展时促进各国共同发展，在维护本国安全时尊重各国安全，一起来促进地区和平、稳定、繁荣。我们要深化军事政治、新威胁新挑战、经济、人文、环保等领域安全和信任措施建设合作，共同为亚洲安全和发展撑起一片蓝天。

第二，夯实基础，推动不同文明交流互鉴。亚洲民族、宗教、文化多样，社会制度、发展道路、经济发展水平各异，对有关安全问题的认知和关切不尽相同。在这样的情况下，我们要加强交流、加强沟通，把亚洲多样性转化为扩大交流合作的动力，推动不同文明包容互鉴、共同发展，为维护地区和平稳定发挥作用。各方可以通过参与亚洲文明对话大会等平台

---

① 《李克强在第八届东亚峰会上的讲话（全文）》，新华网，2013 年 10 月 10 日，http：//news. xinhuanet. com/politics/2013-10/11/c_125510930. htm。

② 《李克强在第八届东亚峰会上的讲话（全文）》，新华网，2013 年 10 月 10 日，http：//news. xinhuanet. com/politics/2013-10/11/c_125510930. htm。

③ 《习近平阐述亚洲安全观》，新华网，2014 年 5 月 21 日，http：//www. xinhuanet. com/world/yxfhzb/。

和手段，汇聚智慧和力量，为地区安全综合治理打下更加深厚的基础。

第三，互谅互让，坚持对话协商和平解决争议。“恃德者昌，恃力者亡。”弱肉强食有违时代潮流，穷兵黩武缔造不了和平，互谅互让才能带来稳定，坚守道义才能赢得持久安全。我们要坚持通过对话协商，依据国际法，坚持以和平方式解决争议问题，以对话增互信，以对话解纷争，以对话促安全。针对复杂的地区热点问题，有关各方要保持冷静、坚守和平，避免采取使局势升级的行动，通过建立规则机制管控危机，通过增进互信缓和紧张，通过政治手段化解危机，逐步推动问题解决。

第四，循序渐进，探讨建立符合地区特点的安全架构。亚洲存在多个安全合作机制，在维护地区安全方面都发挥着一定作用。我们要坚持和发扬亚洲国家长期以来形成的相互尊重、协商一致、照顾各方舒适度的亚洲方式，加强地区各项安全机制协调，围绕彼此一致或相近目标逐步开展合作，形成合力，求得实效。在此基础上，可以逐步探讨构建符合亚洲特点的地区安全合作新架构。亚信非政府论坛等平台可以就此进行研讨，就地区安全合作的原则、重点方向等提出设想和建议。①

2016年7月9日，外交部副部长刘振民在“亚太地区安全架构与大国关系”国际研讨会上提出构建亚太安全架构的三原则：一是要坚决维护以联合国为核心的战后国际体系，坚决维护以《联合国宪章》宗旨和原则为代表的国际关系基本准则。二是要遵守和平共处五项原则、《联合国海洋法公约》《东南亚友好合作条约》《南海各方行为宣言》等公认的国际法与国际规则。三是要依据地区国家在交流互动中形成的共识，倡导并遵守以“平等相待、协商一致、照顾各方舒适度”为主要内涵的“东盟方式”。只有信守这些原则和精神，共商、共建、共享、共护的亚太安全之路才能行稳致远，亚太安全架构的建设才能固本强基。我们推动构建的亚太安全架构，不是另起炉灶，不是推倒重来，而是对现有机制的升级和完善。亚太安全架构应当是“开放、包容、合作、共赢”的多层次、宽领域、复合

① 习近平：《凝聚共识　促进对话　共创亚洲和平与繁荣的美好未来——在亚信第五次外长会议开幕式上的讲话》，新华网，2016年4月28日，http：//news. xinhuanet. com/politics/2016-04/28/c_1118761158. htm。

型安全网络，立足地区现有安全机制并兼容域外国家，为地区和平稳定发挥“压舱石”的作用。刘振民并指出，亚洲安全新架构应建立在新安全观基础上，应有利于促进地区经济合作和安全合作两轮驱动。[①]

2017 年 1 月发表的《中国的亚太安全合作政策》指出，亚太地区既有东盟主导的多个安全合作机制和上海合作组织、亚洲相互协作与信任措施会议等平台，也有历史形成的军事同盟。这种多样性决定了区域内短期难以形成统一的安全框架，多种机制齐头并进将是地区安全架构演进过程中的“常态”。当前，应继续以非传统安全合作领域为重点，从易到难，由浅入深，积累互信，逐步为构建地区安全架构夯实基础。[②]

亚太安全架构建设的过程，应当而且能够成为消解“中国威胁论”的过程，对以美国为中心的安全同盟体系，能起到明显的淡化、对冲、制约作用，同时减轻相关国家对中国的战略疑虑。这一进程能够减少“安全困境”，防止军备竞赛进一步升级。“一带一路”“互联互通”与区域安全架构同时并举，安全合作与经济合作双轮驱动，将使中国的地缘战略地位显著提高。[③]

---

① 刘振民：《亚洲的安全与中国的责任》，《国际问题研究》2014 年第 1 期，第 12 页。

② 国务院新闻办公室：《中国的亚太安全合作政策》白皮书，2017 年 1 月 11 日。

③ 王缉思：《亚太地区安全架构、目标、条件与构想》，《国际安全研究》2016 年第 1 期，第 5—6 页。

第五章　中美区域经济合作规制竞争

经济全球化和区域经济一体化是当今世界经济发展的两大趋势。一方面，随着亚太地区成为世界经济发展的新增长极，区内各国之间的贸易依赖性逐渐增强，区域内贸易流量显著增加，各成员国纷纷积极参与制订双边及多边自由贸易协定，亚太区域经济合作的活跃性不断增强，一体化程度不断加深；另一方面，面对日益复杂的国际经济形势，亚太地区主要国家及经济体为维持国际经济影响力并谋求制定新国际贸易规则主导权和话语权，相继加入或主导不同的多边自由贸易协定，形成了以美国为主导的、代表发达国家的、力图建立新一代贸易规则的《跨太平洋伙伴关系协定》和以东盟等新兴市场国家为主导的、体现全面互惠互利的《区域全面经济伙伴关系》（RCEP），以及中国主导的“一带一路”倡议。亚太区域经济一体化进程呈现出多轨道竞争并存的局面。

第一节　美国主导《跨太平洋伙伴关系协定》合作机制

亚太地区是世界上增长最快的地区和全球经济增长的主要推动力，该地区已经占全球 GDP 的 60%和国际贸易的 50%。[①]奥巴马政府实行“重返”亚洲战略后，开始“对亚洲地区在外交、经济、军事和其他方面大幅增加投资。”[②]在经贸方面的动作就是提出了《跨太平洋伙伴关系协定》。

---

① World Bank East Asia and Pacific Economic Update 2011.

② Hillary Clinton, “America's Pacific Century,” *Foreign Policy*, November 2011.

早在1997—1998年，亚太经合组织（APEC）的“部门自愿提前自由化计划”失败后，亚太经合组织工商界就希望以其他方式继续推动亚太地区的贸易投资自由化进程。一部分经济体开始尝试先行实现贸易投资自由化，即采取“21减X”的方式，让愿意先走一步的成员通过自愿谈判，在亚太经合组织范围内组成小型自由贸易协定（FTA），以推动“茂物目标”（Bogor Goals）的实现。基于上述考虑，特别是为了防止亚太经合组织进程彻底失败，1998年11月亚太经合组织峰会期间美国贸易谈判代表巴尔舍夫斯基非正式提出“太平洋五国FTA”（P5）倡议，美国希望通过P5构造一个亚太经合组织内部的贸易“核心集团”，以此作为推动和撬动亚太经合组织贸易投资自由化的工具。

基于各种原因，美国、澳大利亚最终并未加入这一贸易安排，仅新加坡和新西兰缔结了“更紧密经济伙伴关系协定”。对亚太地区贸易投资自由化抱有热情的几个太平洋小国始终没有放弃努力，智利、新西兰和新加坡于2002年宣布正式启动“太平洋三国更紧密经济伙伴关系协定”（P3 CEP）谈判；在其后的三年之间，三个国家就关于建立太平洋地区三国经济伙伴关系（P3 CEP）的谈判进行了四次磋商。而在2005年4月举行的第五次会议中，文莱表示了加入谈判并成为该协定的一个创始成员国的意愿。2005年7月，三国签署《跨太平洋战略经济伙伴关系协定》（*Trans-Pacific Strategic Economic Partnership*），就货物贸易、服务贸易、知识产权和投资等相关领域给予互惠；2005年8月，文莱作为创始成员签署该协定。由于新加坡、新西兰、文莱和智利四国均是太平洋国家，因此该协定仍沿用过去的称谓（《跨太平洋战略经济伙伴关系协定》），简称为P4，并于2006年5月1日正式生效。[①]协定采取开放的态度，欢迎任何亚太经合组织成员参与，非亚太经合组织成员也可以参与。

布什政府在2008年2月宣布美国将加入谈判。经过三轮谈判，2008年9月布什政府宣布美国将加入P4协议，并提出将它扩大升级为《跨太平洋伙伴关系协定》，邀请澳大利亚、秘鲁和越南加入。

---

① 沈铭辉：《跨太平洋伙伴关系协定（TPP）：发展、影响及中国的应对》，《海外投资于出口信贷》2016年第3期，第40页。

包括美国、澳大利亚，秘鲁、越南在内的第一轮扩大版的《跨太平洋伙伴关系协定》谈判原定于2009年3月在新加坡举行。但是，此项提案在美国国会产生较大争议，有54国会议员联名致信新上任的奥巴马总统表示反对，另有45名议员联名致信支持该协议。2009年2月新一届美国政府要求推迟第一轮谈判，审议美国贸易政策和优先事项。2009年3月，美国国会贸易政策工作委员会举行了特别听证会，绝大多数的工商界利益集团都表示支持《跨太平洋伙伴关系协定》。2009年11月14日，奥巴马总统在出访亚洲的第一站——东京宣布美国将参加《跨太平洋伙伴关系协定》谈判，强调它不但能够促进美国的就业与经济繁荣，而且能够为设定“21世纪贸易协定的标准”做出巨大贡献。随后，美国贸易代表柯克于2009年12月14日正式通知国会，美国政府将启动《跨太平洋伙伴关系协定》谈判。首轮谈判被重新安排在2010年3月在澳大利亚墨尔本举行。①

2011年11月，在夏威夷举行的亚太经合组织领导人会议上，跨太平洋伙伴关系协定成员国公布了《跨太平洋伙伴关系协定》大纲，阐述了《跨太平洋伙伴关系协定》的基本框架。《跨太平洋伙伴关系协定》有五个关键性特征，即（1）全面的市场准入：消除关税和其他阻碍商品和服务贸易与投资的壁垒；（2）全面的地区协定；（3）跨领域贸易问题：将监管一致性、竞争力和商务便利化、中小企业、发展四项新的跨领域议题纳入《跨太平洋伙伴关系协定》；（4）新的贸易挑战：促进创新产品与服务的贸易与投资；（5）与时俱进的协定：适时更新修改协定。《跨太平洋伙伴关系协定》涵盖的议题包括：竞争、合作和能力建设、跨境服务、海关、电子商务、环境、金融服务、政府采购、知识产权、投资、劳工、法律问题、产品的市场准入、原产地规则、卫生与植物检疫标准、技术性贸易壁垒、电信、临时入境、纺织品和服装、贸易救济措施等。大纲还宣布，《跨太平洋伙伴关系协定》的关税目录将涵盖所有商品，服务与投资计划将涵盖所有服务行业（但通过谈判可以保留部分例外），各成员国的政府

① “The Original P4,” March 16, 2010, http://tppdigest.org/.

采购市场也将开放。①

截至 2014 年 5 月，《跨太平洋伙伴关系协定》谈判已经举行了 21 轮，成员包括美国、日本、澳大利亚、墨西哥在内共 12 个国家。

美国积极参与并领导《跨太平洋伙伴关系协定》谈判，直接原因有以下几点：

（一）扭转美国在亚太地区不利的贸易地位。美国在亚太拥有重大的商业利益，亚太对美国扩大出口、拉动增长、促进就业和调整经济结构意义重大。尽管过去五年美国对亚太的出口增长了 62%，但其份额却下降了约 3%。因此，美国通过打造一个全新自由贸易协定，以巩固和强化其在亚太地区的经济地位和影响。

（二）试图遏制优惠贸易安排（PTA）在亚太地区泛滥的势头，降低这些协定对美国的不利影响。亚太目前有 175 个 PTA，还有 20 个有待实施，50 多个正在谈判中。美国希望通过《跨太平洋伙伴关系协定》扭转这一混乱的趋势。

（三）许多有影响的区域贸易协定（RTA）都将美国排除在外，引起美国的警觉。美国政界和工商界担心由此造成的贸易与投资的“转移效应”将严重影响美国参与本地区的商业机会与竞争，美国希望改变亚太地区排除美国的经济一体化的趋势。

（四）美国加入《跨太平洋伙伴关系协定》的最终目标是“形成一个拥有广泛成员的区域贸易协定”，这个区域协定即《亚太自由贸易协定》（FTAAP），美国从 21 世纪初就开始在亚太经合组织框架下力推建立《亚太自由贸易协定》，一旦建成，亚太自贸区将成为世界上覆盖领域最广、容纳人口最多、占世界 GDP 比重最高的自由贸易区。但是美国倡导和推动的《亚太自由贸易协定》方案在亚太经合组织框架内几经争论和搁置，没有实质性进展。在这种情况下，美国借壳上市，以加入 P4 为起点，力推《跨太平洋伙伴关系协定》，以实现亚太自贸区的目标。由此可见，美国追求亚太自贸区的过程中，路径发生了变化，由亚太经合组织体制内一步到

---

① 国务院发展研究中心：《TPP 谈判的新进展和前景展望》，http://www.drcnet.com.cn/eDRCnet.common.web/DocSummary.aspx?chnid=1002&leafid=21199&docid=3447621。

位实现《亚太自由贸易协定》，转向以《跨太平洋伙伴关系协定》为中转，最终实现《亚太自由贸易协定》。①

（五）美国选择《跨太平洋伙伴关系协定》作为其经济上重返亚洲的支点，是因为《跨太平洋伙伴关系协定》包含了符合美国利益的几乎所有议题——服务贸易、知识产权、“新加坡议题”以及环境与劳工标准等，因此能够得到美国政府、党派、工商界利益集团的支持。

（六）美国积极参与和领导《跨太平洋伙伴关系协定》谈判，其深层次原因是为了抢夺经贸规则制定主导权，维护美国在亚太地区的经济主导地位。东亚地区经济发展使得东亚成为拉动地区经济增长的主动力，而东亚通过合作构建了具有东亚特色的一体化与合作机制，搞了自己的规则（渐进开放，经济合作），这对美国经济主导地位产生了竞争和挑战。因此美国要在亚太经济一体化中抢夺规则主导权。美国布鲁金斯学会研究员约书亚·梅尔泽（Joshua Meltzer）认为，“在未来几十年，世界上增长最快和最具活力的领域将是贸易和投资。从这个角度看，基于规则的治理（the rules rule），以及诸如国有企业和监管一致性等新规则，加上对商品、服务、投资和知识产权的传统规定，将确保在亚洲仍保持以市场为导向——主要是开放和非歧视性——的经济增长。只有在这些条件下，才可能预期美国将与亚太地区共享繁荣”。②短期内，《跨太平洋伙伴关系协定》的建成对美国的经济利益并不是特别大；但是，如果《跨太平洋伙伴关系协定》成为未来亚太地区自由贸易协定谈判的模板，美国的经济收益将放大。至关重要的是，美国将维持其在东亚的经济领导地位，这是美国推行《跨太平洋伙伴关系协定》最为看重的战略利益。在2011年亚太经合组织的夏威夷峰会上，美国总统奥巴马说：“《跨太平洋伙伴关系协定》有潜力成为

① 黄河、谢玮：《TPP对东亚国际体系的影响》，《国际体系变革与新兴大国关系》，上海：上海人民出版社213年版，第291页；饶芸燕：《TPP对东亚一体化的影响及中国的对策》，《国际体系变革与新兴大国关系》，上海：上海世纪出版集团2013年版，第313—314页。

② Joshua Meltzer, "*The Significance of the Trans-Pacific Partnership for the United States*," Brookings Institution, May 16, 2012, http://www.brookings.edu/research/testimony/2012/05/16-us-trade-strategy-meltzer.

亚太贸易协定的范本，不仅如此，还有潜力成为未来所有贸易协定的范本。”[①]“如果我们不尝试设计规则，美国的企业和工人将会被排除在外，因为这里有一个很大的国家，它叫作中国。它发展迅速，具有巨大的吸引力和号召力。如果美国能同中国的邻国达成一个包含更高标准的协议，中国将会考虑按照国际惯例行事。”[②]2016年5月，奥巴马总统在《华盛顿邮报》发表文章指出：“世界已经发生改变。规则也在随之改变。美国，而非中国那样的国家，应当编写规则”“美国应当发号施令。其他国家应当遵守由美国以及我们的伙伴所制定的这些规则，而不是相反。”[③]

美国所推动的规则调整主要包括以下内容：

就目前已经达成的协议看，《跨太平洋伙伴关系协定》文本所涉国际经贸规则重构的内容最为全面和丰富，为亚太地区的贸易与投资设置了全新的高标准，可以作为我们观察第三次国际经贸规则重构的“风向标”和制度参考。

具体分析如下：

（一）在货物贸易规则方面，《跨太平洋伙伴关系协定》有些规则与WTO现行货物贸易规则或近年来WTO通过的《贸易便利化协定》（Trade Facilitation Agreement，尚未生效）和全面取消农产品补贴的承诺相一致，还有一些是美国提出的新规则，如出口许可程序规则。具体涵括如下方面：（1）最大限度地取消或削减工业品关税壁垒以及农产品的关税和其他限制性政策，给予进口产品以国民待遇。（2）取消农产品出口补贴，加强现代农业生物技术相关活动的透明度与合作。（3）取消纺织品和服装关

---

① Joshua Meltzer, “*The Significance of the Trans-Pacific Partnership for the United States,*” Brookings Institution, May 16, 2012, http://www.brookings.edu/research/testimony/2012/05/16-us-trade-strategy-meltzer.

② Jim Kuhnhenn and Charles Babington, “Obama: China‘ Putting out Feelers’ about Joining Trade Pact,” Associated Press, June 4, 2015, http://www.greenwichtime.com/news/texas/article/Obama-China-putting-out-feelers-about-joining-6304642.php.

③ Barack Obama, “The TPP would let America, not China, lead the way on global trade,” *The Washington Post*, May 2, 2016, https://www.washingtonpost.com/opinions/president-obama-the-tpp-would-let-america-not-china-lead-the-way-on-global-trade/2016/05/02/680540e4 - 0fd0 - 11e6 - 93ae - 50921721165d_story.html?utm_term=.a5067284d5b0.

税，制定一套统一的原产地规则，促进贸易便利化和提高海关程序透明度以及确保海关管理一致性等规则。（4）重申或更新 WTO《实施动植物卫生检疫措施的协议》（SPS）规则，同意通过合作确保技术法规和标准的执行，不增设不必要的贸易壁垒，维持美国的贸易救济规则等。

（二）在投资规则方面，《跨太平洋伙伴关系协定》的投资规则不仅超出了与贸易有关的投资措施（TRIMS）的范围，而且比目前数以千计的双边投资协定更进一步，尤其是设立了非歧视性待遇与“负面清单”的投资新规则。具体包括：（1）以国民待遇和最惠国待遇的非歧视投资政策与“公平公正”和“充分保护与安全”为法律保护的基本规则，同时保障各缔约方政府实现合法公共政策目标的能力，减少或消除与贸易相关的投资规则。（2）各方采用“负面清单”模式，此即意味着“法无禁止皆可为”，除不符措施外，市场将对外资全面开放。不符措施包括两个附件：一是确保现有措施不再加严，且未来自由化措施应具有约束力；二是保留在未来完全自由裁量权的政策措施。

（三）为投资争端提供了中立、透明的国际仲裁机制，并通过有力的措施防止该机制被滥用，确保政府出于健康、安全和环境保护之目的进行立法的权利。在服务贸易规则方面，《跨太平洋伙伴关系协定》扩大了服务贸易市场的开放度，提高了规则的透明度，设立了跨境金融服务的特别规则和通信服务新规则，并以“负面清单”形式接受 WTO 和其他贸易协定包含的核心义务，这意味着缔约方市场向其他缔约方的服务提供者完全开放，但不包括协定两个附件中任何明文规定的例外(不符措施)。

（四）在电子商务新规则方面，《跨太平洋伙伴关系协定》将不设立数据中心作为允许缔约方企业进入市场的前提条件，也不要求转让或获取软件源代码；禁止对电子传输（包括不同缔约方 P2P 的内容电子传输）征收关税，不允许缔约方以歧视性措施或直接阻止的方式支持本国类似产品的生产商或供应商；同意实施并保持针对网上诈骗和商业欺诈行为的消费者保护法，并确保个人信息的隐私和其他消费者权益保护在缔约方市场得到执行等。

（五）在政府采购规则与竞争规则方面，《跨太平洋伙伴关系协定》扩大了政府采购的市场准入，实行国民待遇及非歧视原则，并建立新的、可执行规则以规制商业性国有企业对市场竞争的影响，建立了竞争中立规则，以及竞争法实施的程序公正规则。

（六）在与贸易有关的知识产权规则方面，以《与贸易有关的知识产权协定》（TRIPS）和国际最佳实践为标准，确保对知识产权持有人的公平公正和非歧视性市场准入的保护，加大对专利、商标、版权和包括制止网络盗窃商业秘密的保护，确保更强有力地打击假冒货和盗版，尤其是加大涉及危害消费者健康与安全方面的惩罚，确保促进药品创新和健全竞争性仿制药品产业的新规则，促进商标与地理标志的透明度及正当程序的规则；同意提供强有力的执行体系，包括民事程序、临时措施、边境措施以及针对商业规模的商标假冒和侵犯版权等行为采取刑事程序和惩罚等。特别是缔约方将采取法律措施，防范商业秘密被盗用，建立针对包括网络窃密等方式在内的商业秘密盗窃行为和偷录制影像的刑事程序和惩罚制度。这些规则不仅超出了《与贸易有关的知识产权协定》规定的义务，而且与先前的《反假冒贸易协定》（ACTA）相比，不仅覆盖的范围更广，而且涵盖了实体与程序两方面的规则。

（七）在劳工规则方面，《跨太平洋伙伴关系协定》将贸易与劳工标准挂钩，规定了国内劳工法需符合国际劳工标准的承诺，以及促进国际劳工组织标准的磋商合作机制。

（八）在环境规则方面，《跨太平洋伙伴关系协定》将环境管理与国际义务以及贸易争端解决机制挂钩，以此强化环境政策及国际环境公约的执行程度。规定国内环境法需符合多边环境协定的承诺，以促进可持续发展（包含鱼类和森林资源管理的规则）。

（九）在发展与能力建设规则方面，《跨太平洋伙伴关系协定》倡导包容性贸易，加强成员国的合作和能力建设，通过发达国家的支援，来提高发展中国家的能力。比如，帮助中小企业理解协议条款、利用机会呼吁缔约国政府重视各种特殊挑战等。

（十）更加高效的争端解决机制规则适用于与《跨太平洋伙伴关系协

定》相关的所有争议。《跨太平洋伙伴关系协定》缔约方的公众将可以跟踪整个争端的解决进程，获得争端解决中提交的意见，参加听证会（除非争端方另有约定），还可以获得专家组提交的最终报告。在争端解决过程中，设立于任何争端方境内的非政府组织（NGO）可要求向专家组提交与争端相关的书面意见，专家组将予以考虑。这些规则突破了 WTO 现行争端解决规则对有关程序保密性和政府性的限制。①

经过五年的艰难谈判，《跨太平洋伙伴关系协定》的 12 个谈判国于 2015 年 10 月 5 日在美国亚特兰大终于达成协议。2016 年 2 月 4 日，美国、日本、澳大利亚、新加坡和越南等 12 个国家，在新西兰奥克兰正式签署《跨太平洋伙伴关系协定》。美、日、加拿大、越南等 12 国承诺在投资准入、贸易便利、金融开放、市场监管、知识产权保护等方面进行全方位的合作。此协议如果得到成员国的批准，将成为一个覆盖全球经济 40%的最大自由贸易区。众所周知，《跨太平洋伙伴关系协定》是美国“亚太再平衡”战略的重要内容，美国意在维护其经济主导地位，从一开始就把中国排斥在外。美国外交关系委员会罗伯特·布莱克威尔（Robert Blackwill）和阿什利·特里斯（Ashley Tellis）认为，《跨太平洋伙伴关系协定》应当被视为反制中国崛起的“大战略”的一部分。奥巴马政府为《跨太平洋伙伴关系协定》提供的支持性理由中，有不少提到该协定将提升美国相对于中国的竞争力，并将削弱中国在决定全球贸易规则上的影响力的内容。《跨太平洋伙伴关系协定》成为奥巴马政府与中国博弈未来贸易规则制定和地区秩序维护的平台。

2017 年 1 月 23 日，上任伊始的美国总统特朗普签署行政命令，正式宣布美国退出《跨太平洋伙伴关系协定》。《跨太平洋伙伴关系协定》虽然已经被特朗普判了死刑，但日本和澳大利亚仍然在积极推动生成没有美国参与的新版《跨太平洋伙伴关系协定》。已经加入《跨太平洋伙伴关系协

① 张乃根：《“一带一路”倡议下的国际经贸规则之重构》，《法学》2016 年第 5 期，第 97—99 页。

定》的其他 11 国多次召开会议，着手修改曾接受美方要求让步的项目。[①] 2018 年 1 月 23 日，日本经济再生大臣茂木敏充在东京宣布，经过两天谈判，除美国外，包括加拿大在内的 11 个《跨太平洋伙伴关系协定》原协定国取得共识，将共同努力继续推动新版《跨太平洋伙伴关系协定》的签署。11 国计划于 2018 年 3 月在智利举行协议签署仪式。新版协议暂定名为 CPTPP（Comprehensive and Progressive Agreement for Trans – Pacific Partnership），即《全面且先进的跨太平洋伙伴关系协定》。[②]

在特朗普宣布退出《跨太平洋伙伴关系协定》后，美国今后有两种选择：一是与《跨太平洋伙伴关系协定》相关经济体签订双边自由贸易区，即用双边协定代替多边贸易协定。二是特朗普在执政一段时间后，对《跨太平洋伙伴关系协定》在现有版本的基础上进行修订，迫使各方满足其要求，然后寻求国会通过。从过去经验看，这往往是美国总统选举背景下，候选人拉拢选民的竞选说辞，一旦当选，还会以某种方式批准《跨太平洋伙伴关系协定》。而且，特朗普的内阁班子里有不少大企业家，《跨太平洋伙伴关系协定》正是大企业家所青睐的。而《跨太平洋伙伴关系协定》其他 11 个成员国希冀美国能早日回归《跨太平洋伙伴关系协定》，并简化创始成员国的加入手续，为美国回归《跨太平洋伙伴关系协定》开辟道路。[③]从发展态势看，第二种可能性颇高，即特朗普在其要求基本得到满足的情况下回归《跨太平洋伙伴关系协定》，因为完全脱离多边合作机制并不符合美国的利益。特朗普在 2018 年 1 月的达沃斯论坛上也表明了美国回归《跨太平洋伙伴关系协定》的可能性。在接受美国 CNBC 电视台采访时特朗普表示，准备研究重返跨《太平洋伙伴关系协定》。[④] 美国彼得森国际经济研究所高级研究员杰弗瑞·索特（Jeffrey

---

① 《排除美国后，TPP 其他参加国齐聚澳洲加快协议修改讨论》，澎湃新闻，2017 年 8 月 31 日，http://www.thepaper.cn/newsDetail_forward_1779926。

② 韩声江：《日本牵头缩小版 TPP 将于 3 月签署 回击美“反全球化”》，澎湃新闻，2018 年 1 月 24 日，http://www.thepaper.cn/newsDetail_forward_1965106。

③ 日媒称新《全面且先进的跨太平洋伙伴关系协定》将简化美国重新加入手续，为美回归开辟道路。

④ 南博一：《特朗普首次表示：若条件有利或重返 TPP》，澎湃新闻，2018 年 1 月 26 日，http://www.thepaper.cn/newsDetail_forward_1969136。

Schott）认为，由于特朗普认定《跨太平洋伙伴关系协定》条款对美国不公平，加入《跨太平洋伙伴关系协定》会让美国吃亏。特朗普目前利用美国经济体量大的优势，谋求通过双边谈判取得贸易方面的优势地位，因此目前特朗普政府对加入《跨太平洋伙伴关系协定》这个多边机制并不急迫。另一个原因不容忽视，索特认为，虽然从长远利益看，美国应该加入并且领导《跨太平洋伙伴关系协定》，但由于绝大多数的《跨太平洋伙伴关系协定》条款都是美国倡导的国际规范，符合美国的根本利益。因此，特朗普对这个由日本和加拿大领导的新版《跨太平洋伙伴关系协定》并不感到担忧。①

关于《跨太平洋伙伴关系协定》对中国的可能影响，美国一些政策专家认为，虽然《跨太平洋伙伴关系协定》会对中国的贸易地位造成冲击，但《跨太平洋伙伴关系协定》和中国最终的国家利益并没有冲突，北京在将来应该会开始国内改革，为加入《跨太平洋伙伴关系协定》做出妥协。"美国领导的《跨太平洋伙伴关系协定》和更开放、更友好的中国并不冲突，"HIS 全球中心的布莱恩·杰克逊（Brian Jackson）认为，"中国加入《跨太平洋伙伴关系协定》将为其带来短期的声誉利好，为将来的经济活动奠定基础。"战略与国际研究中心（CSIS）高级研究员马修·古德曼（Matthew Goodman）则援引 2013 年 5 月中国商务部和 2013 年习近平主席访美期间有关"认真研究《跨太平洋伙伴关系协定》"的讲话，认为中国最终会加入《跨太平洋伙伴关系协定》轨道。伯纳德·高登（Bernard Gordon）也有类似结论，他认为中国离成为《跨太平洋伙伴关系协定》会员越来越近。首先，中国已经不像过去那样抵触《跨太平洋伙伴关系协定》。其次，中国领导人认识到《跨太平洋伙伴关系协定》将会设定未来世界经济运作的规则，而中国必须要参与到规则制定中去。最后，中国和美国一样，对 WTO 感到失望，正在谋求其他的贸易准则。

---

① 来自 2018 年 9 月笔者参加在中国国际问题研究院举行的"中美贸易关系和亚太经济合作圆桌会"上美方专家的观点。

第二节　中国支持《区域全面经济伙伴关系协定》合作机制

美国主导《跨太平洋伙伴关系协定》谈判，对东亚国家造成巨大的冲击和压力。东亚国家担心《跨太平洋伙伴关系协定》将会导致东亚国家的分裂，丧失区域经济合作和发展主导权。①为了应对《跨太平洋伙伴关系协定》的冲击，2011 年东盟提出了“区域全面经济伙伴关系协定”（RCEP）计划。2012 年 11 月在柬埔寨金边召开的东亚领导人系列会议上，东盟宣布将在 2013 年开始有关“区域全面经济伙伴关系协定”的谈判。《区域全面经济伙伴关系协定》涵盖 16 国——东盟 10 国加中日韩澳新印，有 35 亿人口（占世界总人口约一半），目前的 GDP 总和为 23 万亿美元（占全球的三分之一），如若建成，将是世界最大的一体化大市场。

《区域全面经济伙伴关系协定》将会建构一个东亚统一的大市场，实现地区一体化与合作分散机制的统合。迄今，尽管东亚地区发展起了以企业为主导的地区生产网络，但是，由政府推动和构建的自贸区和合作机制却处于一种分散的“多层框架”状态。从自贸区开看，既有双边的，也有次区域的，东盟不仅建立自己的东盟自贸区，而且还与多个国家签署了“东盟+1”自贸协定。从合作机制来看，既有“东盟+1”“东盟+3”，也有东亚峰会。从区域生产网络的角度来分析，分散的自贸协定会导致“意大利面条碗”效应，即由于各个协定的规则不一（比如，不同的原产地规则），使区域市场分割，从而对地区生产网络内的生产分工造成新的障碍，加大企业的运营成本。同时，多层的合作框架也导致会议太多，议题重复，甚至各个框架之间产生相互竞争与制约，从而影响合作的实际效能与效率。

---

① 全毅：《当前区域经济一体化背景下 CAFTA 的发展方略——TPP 与 RCEP 视角分析》，载唐国强主编：《亚太与东亚区域经济一体化形势与建议》，北京：世界知识出版社 2013 年版，第 277—281 页。

多年来，在地区合作机制下，东亚各国就开始对建立地区统一的自贸区进行研究。2004 年，由中国牵头组成了 13 个国家（东盟+3）参加的东亚自贸区可行性研究专家组，2006 年提交了关于尽快建立东亚自贸区的研究报告；2006 年，由日本牵头组成了 16 个国家（东盟+6）参加的“东亚全面经济伙伴关系”（CEPEA）专家组，2007 年提出研究报告；2011 年，中日两国共同倡议，加快构建东亚区域一体化合作机制的步伐。应该说，《区域全面经济伙伴关系协定》是各方多年努力的结果，有着比较好的准备基础。

目前，有关《区域全面经济伙伴关系协定》谈判的指导原则已经指定，涉及货物贸易、服务贸易和投资谈判内容的三个工作组已经开始工作。按照计划，谈判将在两年内完成，即于 2015 年年初签署协议。按照指导原则，《区域全面经济伙伴关系协定》将以现行的 5 个“东盟+1”自贸协定为基础进行整合，并在此基础上进一步提升，最后建成高水平的区域开放大市场。RCEP 既包括传统的货物贸易、服务贸易和投资自由化，也会包括一些新议题，如知识产权保护、环境保护、促进劳动力流动等，同时，也会包括加强经济合作，比如，构建区域基础设施网络（互联互通），对欠发达的成员提供切实有效的援助，缩小发展差距等。

构建涵盖 16 个国家的自贸区并非易事。《区域全面经济伙伴关系协定》谈判成员国纵跨南北半球两大洲，里面既有发达国家，也有新兴工业化国家，还有新兴市场的落后国家，社会经济发展水平如此巨大的差距，直接造成了各国利益表达的南辕北辙，从而约束彼此拓展合作的深度和广度。更为重要的是，《区域全面经济伙伴关系协定》各成员国在追求本国整体利益最大化的同时，还十分关注自己的敏感领域，如印度制造业能力弱，而且平均关税在《区域全面经济伙伴关系协定》各国中最高，担心《区域全面经济伙伴关系协定》会使其相关产业受到冲击；韩国和日本可能会要求对农业和粮食生产者提供特殊待遇；中国服务业开放程度相对较低，可能会提出渐次开放的条件和具体范围等。这些核心问题的纠结和推拉都将放缓《区域全面经济伙伴关系协定》的讨论进程。在目前 16 个国家中，印度可能成为最难啃的骨头。在《区域全面经济伙伴关系协定》谈判的16国中，印度与东盟《自由贸易协定》的开放率最低，免税产品占全部贸易商品的比率更是只有78.8%，若以《区域全面经济伙伴关系协定》的95%产品免税的目标为标准，前面显然还有很长的一段路要走。

东盟此前已分别与中、日、韩、印以及澳、新签署了五个自贸协定，因此，《区域全面经济伙伴关系协定》既是为解决当前亚太地区经济合作面临的问题提出的新设想，也是本地区既有区域合作延长线上的产物。这主要体现在以下三个方面：

第一，《区域全面经济伙伴关系协定》遵循并进一步突出了“东盟方式”的合作原则以及东盟在亚太区域合作中的核心地位。“东盟方式”的主要内涵是指成员平等、不干涉内政、和平共存。一直以来，东盟在亚洲各种地区合作机制中扮演主导性角色，如东盟地区论坛（ARF）、东亚峰会（EAS）以及“10+1”“10+3”模式的磋商机制，形成了以东盟为轴心的“轴辐”式对话与合作机制。“东盟方式”充分考虑和照顾到各方的舒适度和可接受程度，在区域合作中强调协商一致与循序渐进。

第二，《区域全面经济伙伴关系协定》采取“渐进式自由化”的路径，将对东盟发展程度相对较低的成员国实行特殊与区别对待的政策。这主要涉及柬埔寨、缅甸、老挝、越南等东盟“新成员”。东盟在内部一体化建设过程中已考虑到这些国家的特殊要求，相对其他六个“老成员”，上述国家实现内部贸易自由化的时间推迟到2015年。而在《区域全面经济伙伴关系协定谈判的指导原则和目标》中又明确“承认参与国家个体差异和所处不同环境”，并且特别强调“考虑到参与国家不同的发展水平，《区域全面经济伙伴关系协定》将包含一些适当的灵活形式，包括为最不发达的东盟成员国提供特殊和差别待遇，并为之附加额外的灵活性”。“《区域全面经济伙伴关系协定》下的经济和技术合作致力于缩小参与国家间的发展差距，并从《区域全面经济伙伴关系协定》的实施中达到最大限度的互惠互利。”这一发展路径与亚洲开发银行为亚太地区制定的2020年发展战略是并行不悖的，后者在强调“区域合作和一体化”（RCI）这一支柱的同时，也突出了“包容性的经济增长”和“环境的可持续增长”等另外两个发展议程。同时，福利的增长和生活质量的提高被认为是任何一体化政策或战略的终极目标。有鉴于此，可以预测的是，拟议中的《区域全面经济伙伴关系协定》将很可能避免设立一个完全统一的贸易开放标准和达标时间表。

第三，《区域全面经济伙伴关系协定》是开放性的区域经济伙伴关系协议。在共享的地理范围和共同的区域利益下保持区域组织成员的可控数量，奉行“开放性地区主义”一直以来是亚洲区域合作的两条重要经验。根据《区域全面经济伙伴关系协定谈判的指导原则和目标》，东盟的自贸区伙伴在《区域全面经济伙伴关系协定》的后续阶段仍可申请加入。这一一体化进程事实上是多边贸易谈判中“可变几何”（variable geometry）方式与“同心圆”方式的结合及其在区域层次的应用。前者是指不同的国家或国家集团在不同的议题上实现不尽一致的一体化程度，而后者则指部分国家在较为广泛的议题上实现高度机制化的地区一体化，成为一体化进程的核心或内圈，其他国家作为外圈成员择机后续加入。

相对于《跨太平洋伙伴关系协定》是由美国主导推动的《自由贸易协定》，《区域全面经济伙伴关系协定》则是在恪守“东盟为核心”的原则下，有东盟 10 国共同推动、主导的一项区域整合倡议。①

一、《区域全面经济伙伴关系协定》与《跨太平洋伙伴关系协定》的相同点

（一）参与成员重叠性高

在参与成员方面，《区域全面经济伙伴关系协定》的成员是以东盟十

① 印度尼西亚太平洋经济合作委员会会长吉斯曼·西曼均塔认为，“东盟+”方式有其局限，东亚区域主义受其羁绊。“东盟+”自由贸易区谈不上东亚范围的地区安排的完美替代品。以东盟为中心的 10+3 和东亚峰会裹足不前，这进一步说明有必要另辟新径。《区域全面经济伙伴关系协定》是一个机会，预使其成功，就要将其作为一个东亚行动去推动，而不要以东盟为中心。要将其理解为东亚联合的一个元素，而东亚联合以相互尊重和共同基本价值观为基础，以推动地区和平从而推动人类进步为宗旨。在《区域全面经济伙伴关系协定》中，成员国的相对经济实力要得到恰如其分的反映。参见吉斯曼·西曼均塔：《关于跨太平洋伙伴关系和东亚共同体建设的几点意见》，载唐国强主编：《亚太与东亚区域经济一体化形势与建议》，北京：世界知识出版社 2013 年版，第 321 页。

国为主，再加上六个与其签订《自由贸易协定》的对话伙伴国；《跨太平洋伙伴关系协定》则在其协定条文中明确规定以“亚太经济合作会议会员及其他国家”为主要对象。目前，东盟国家中，新加坡、文莱、马来西亚与越南为《跨太平洋伙伴关系协定》成员，泰国与菲律宾则表示有兴趣参与谈判。《区域全面经济伙伴关系协定》自2013年开启谈判后，东盟十国都将是其会员国，至于东盟的六个对话伙伴国，新西兰、澳大利亚已经是《跨太平洋伙伴关系协定》会员，中日韩三国为亚太经合组织成员，具备参与《跨太平洋伙伴关系协定》的资格，但目前尚未加入谈判；印度因非亚太经合组织会员，且自由化程度不高，因此并非《跨太平洋伙伴关系协定》目前希望吸收的重要目标。

（二）二者都制定了开放性条款

《跨太平洋伙伴关系协定》和《区域全面经济伙伴关系协定》两项整合机制都设有“开放性条款”（open accession clause），在符合一定条件下，开放其他有兴趣的国家或经济体加入，但其差异为《区域全面经济伙伴关系协定》在16国之外，开放“其他经济体”（external economies）参加，《跨太平洋伙伴关系协定》则开放“亚太经合组织会员与其他主权国家（states）”加入。由此可知《跨太平洋伙伴关系协定》的会员资格以“亚太经合组织会员”为主，其他主权国家为辅。《区域全面经济伙伴关系协定》则以东亚主权国家为主，其他“经济体”（economy）为辅。

二、《区域全面经济伙伴关系协定》与《跨太平洋伙伴关系协定》的差异

（一）自由化程度与范围不同

东盟国家欲更改过去国际认为东盟经济整合程度松散、自由化“品质不佳”的刻板印象，各国同意《区域全面经济伙伴关系协定》将推动“高水准”的自由化工作，不让《跨太平洋伙伴关系协定》专美于前。《区域

全面经济伙伴关系协定》预计将涵盖货物降税、服务贸易自由化、撤除非关税障碍、改善投资环境与自由化等内容，其中将全面性地将货物关税推动至零关税，但整体而言，《区域全面经济伙伴关系协定》的自由化目标与《跨太平洋伙伴关系协定》相比，仍有一段差距。以调降关税为例，《跨太平洋伙伴关系协定》的目标是推动100%的货物降税，即使有排除降税的敏感产品，数量亦极为有限。《区域全面经济伙伴关系协定》则预计将推动90%—95%的货物调降关税，也就是说还将容许5%—10%的货物免于降税之列，数量可达到数百种之多。但是，即便如此，对于部分自由化程度相对较低的国家，例如印度尼西亚、马来西亚、老挝等国来说，未来如果想要达到《区域全面经济伙伴关系协定》的降税目标，仍然有相当的难度。其次，由于印度在印度—东盟《自由贸易协定》中，仅承诺大约85%的商品实施降税，因此加入《区域全面经济伙伴关系协定》对于印度而言，也将是一大挑战。

另外，《跨太平洋伙伴关系协定》将包含国有企业、竞争政策、环境与劳工等事项，《区域全面经济伙伴关系协定》则不会讨论对多数东盟成员仍属敏感的国有企业、环境与劳工等议题。

《区域全面经济伙伴关系协定》在2012年11月底21届东盟高峰会所通过的《区域全面经济伙伴关系协定谈判指导原则与目标》官方文件中，已经拟定八项未来将要进行的合作范畴，包括货物贸易、服务贸易、投资、经济与技术合作、知识产权、竞争政策、争端解决机制及其他议题。《跨太平洋伙伴关系协定》则是在2011年11月由各国领导人共同颁布《跨太平洋伙伴关系协定纲领》（*Outlines of the Trans-Pacific Partnership Agreement*），明确规定20项主要议题作为合作范畴，除了《区域全面经济伙伴关系协定》已经涵盖的议题外，还包括海关流程、电子商务、环境、金融服务、政府采购、劳工、法规、市场进入、原产地原则、检验及检疫措施、技术性贸易障碍、通信、商务人士暂准进入、纺织成衣、贸易救济，较《区域全面经济伙伴关系协定》广泛许多。

（二）《跨太平洋伙伴关系协定》无差别待遇，《区域全面经济伙伴关系协定》则给予“特殊与差别待遇”

《跨太平洋伙伴关系协定》在美国的主导下，标榜是高品质的《自由贸易协定》，自由化程度高，因此对于发展中国家如越南等，仅同意给予其有限数量的商品的排除适用。《区域全面经济伙伴关系协定》则经东盟各国同意，将给予“特殊与差别待遇条款”，为柬埔寨、老挝、缅甸和越南四个发展程度较为落后的国家提供较长的调适期。

（三）《跨太平洋伙伴关系协定》无中国参与，《区域全面经济伙伴关系协定》无美国参与

目前《跨太平洋伙伴关系协定》谈判中不包含中国，中国实际上被排除在《跨太平洋伙伴关系协定》谈判的大门之外。由于《跨太平洋伙伴关系协定》的高标准，估计今后若干年中国都很难加入《跨太平洋伙伴关系协定》。而东盟主导的《区域全面经济伙伴关系协定》则包括东盟和周边国家，并不包括美国。

表 5-1 《区域全面经济伙伴关系协定》与《跨太平洋伙伴关系协定》的比较

相同点	不同点
都属于广域一体化的自贸区	《跨太平洋伙伴关系协定》的一体化标准极高，对敏感部门也不例外；《区域全面经济伙伴关系协定》会避免触及敏感部门，对降低贸易壁垒等的要求也低于《跨太平洋伙伴关系协定》
	《跨太平洋伙伴关系协定》内容包罗万象，甚至环保、劳工和国企经营等都有涉及。《区域全面经济伙伴关系协定》更关注货物、服务和投资自由化

续表

相同点	不同点
都坚持开放性、包容性原则，都会不断吸收新成员加盟，且都未正式建立。只不过《跨太平洋伙伴关系协定》起步早，已经历 17 轮谈判，目前正急需新成员加盟谈判，而《区域全面经济伙伴关系协定》刚启动谈判，待建到一定程度后，再考虑新成员的加入	《跨太平洋伙伴关系协定》参与方经济的互补性低于《区域全面经济伙伴关系协定》
	《跨太平洋伙伴关系协定》的参与方多为发达国家，12 个成员国中人均 GDP 最高的国家约占三分之二，且自由化程度高；《区域全面经济伙伴关系协定》多为发展中国家，人均 GDP 偏低
都有核心经济体主导	《跨太平洋伙伴关系协定》由美国主导；《区域全面经济伙伴关系协定》目前以东盟为核心。《跨太平洋伙伴关系协定》的成员分散性强；《区域全面经济伙伴关系协定》主要由亚洲国家组成，地缘凝聚力强
《跨太平洋伙伴关系协定》《区域全面经济伙伴关系协定》之间参与方互相重叠，相互影响，并影响其他区域一体化及世界经贸发展	《跨太平洋伙伴关系协定》参与方的经济活力、经济发展潜力将低于《区域全面经济伙伴关系协定》，后者包括目前全球最具经济活力的主要国家和地区
	《跨太平洋伙伴关系协定》强调政治目的，充斥着美国“重返亚太”战略意图；《区域全面经济伙伴关系协定》目前只关注经贸领域

资料来源：唐国强主编：《亚太与东亚区域经济一体化形势与建议》，北京：世界知识出版社 2013 年版，第 277 页。

第三节　中国主导“一带一路”合作倡议

亚太地区正成为当今世界经济最具活力的区域，中国等发展中国家已成为该地区经济的核心驱动。而美国为了制衡中国经济的发展，极力推动《跨太平洋伙伴关系协定》，使亚太地区的区域合作组织呈现无序的多样化发展，形成了所谓的“意大利面条碗”效应。作为应对，中国选择了以促亚太地区各国实现“利益共同体”“命运共同体”为终极目标的“一带一路”倡议。中国将通过推进“一带一路”倡议，以更加开放和主动的姿态参与全球经济一体化进程。

2013 年 9 月和 10 月，习近平主席分别访问哈萨克斯坦和印度尼西亚，提出了“丝绸之路经济带”和“21 世纪海上丝绸之路”倡议（简称“一带一路”），得到了国内各界以及世界舆论的高度关注。和《跨太平洋伙伴关系协定》和《区域全面经济伙伴关系协定》不同，“一带一路”是以运输通道为纽带、以互联互通为基础、以多元化合作机制为特征、以打造命运共同体为目标、以发展为导向的新型区域经济合作机制，是中国实施经济外交的新平台。

一、“一带一路”倡议的提出背景

一带一路的提出具有深刻的国际和国内背景。“一带一路”倡议的国际背景主要有如下三点：

（一）全球经济进入低增长周期

2007—2009 年的全球金融危机，使全球经济经历了长时间的衰退，至今全球经济仍处于两个经济增长周期之间的衰退和调整阶段，还未从金融危机中恢复过来。西方发达国家由于经济衰退导致需求下降，贸易保护主义抬头。国际经济不景气直接导致中国的出口锐减，GDP 增长率逐年下降。特别是 2012 年以来，GDP 增长率连续在 7.5%左右徘徊，进入经济增长的“新常态”。

历史经验表明，一国进行经济转型时，如果全球经济处于上升周期，就会有助于该国的经济转型；反之，如果一国转型升级时恰逢全球经济陷入低谷，该国经济转型升级时面对的压力和挑战就会更大。

当前全球经济的不景气无疑将加大中国经济转型困难，政府在推动经济转型的同时还要兼顾经济的发展，保证民生和就业，因而政府的经济政策一直在“转型升级”和“保增长”之间来回摆动，这种相互矛盾的做法无疑将延长中国经济转型升级的时间，处理不好将导致转型升级无功而返。有些经济学家预测，再过 6—7 年，全球经济将再次进入新的增长周期。如果到时中国经济在结构调整和转型升级上没有起色，就有被全球经济抛弃的危险。

（二）美国强推《跨太平洋伙伴关系协定》，试图主导亚太区域经济合作

《跨太平洋伙伴关系协定》是美国在多哈回合谈判陷入困境，自身经济实力相对下降，中国经济实力不断上升的背景下，对未来国际贸易规则的新构想和规划。冷战结束后，中国经济迅速崛起，东亚区域经济合作在中国的参与下取得了长足发展，美国在该地区的影响力逐步下降。中国的崛起使美国意识到，在未来地区经济发展的进程中，如果美国失去对地区经济格局的主导能力，很可能将直面被排挤出该地区的黯淡前景。为此，美国在亚太地区强力推进《跨太平洋伙伴关系协定》，希望通过这一合作机制抢先制定“下一代”贸易规则，从而掌握全球贸易规则制定的主导权，以扭转美国在国际竞争中的颓势，遏止中国等新兴经济体的崛起。

将中国排除在外的《跨太平洋伙伴关系协定》，使中国陷入入世以来最大的贸易困境。未来，《跨太平洋伙伴关系协定》成员国之间贸易壁垒降低的同时，将对中国构成更高的壁垒，从而不可避免地产生两类贸易转移效应：中国出口至北美、日本等的中低端制造品面临着越南、墨西哥的竞争替代性；而中国出口至东南亚的机械设备、移动电话等高端制造品，又面临着转移至美日的压力。这种腹背受敌将直接冲击中国的出口，进而削弱中国在亚太区域的话语权和影响力。更令人担忧的是，《跨太平洋伙伴关系协定》使美国能够在知识产权、劳工标准等方面制定新规则，甚至以《跨太平洋伙伴关系协定》的标准重塑 WTO 多边贸易体系，加上美国正在推动的《跨大西洋贸易与投资伙伴协议》（TTIP），中国有可能被排除

在新贸易体系之外，造成“被孤立”的风险。对中国而言，突围势在必行。

（三）中国周边安全面临新挑战

随着中国快速崛起，近几年周边安全环境发生重大变化。除了朝核问题继续保持“热度”外，中国周边安全面临其他严峻挑战，主要体现在以下几个方面：一是美国强化亚太“再平衡”战略，在亚太深化日美同盟，扩大军事同盟体系，强化在亚太的军事存在。二是美国深度介入南海争端。美国怂恿南海相关国家挑衅中国，频频在南海挑起争端，制造紧张气氛。在中国坚决捍卫南海主权，有力挫败东南亚某些国家的无理挑衅后，美国便亲自披挂上阵，美军侦察机对南海岛礁进行抵近侦察，甚至扬言侵入12海里领海，严重挑衅中国南海主权和国家安全。三是周边某些国家内乱，尤其是缅甸政府军与北方少数民族冲突不断，削弱了中国周边环境的稳定性。四是恐怖主义活动出现新动向，从西亚、北非、南亚向中亚、俄罗斯和我国西部渗透，对新疆等中国西部地区安全构成严重威胁。

中国周边安全环境恶化的核心因素是美国的插手。由于受金融危机和中东战争影响，美国国际影响力下降，对华遏制心有余而力不足。虽然我们主观上期望中美关系保持健康稳定发展，并为此付出很多努力，但是随着美国国内对华舆论的转向以及美国经济的逐步复苏，奥巴马之后的下一任美国总统对华立场可能会更趋强硬，中国周边安全将更加错综复杂，甚至不排除爆发危机和小规模的冲突的可能性。

从中国自身内部情况看，“一带一路”的国内背景如下：

1. 有助于缩小中国区域经济发展的不平衡

区域发展的不平衡严重制约中国全面小康社会建设，在过去的十几年间，中央政府先后提出西部大开发、中部崛起和振兴东北老工业基地等区域发展战略，并取得了显著的成效。但是区域差距仍然比较大，特别是地区间的人均GDP、人均财政收入、人均拥有财富的水平等重要指标的差距，并没有明显缩小，有些方面可能还在扩大。这一方面与中西部地区经济基础薄弱有关，另一方面就是能源、矿产生产的单一结构严重制约中西部发展，而随着中国能源对外依存度提高、国际能源结构调整等国内外经济形势的变化，这种发展已经面临着严重的困境。

“一带一路”倡议的实施注重促进区域一体化发展，促进资源要素的自由流动和高效配置；将促进东中西部、沿海和内地的联动发展，加快缩小区域发展差距，强调各个区域特别是大区域联动，如推动产业的有序转移和承接，来推进产业梯度发展等。“一带一路”更加注重推进国内与国际的合作发展，来推动对内对外开放相互促进，更好地利用两种资源、两种市场，来拓展中国的发展空间，提升发展潜力，实现可持续发展。广大中西部地区曾经是中国经济发展道路的末端，“一带一路”的实施，就成为连接我国东中部地区与南亚、中亚、西亚及欧洲的中间地带，大大促进中西部地区经济活跃度和人员素质的提升。

2. 有助于消化中国相对过剩的产能和资本

改革开放以来，中国经济取得了举世瞩目的成就，但是，当前从国内经济发展来看，中国经济内有需求不足、产能过剩，出口动力下滑。2013年中国大宗商品中，存在产能过剩的产品占比为48%。而出口方面中国传统的出口国较为单一和狭窄，美欧日占据出口的核心国位置，但这些传统的出口市场已经开拓得较为充分，增量空间已经不大，国内的过剩产能很难通过他们进行消化，在国内消费加速启动难以推进的情况下，通过“一带一路”来开辟新的出口市场是很好的抓手。除了过剩的产能中国还有大量相对过剩的外汇资产。截至2014年3月底，中国外汇储备已经达到3.95万亿美元，占全世界外汇储量的1/3；而很多新兴市场国家和欠发达国家由于资金缺乏，使得基础设施建设成为经济发展的瓶颈，中国正好可以利用积累的外汇储备作为拉动全球增长的资本金，同时通过资本输出带动消化过剩产能，给自身和新兴市场国家创造发展机会。而且只有中国能低成本、高效率地帮助这些发展中国家。另外，“一带一路”倡议还将使得中国在高铁、高速公路、核电、水电、装备制造等具备技术优势领域与沿线的新兴市场国家和部分发达国家进行优势互补和错位竞争。

3. 中国经济进入结构调整的关键期

中国国内改革步入深水区，需要寻求新的经济发展驱动力和增长点。

经过改革开放40年的发展，中国经济规模已经超过日本，成为世界第二大经济实体。但是必须承认，高速增长的背后，中国也付出了沉重代价。当前摆在中国经济面前最重要的任务是转变经济增长方式，变粗放型经济增长模式为集约型经济增长模式。作为世界第二的经济实体，中国经济要实现转型，若没有一个较大的回旋余地，不仅很难，而且会付出很大代价。因此，对这种增长方式进行转换，只能是渐进地推动。在这一背景下，为我国经济增长方式找到更大的实现平台就变得非常重要。“一带一路”倡议在一定程度上可以构建这样的一个平台。“一带一路”涉及的国家或地区，与我国的经济互补性很强，彼此合作的潜力和空间很大。既可以把我国积累起来的庞大生产力运用于沿线各国的生产建设上，也可以打破沿线国家的发展瓶颈，促进这些国家的经济发展。

二、“一带一路”倡议的形成过程

2013年9月7日，习近平访问哈萨克斯坦时，首次提出共同建设“丝绸之路经济带”的重大构想。

2013年10月3日，习近平在印度尼西亚国会发表演讲时提出共同建设21世纪“海上丝绸之路”。

2013年12月，习近平在中央经济工作会议上提出，推进“丝绸之路经济带”建设，抓紧制定规划，加强基础设施互联互通建设。建设“21世纪海上丝绸之路”，加强海上通道互联互通建设，拉紧相互利益纽带。

2014年，习近平先后访问了13个周边国家，足迹遍及中亚、东南亚、东北亚、南亚等周边次区域，“一带一路”从构想迈入“务实合作阶段”。

2014年3月，李克强在《政府工作报告》提出，抓紧规划建设“丝绸之路经济带”“21世纪海上丝绸之路”。

2014年11月，习近平在中央财经领导小组第八次会议中强调，加快推进“丝绸之路经济带”和“21世纪海上丝绸之路”建设。

2014年11月，习近平总书记在2014年中国亚太经合组织工商领导人峰会上宣布，中国将出资400亿美元成立丝路基金，为“一带一路”沿线国家基础设施建设、资源开发、产业合作等有关项目提供投融资支持。同时，亚洲基础设施投资银行（Asian Infrastructure Investment Bank，AIIB，以下简称“亚投行”）筹建工作已经迈出实质性一步，10 月 24 日创始成员国代表在北京签署了政府间谅解备忘录。

2014 年 12 月，2014 年中央经济工作会议提出优化经济发展空间格局。要重点实施“一带一路”、京津冀协同发展、长江经济带三大战略，争取 2015 年有个良好开局。

2015 年 2 月 1 日，国家“一带一路”建设工作会议在北京召开，对重大事项和重点工作进行部署。

2015 年 2 月 10 日，中央财经领导小组第九次会议听取发起建立亚洲基础设施投资银行、设立丝路基金等重大事项贯彻落实情况的汇报。

2015 年 3 月，国务院总理李克强在政府工作报告中三次提及“一带一路”，“一带一路”成为当年两会出现频率最高的词。

2015 年 3 月，“一带一路”建设的愿景与行动文件发布。习近平在博鳌亚洲论坛 2015 年会发表主旨演讲时对“一带一路”做了重点阐释。

三、“一带一路”的组成框架

在国际层面，“一带一路”倡议涵盖亚非欧三大洲的 64 个国家，总人口 46 亿人，占全世界的 2/3。[①] 经济规模 21 万亿美元，占全世界的 29%，货物和服务出口占全球的 23.4%。“丝绸之路经济带”的地域范围从中国向西延展至中亚、西亚、独联体国家及中东欧国家，向南延展至南亚。“21 世纪海上丝绸之路”，从中国出发向东南延展至东南亚、经南亚至东北非，同时向东南延伸至南太平洋。“丝绸之路经济带”和“21 世纪海上丝绸之路”在南亚和西亚地区交汇，形成涵盖亚非欧的广泛合作区域。

---

① “一带一路”倡议涵盖的国家主要是亚欧大陆中间广袤的腹地国家，这些国家均为发展中国家，中国希望通过与这些国家加强互联互通，促进区域经济融合，推动亚欧大陆的整体发展。纳入“一带一路”建设的这 64 个国家又称为“一带一路”沿线国家。中国欢迎非洲、拉美国家参加“一带一路”建设，但主要通过中非合作论坛、中拉合作论坛这种整体合作形式，在表述上也慎言“一带一路”沿线国家。

在国内层面，“一带一路”范围包括18个省、自治区、直辖市。“丝绸之路经济带”涉及新疆、陕西、甘肃、宁夏、青海、内蒙古、黑龙江、吉林、辽宁、广西、云南、西藏、重庆13个省市。“21世纪海上丝绸之路”囊括上海、福建、广东、浙江、海南5个省市。“一带一路”陆海两路并进，共建六大经济走廊。陆上依托国际大通道，以沿线中心城市为支撑，以重点经贸产业园区为合作平台，共同打造新亚欧大陆桥、中蒙俄、中国—中亚—西亚、中国—中南半岛等国际经济合作走廊；海上以重点港口为节点，共同建设通畅安全高效的运输大通道。中巴、孟中印缅[①]两个经济走廊与推进“一带一路”建设关联紧密，要进一步推动合作，取得更大进展。

四、“一带一路”倡议的主要内容与重点合作领域

“一带一路”倡议的主要内容是“五通”，突出务实合作与项目合作，将给有关国家人民带来实实在在的利益：（一）“政策沟通”。各国可就经济发展战略和政策进行充分交流，本着求同存异原则，实现各国经济发展战略有机对接，协商制定区域合作的规划和措施，在政策和法律上为区域经济融合“开绿灯”。（二）“道路联通”。中国与有关国家需要积极探讨完善跨境交通基础设施，逐步形成连接亚洲各次区域及亚欧非之间的交通运输网络，切实解决不联不通、联而不通、通而不畅等问题。（三）“贸易畅通”。探讨贸易和投资便利化问题并做出适当安排，消除贸易和投资壁垒，提高区域经济循环速度和质量，让沿线各国在贸易投资领域的潜力充分释放，做大合作蛋糕。（四）“货币流通”。推广本币结算和货币互换，加强双多边金融合作，建设区域开发性金融机构，降低交易成本，通过区

① 中巴经济走廊与孟中印缅经济走廊是李克强总理于2013年5月访问巴基斯坦和印度时分别提出的经济合作倡议，时间上早于“一带一路”倡议提出的时间。由于各种原因，印度对“一带一路”倡议抱有疑虑，迟迟未加入“一带一路”倡议，对孟中印缅经济走廊态度消极。尽管如此，中国与缅甸、孟加拉“一带一路”合作方兴未艾，2017年底中缅两国领导人决定共建中缅经济走廊。出于自身利益考虑，印度政府对“一带一路”倡议的态度逐渐软化，不再一味反对，表示可以通过其他适当的方式推动两国的经济合作。

域安排增强抵御金融风险的能力，提高地区经济的国际竞争力。(五)“民心相通”。中国与有关国家需要夯实国家关系的民间基础，促进不同文明之间的交流对话，加强各国人民特别是基层民众的友好往来，增进相互了解和传统友谊。

随着“一带一路”建设从顶层设计迈入推进务实合作的阶段，为更便于操作实施，“五通”被拓展为八个具体合作领域。

基础设施。基础设施包含公路、铁路、航空、电信、电力（包括核电）和城市公共设施等。“一带一路”沿线地区基础设施需求旺盛，中国将在交通基础设施、能源基础设施和通信干线网络三个方面加强合作。基础设施的互联互通和国际产能合作是重点合作领域，中国可通过其推动其他领域的全方位合作。

国际贸易。在机械设备、机电产品、高科技产品、能源资源产品、农产品等方面，中国将与沿线各国和地区开展投资与贸易领域的广泛合作，不断创新，进一步提高贸易便利化水平，不断提升合作水平并扩大贸易空间。

跨国投资。中国新型的装备制造业、工程基建、交通轨道、通信设备，具有较强实力，要鼓励和引导企业拓展产业投资合作，到沿线国家投资兴业，合作建设产业园区，设立研发中心，提升产业层次，增加当地就业。

资源开发。加大煤炭、油气、金属矿产等传统能源、资源勘探开发合作，深化生产、运输和加工等多环节合作；加强能效和新能源开发等领域的合作，包括水电、核电、风电、太阳能等清洁和可再生能源合作；加强深加工技术、装备与工程服务合作，积极推进能源资源就地就近加工转化合作，形成上下游一体化产业链。

金融合作。“一带一路”沿线国家大部分金融服务支撑体系相对薄弱，亟须加强中外合作。中国将拓展金融合作领域，加快亚投行和丝路基金运作，并加强发挥双边政策资金和社会资金的作用。人民币国际化是重大课题，要深入研究并继续扩大双边本币互换的规模，扩大贸易本币的结算。

人文交流。拓展人文交流合作，为深化合作奠定坚实的民意基础；传承和弘扬丝绸之路友好合作精神，广泛开展文化交流和人民友好往来，为深化合作奠定坚实的民意基础。中国每年将向沿线国家提供 1 万个政府奖学金名额，以扩大教育交流。沿线国家还将加强旅游合作、体育交流、医疗卫生合作，并共同提升科技创新能力。

生态环保。突出生态文明理念，合作共建绿色丝绸之路。中国将与沿线国家和地区建立健全联动机制，统筹规划实施生态建设和环境保护；广泛开展生物多样性和生态环保等各类公益慈善活动。

海上合作。积极推进海上沿线国家和产业园区的建设，促进海洋经济合作和海洋资源开发；深化农业渔业互联互通、海洋环保、航道安全、海上搜救、防灾减灾等领域的合作，多方开展重点项目建设并加强海洋人才培训。

五、“一带一路”倡议的特征

一是强调“战略对接”。这是中国参与制定国际经济规则的一大创新。它强调发挥已有双边和多边合作机制的作用，不“另起炉灶”。经过 40 年的改革开放，中国与世界各国和地区建立了颇为健全有效的双多边合作机制。中国可以充分发挥它们的作用，或者对其进行改造，使之服务于“一带一路”。这将在很大程度上打消沿线地区大国的疑虑，避免不必要的机制竞争，同时也有利于节省资源。

它强调各国的发展战略对接，优势互补，不“强加于人”。通过将“一带一路”倡议与沿线国家的发展战略相对接，寻求最大公约数，扩大利益汇合点，打造命运共同体，实现各国共同参与、共同建设、共同分享的新愿景。

它强调建立多层次、多形式的新合作机制，不搞“一刀切”。“一带一路”沿线地区各国的经济发展水平参差不齐，有的已具有中高等发达国家水平，有的还属于最不发达国家。中国与沿线国家建立经济合作机制，强调不同层次经济合作机制的“兼容并蓄”，充分考虑并照顾沿线不同国家的经济水平和经济需求，建立多层次、多形式的新合作机制，因地制宜、因国施策地开展区域和双边的合作。这需要中国在提出合作项目时，要多做调研，了解对方的需求，提出有针对性的、对双方有利的对接方案。

二是“海陆并进”。从近代历史来看，全球化已经历了三波浪潮——全球化 1.0 即大航海时代，全球化 2.0 即英国和英镑时代，全球化 3.0 美国和美元时代。这三次是由欧洲开辟，美国发扬光大，导致了东方从属于西方、陆地从属于海洋等一系列不平衡、不合理效应。而“一带一路”正在推动全球再平衡，鼓励向西开放，带动中国西部开发以及中亚、蒙古等内陆国家和地区的开发，在国际社会推行全球化的包容性发展理念。

“一带一路”是全方位的对外开放，谋求的是陆海统筹，不仅要利用海洋平台，还要利用陆地的国际大通道，真正实现大陆腹地和中西部地区的开放和发展。“一带一路”确定了亚欧区域合作的五大战略方向：“丝绸之路经济带”重点方向为中国—中亚、俄罗斯—欧洲（波罗的海方向）；中国—中亚—西亚—波斯湾、地中海（地中海方向）；中国—东南亚—南亚、印度洋（印度洋方向）。“21 世纪海上丝绸之路”的重点方向是从中国沿海港口通过南海到印度洋，延伸至欧洲（印度洋方向）；从中国沿海港口，通过南海到南太平洋（南太方向）。

目前，“一带一路”的“海陆统筹”已有了明晰的框架。陆上依托国际大通道，以沿线中心城市为支撑，以重点经贸产业园区为合作平台，共同打造新亚欧大陆桥、中蒙俄、中国—中亚—西亚、中国—中南半岛、中巴、孟中印缅六个“经济走廊”。海上以重点港口为战略支点，国外主要是在南亚和东南亚的港口群建设，包括孟加拉国的吉大港、巴基斯坦的瓜达尔港、斯里兰卡的汉班托塔港、缅甸的皎漂港、印度尼西亚的比通港等。国内则加强上海、天津、宁波—舟山、广州、深圳、湛江、汕头、青岛、烟台、大连、福州、厦门、泉州、海口、三亚等沿海城市的港口建设，从而形成一个港口群的网络。在这一架构的基础上，可以实现海陆并进，共同建设通畅安全高效的运输大通道。

三是“基础设施优先”。“要想富，先修路”，这是中国经验，也同样适用于“一带一路”沿线的发展中国家。通过兴建基础设施，加强互联互通，改善投资环境和贸易条件，推动本国经济发展。根据世界银行分析，未来十年亚洲的基础设施建设资金缺口高达8000亿美元，基础设施建设落后以及建设资金短缺成为制约亚洲经济进一步增长的重要原因。为解决基础设施建设的融资问题，中国主导成立了亚投行。“一带一路”沿线国家很多都位于亚洲，亚投行将为其提供有利的贷款和融资保障，这将给沿线国家带来更多的贸易和投资机会。当前中国与中南半岛国家修建泛亚铁路，南非提出“2D”（德班连接达累斯萨拉姆）和“2C”（开普敦连接开罗）具体构想，以及澜湄合作确认优先发展基础设施等，表明通过改善基础设施带动经济发展的理念得到了广大发展中国家的赞同，已经成为21世纪国际发展合作的重要指导原则。

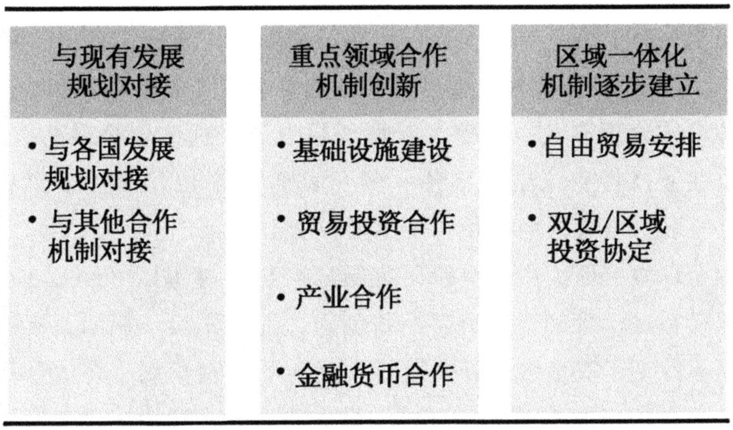

图5-1 “一带一路”区域合作机制架构

资料来源：《“一带一路”战略将提升中国区域经济合作主导权》，中国产业信息网。

六、“一带一路”倡议的金融制度创新

“一带一路”倡议的新制度建设在基建与融资领域不断发展，初步形成了具有系统性的制度体系，这主要是由于“一带一路”倡议是关涉基础设施建设、产业、投资、能源等方面的经济合作战略，而现有全球经济治理制度体系在这些方面具有局限性，无法满足发展中国家的新需求。其

中，亚洲基础设施投资银行、金砖国家新开发银行、丝路基金和上海合作组织开发银行是中国为推动“一带一路”倡议而新建立的经济制度，也是当前“一带一路”倡议中最具系统性的制度安排。①

亚洲基础设施投资银行是一个政府间性质的亚洲区域多边开发机构，重点支持基础设施建设，成立宗旨是为了促进亚洲区域的建设互联互通化和经济一体化的进程，并且加强中国及其他亚洲国家和地区的合作，是首个由中国倡议设立的多边金融机构，总部设在北京，法定资本1000亿美元。经过6次扩容，亚投行现有87个成员国。②2013年10月2日，习近平主席提出筹建倡议，2014年10月24日，包括中国、印度、新加坡等在内21个首批意向创始成员国的财长和授权代表在北京签约，共同决定成立投行。2015年12月25日，亚洲基础设施投资银行正式成立。2016年1月16日至18日，亚投行开业仪式暨理事会和董事会成立大会在北京举行。亚投行的治理结构分理事会、董事会、管理层三层。理事会是最高决策机构，每个成员在亚投行有正副理事各一名。董事会有12名董事，其中域内9名，域外3名。管理层由行长和5位副行长组成。

美国全球发展研究中心高级研究员斯科特·莫里斯（Scott Morris）撰文称，亚投行在治理和运作上有一些创新，前景积极。例如，亚投行的非常驻董事会改变了其他多边开发银行中过时的治理模型。在信息科技高度发达的今天，1944年布雷顿森林体系设立的那套常驻股东代表制度已经过时。非常驻董事会也许会削弱监管力度，但亚投行有效规避了这方面的问题——他们为亚投行多边开发银行审计委员会雇用了两名外部审计专家，亚投行审计委员会的水准因此远超其他多边开发银行，监管功能得以加强。这个实例说明了更加弹性的制度规则设计反而可以加强制度。还有，亚投行避免在银行运作中将国家分为三六九等。亚投行中并没有所谓的“借贷国”与“非借贷国”之分，也不以人均GDP来划分各成员国。在实践中，亚投行会根据各国的信贷价值来决定是否和如何来贴息贷款。例

① 王明国：《“一带一路”倡议的国际制度基础》，《东北亚论坛》2015年第6期。

② 亚洲基础设施投资银行理事会于2018年6月26日批准同意黎巴嫩申请，成为亚投行第87个成员国。

如，亚投行为塔吉克斯坦的一个低收入、高负债风险的项目提供经费，但这笔经费实际上是和世行联合提供的，也就是说这笔贷款是因为有世行为亚投行提供了有效的资助。长远来看，亚投行必须提出它自己的优惠援助方案，而不能总是依靠其他机构。像世行这样的组织中，融资规则是以赞助方为导向的。现在越来越多的低收入国家能够通过各种渠道稳定地得到非优惠融资，甚至有时候直接从多边开发银行中得到非优惠融资。因此，原先赞助方为导向的融资规则很难适应现在的新形势。传统的多边开发银行被诸多僵化的、按国家收入分配资金的规则所束缚，而各国实际上需要更加弹性的融资方法。中国官员表示，亚投行不会给予中国投票上的特权、不会让中国有能力一票否决亚投行决议。尽管这仍需经时间检验，但的确是中国的一大重要贡献。在其他多边开发银行中，美国和其他主要股东保护自己的投票权，这符合它们的利益，但也让新加入的成员很难融入，银行很难扩张自己的资本。

七、"一带一路"对区域经济一体化进程的影响

（一）"一带一路"的实施将提升亚欧经济一体化发展的广度和深度

中国和欧盟分别位于"一带一路"倡议实施线路的起点和终点，"一带一路"的建设将对中国与欧盟经贸关系的深入发展产生积极而重大的影响，为双方开展更高水平的合作带来契机。例如，"一带一路"倡议刚刚启动，由中国开出的、横跨欧亚两大洲的铁路班列就不断增加，货物贸易量也日益增长，这说明"一带一路"建设既有利于贸易和投资的便利化，还可以促进基础设施的建设，大大降低运输的成本，缩短两大体量相当的市场之间的贸易距离。更重要的是，由于中国与欧盟在经济技术层面上的差异性和互补性明显，对共同推动"一带一路"建设，都具有内生的动力。一方面，中国在产业升级、科技创新等方面迫切需要欧盟的技术和经验，并通过双方贸易和投资的发展，可以有效地开展技术层面的合作，吸

取欧洲在智能化制造业、新能源、金融服务等领域先进的经验技术；另一方面，欧盟经济的复兴与发展离不开亚洲市场，更离不开中国市场，特别是全球市场的重心正在向亚洲市场转移，并将构建以亚欧统一市场为轴心的全球贸易中心。同时，欧元和人民币在国际贸易结算中发挥着越来越重要的作用，加强欧元和人民币之间的合作，不仅为双方提供了贸易的便利，也会为区域经济一体化注入新的动力和资金保障。随着“一带一路”建设的推进，不仅可以进一步加快提升中欧全面战略伙伴关系的发展，而且会在构建亚欧两大洲经济一体化中发挥重要的双引擎作用。这种双引擎的动力作用以及亚欧经济一体化发展趋势，不是美国单方面的战略可以改变的。

（二）“一带一路”的实施将加快推进亚太地区经济的包容性发展

与美国企图孤立中国的亚太战略不同，中国的“一带一路”倡议最本质的特征就是主张和实施各国经济的包容性发展。“一带一路”区域有60多个国家，各国的社会经济发展阶段不同，政治制度、宗教信仰也不一样，中国在实施“一带一路”建设中，主张与各国的发展战略相对接，并通过产能合作促进互联互通，以加快各国基础设施建设，促进各国经济的开放与包容性的发展。在这一过程中，中国将会加速发展开放型经济，加快推进自贸区建设，目前“一带一路”倡议与国内自贸区已经基本形成无缝对接趋势，比如以负面清单管理为核心的投资管理制度、以贸易便利化为重点的贸易监管制度都已在平稳运行；以资本项目可兑换和服务业开放为目标的金融创新制度基本确立；以政府职能转变为导向的事中事后监管制度基本形成。李克强总理在2016年的《政府工作报告》中指出：“加快实施自由贸易区战略，积极商签区域全面经济伙伴关系协定，加快中日韩自贸区等谈判，推进中美、中欧投资协定谈判，加强亚太自贸区联合战略研究，推进贸易投资自由化，共同构建均衡、共赢、包容的国际经贸体系。”很明显，实施“一带一路”倡议，要实现区域内各国“利益共同体”“命运共同体”的终极目标，必然要加快建设“一带一路”自贸区，为此，首先要以“一带一路”沿线国家特别是我国周边国家和地区为依托，推动建设高标准的自贸区网络，为亚太地区各国经济的包容性发展提供平台，为推动区域一体化发展，创造更妥帖的制度安排及政策环境。

（三）“一带一路”的实施将不断促进区域内贸易规划的创新

随着“一带一路”建设的实施，“一带一路”自贸区的建设必然会在不同范围、不同层次上推进。在这个发展过程中，中国需要在市场准入、海关监管、检验检疫、环境保护、投资保护、政府采购、电子商务等各项议题谈判中发挥引领作用，推动区域内贸易与投资规则的创新。因此，“一带一路”倡议的提出，为中国与沿线国家彼此更好地利用新的外部环境、参与国际贸易投资新规则制定、促进区域合作带来了新机遇，也必将促进“一带一路”自贸区建设在开放领域和制度建设两方面寻求新的突破：一是实施高标准的开放性政策，推进中国与“一带一路”沿线国家在金融、教育、文化、医疗等服务业领域的相互开放和制造业领域的全面开放，大幅放宽相互间在绿地投资、并购投资、证券投资等方面的外资准入限制；二是建设全面性的制度安排，在包括货物贸易、投资保护、原产地规则、海关手续、卫生和植物检疫措施、贸易技术壁垒、知识产权、政府采购劳工与环境等领域建设，既要符合各国经济发展的实际需要，又要顺应世界贸易标准高端化发展趋势。由此可以肯定，加快“一带一路”倡议的实施，必将推动亚太地区各国在很大程度实现贸易规则的创新与提升，这不仅会加快“一带一路”自贸区的发展，而且会对消除或平抑亚太地区“意大利面条碗”效应的作用日益显现。①

① 陈浩伟：《亚太地区“意大利面碗效应”与中国“一带一路”战略的平抑作用》，《对外经贸实务》2016 年第 5 期。

第六章　中美海洋规范竞争

随着人类对海洋认识、利用和保护程度的加深，海洋空间的控制权和海洋事务的主导权日益成为各国争夺的对象，也日益成为21世纪国家综合实力消长变化的重要因素。因此，21世纪也被称为“海洋的世纪”，海洋正成为国际战略竞争的新高地。①

传统上，中国是一个相对封闭式的国家。这种封闭不仅体现在自古以来的独特的经济运作模式、等级森严的王朝集团体制，而且体现在与近代国际社会截然不同的东亚朝贡体系。19世纪中叶开始，中国的这种自我封闭状态从海洋、沿海逐渐瓦解。时至今日，中国终于以其广泛开放的市场体系、规模宏大的海上航运体系成为面向全球开放的一员。随着中国实力提升、海洋意识增强，美国加强了对中国的海上战略遏制。中美围绕海洋，尤其是南海展开了激烈的博弈。

第一节　《联合国海洋法公约》在当代海洋秩序中的作用与局限

一、《联合国海洋法公约》的创立及历史意义

第二次世界大战之后，全球经济的恢复和发展刺激了对海洋资源的需

① 赵青海：《海洋开发利用与权益维护》，载徐坚主编：《文明的再造与复兴——历史大视野下的战略机遇期》，北京：人民出版社2016年版，第328页。

求，许多国家将眼光投向海洋，力图将本国的管辖权扩展到领海意外的公海区域。与此同时，科学技术的发展也使得各国能够在先前无法达到的海底区域进行活动，为其提供了在更大范围内利用和控制海洋的手段和现实可能性。各国开始对海洋资源主张权利，一些国家相继提出大陆架、专属经济区和国际海底制度。在海洋资源开发和其他海洋活动变得频繁的背景下，如何规范此类活动变得日益迫切。

为了将涉及海洋各方面活动原则、规则和规章制度按其性质与类别制定成公约，便于各国依照国际条约生效的程序采取措施，对其发挥效力，国际社会制定了一系列海上航行、海上人身安全、海洋环境保护、渔业资源保护等方面的公约，使得国际海洋法的发展进入了一个新阶段。

1945 年杜鲁门总统的《大陆架公告》不仅催生了大陆架制度，而且诱发了 200 海里海洋权的主张。第二次世界大战以后，特别是 20 世纪 60 年代以来，国际形势发生了深刻变化，围绕着海洋权益的斗争日益激烈，拉美国家兴起了维护 200 海里海洋权的斗争。

在第三世界国家的要求下，1970 年第 25 届联合国大会通过第 2749 号决议，决定通过一项公约，处理所有有关海洋法的事项与问题。1973 年 12 月 3 日，“联合国第三次海洋法会议”在联合国总部开幕，此次会议直到 1982 年 12 月 10 日结束，历时 9 年之长。共有 167 个国家、近 50 个国际组织和地区组织的代表参加，每次到会人数都超过千人。此次会议是国际法的编撰历史上所拟公约条文最多、签字国最多的一次会议。这次会议编撰了规模最大、内容最广的现代海洋大法典《联合国海洋法公约》（以下简称《公约》）。会议体现了各国的海洋利益主张，建立了许多海洋新概念、新制度，对确立海洋新秩序，为人类开发利用和保护保全海洋环境，促进世界经济和社会进步做出了杰出贡献。《公约》的诞生成为“现代海洋法的主要渊源和权威文件”。①

《公约》作为海洋法发展史上的重要里程碑，其对现代海洋法的贡献，

① 瑞典代表在第 47 届联大上的发言，国家海洋局国际司编：《国际海底资料》1995 年，第 51 页。转引自慕亚平、郑艳：《〈海洋法公约〉生效后的新形势和我国面临的问题与挑战》，《法学评论》1999 年第 3 期，http：//bianjiang. cssn. cn/bjyj/bjyj_ hj/201305/t20130502_ 1809661. shtml。

综合起来，主要有如下几个方面。

首先，《公约》确立了一系列新的国际海洋法律制度。例如，《公约》建立了专属经济区制度，使沿海国对领海以外从领海基线量起不超过200海里的区域内的资源的开发、利用、管理和养护享有主权权利，并对该区域内人工岛屿、设施和结构的建造使用、海洋科学研究和海洋环境保护享有专属管辖权。《公约》确立了群岛国的群岛水域制度，使群岛国的主权及于连接群岛最外缘各岛的最外缘各点所划直线基线包围的群岛水域及其上空、海床和底土，以及其中所包含的资源。《公约》建立了用于国际航行海峡的制度，此项制度既有利于过境通行，也并不影响有关海峡水域本身的地位和海峡沿岸国对这种水域及其上空、海床和底土的主权或管辖权在其他方面的行使。这些制度都有利于沿海国维护自身的海洋权益，同时又照顾到国际航行的利益。再如，《公约》规定了国际海底区域国家管辖范围以外的海床洋底、底土及其资源是人类的共同继承财产。对区域内资源的一切权利属于全人类，由国际海底管理局代表全人类行使。国际海底区域制度的确立，使得勘探和开发深海底资源必须向国际海底管理局提出申请并在其核准后方得进行。《公约》不仅肯定了内陆国出入海洋的权利和过境自由，而且提出了“地理不利国”的概念，在一般沿海国得以扩大海洋权利之际规定了对上述国家予以一定的照顾。此外，《公约》还建立了涉及各种海域的海洋科学研究制度，等等。

其次，《公约》发展了一系列已有的国际海洋法律制度。例如，《公约》规定了沿海国海里的领海宽度，否定了某些海洋大国坚持的海里领海限度，解决了1930年海牙国际法编纂会议和1960年第二次联合国海洋法会议都未能达成协议的领海宽度标准问题。再如，《公约》规定了大陆架的新概念，沿海国的大陆架包括其领海以外依其陆地领土的全部自然延伸，扩展到大陆边外缘的海底区域的海床和底土，但不应扩展到《公约》所规定的界限以外，并且规定如果从测算领海宽度的基线量起到大陆边的外缘的距离不到200海里，则扩展到200海里。《公约》还改变了内水和领海以外的全部海域是公海的概念，规定公海是指不包括在国家的专属经济区、领海、内水或群岛国的群岛水域内的全部海域，[①]缩小了实行公海自由的范围，同时又增添了公海自由的内容，等等。

再次，《公约》对国际海洋法律制度进行了全面系统的编纂。《公约》是人类历史上第一部包罗海洋法诸多领域的综合性的国际海洋法法典。《公约》几乎囊括了现今各国在国际关系中除军事活动外在海洋活动的各个领域所应遵守的原则、规则和制度，包容了在国际上现已确立的有关各类海域的国际法律制度。单就《公约》本身而言（姑且不论其众多附件），便有17个部分，包括领海和毗连区、用于国际航行的海峡、群岛水域、专属经济区、大陆架、公海、岛屿制度、闭海或半闭海、内陆国出入海洋的权利和过境自由、国际海底区域、海洋环境的保护和保全、海洋科学研究、海洋技术的发展和转让以及海洋争端的解决等内容。《公约》的规定既体现了迄今海洋方面的国际习惯法，又是关于海洋的制定法。毋庸置疑，《联合国海洋法公约》已成为当代国际海洋法的一个主要渊源。[②]

最后，《公约》建立了新的世界海洋的国际法律秩序。由于规定了世界各国的海洋权益，涉及开发和利用海洋除军事活动以外各方面活动的原则、规则和制度，《公约》为当代国际社会确立了全面的国际海洋法律制度，从而在世界海洋建立了新的健全的国际法律秩序。这一法律秩序将有助于人类对海洋和平和合理有效的开发和利用。虽然人类开发和利用海洋是方兴未艾的事业，海洋法也将随着人类开发和利用海洋的事业的发展而发展，但《公约》毕竟是海洋法发展史上迄今为止最重要的划时代的国际法律文件。国际上公认，《公约》"开创了管理和保护全部海洋包括其上空及其海床和底土的结构""为和平协调世界各国在海洋开发利用方面的利益奠定了坚实的基础，为环境的有效保护提供了法律前提"，并被誉为"联合国内迄今最完善的法律体系"，等等，对此，《公约》都是当之无

---

① 转引自薛桂芳编著：《〈联合国海洋法公约〉与国家实践》，北京：海洋出版社2011年版，第18页。

② 王可菊：《联合国海洋法公约对现代海洋法和国际法的贡献》，《外国法译评》1996年第4期，第88页。

愧的。[①]

二、《公约》的不足与缺陷

（一）军舰是否享有无害通过领海的权利

船舶无害通过领海是国际公认的一项权利，《公约》第十七条确认了这项权利，规定“所有国家，不论为沿海国或内陆国，其船舶均享有无害通过领海的权利”。但是该条并没有区别民用船舶和军用船舶，许多国家对于军舰是否享有无害通过领海的权利观点不同，导致实践中对此问题的规定不一致。

“无害通过领海”是指船舶在不损害沿海国的和平、安全和良好秩序的前提下以通过为目的的继续不停、迅速穿过领海的权利。其目的仅仅是保证船舶在不损害他国领海主权前提下的正常航行，而绝非否定领海主权，所以，《公约》对无害通过的目的、形式、后果以及违法行为都做出了严格的规定。之后如果船舶发生损害沿海国领海主权的行为，沿海国即可行使管辖权停止其通过、扣押直至拿捕。因此，无害通过权利的本质在于“无害”，而军舰作为国家武装力量的组成部分，是一种军事武器，本身就包含着对他国领海主权构成威胁的潜在因素，理论上不具备当然享有无害通过权的条件。实践中各国根据本国的实际情况也做出了不同的规定。

（二）专属经济区制度存在严重缺陷

专属经济区制度是各种国际力量相互斗争和相互妥协的产物，本身存在着很多缺陷，特别是以下几个方面：

（1）专属经济区“航行和飞越自由”的质量缺陷。《公约》规定，在专属经济区内，所有国家，在《公约》有关规定的限制下，享有专属经济

---

① 王可菊：《联合国海洋法公约对现代海洋法和国际法的贡献》，《外国法译评》1996 年第 4 期。

区。该规定最大的缺陷是没有明确这些自由的“质量”。这就为解释《公约》留下了很大的弹性空间，从而导致一些国家认为，专属经济区内的军事活动和海空侦察行动，是在合法地行使《公约》规定的公海航行和飞越自由，而一些国家则认为，这些活动是对航行和飞越自由的滥用。

（2）专属经济区内海洋科学研究的专属管辖权缺陷。《公约》规定，沿海国对专属经济区内的海洋科学研究享有专属管辖权，非沿海国在沿海国专属经济区内进行海洋科学研究，必须经沿海国同意，并接受其监管。但是，《公约》缺乏对海洋科学研究的确切定义，加上有些国家出于本国利益的考虑，刻意模糊海洋科学研究、海洋测量和军事测量活动之间的界限，刻意分解军用舰机的海洋科学研究功能、海洋测量功能和军事侦察功能，导致沿海国对其专属经济区内外国军用船舶的海洋科学研究管辖权大打折扣，由此造成一些不必要的冲突。

（3）专属经济区专用于“和平目的”或“和平用途”的缺陷。《公约》规定专属经济区应只用于和平目的，要求专属经济区内的海洋科学研究也应为“和平目的”而进行。但是，除领海部分外，《公约》没有对“和平目的”“和平用途”进行解释。随着专属经济区军事利用活动的增多，专属经济区应用于和平目的的规定越发引起争议。

（4）相互“适当顾及”机制或“相互关怀”原则的缺陷。《公约》规定沿海国和其他国家在根据《公约》行使其权利和履行其义务时，均应适当顾及对方的权利和义务，但是没有明确沿海国与其他国家的权利发生冲突时哪方的权利处于优先地位？这一缺陷使有关国家在实际解决权利冲突方面矛盾重重。

（5）“剩余权利”的规则缺陷。专属经济区内的剩余权利到底应该归属沿海国还是其他国家？发展中国家根据专属经济区属国家管辖区的情况，主张剩余权利应属于沿海国，海洋大国坚持专属经济区属于公海的一部分，强调剩余权利应该归属国际社会。而《公约》第五十九条回避了从正面解决问题，只是规定了解决矛盾和冲突的基础，对双方矛盾作了折中处理，事实上是将冲突和矛盾留给了后人。

（三）有关海洋划界的规定过于笼统

尽管在制定《公约》的过程中，各国代表团已注意到海洋划界问题，而且规定了二十多条有关海洋划界的规则：例如在规定领海、毗连区、专属经济区等的宽度测量尺度后，又指出了划界时采用的原则、标准和方法。但是《公约》作为妥协的产物，许多规定比较笼统和含糊，难以指导海上邻国间海域界限的划分。

专属经济区制度正式确立后，专属经济区与大陆架应统一还是分别划界就成为在海域划界中需要加以考虑的重要问题。如果两个相邻或相向海洋国家之间的海域宽度不足400海里，若一方单方面宣布200海里专属经济区，就会出现重叠部分。而且在沿海国属相向国家且两国海岸的相向距离不超过400海里的情况下，如果其中一国陆地领土的自然延伸超过200海里，则其大陆架的外部接线就有可能会超过200海里，从而形成与其专属经济区不同的另一条界线，可能导致该国主张的大陆架与相向国家所主张的专属经济区相重叠的情况发生，进而引起双方在重叠区域内管辖权的冲突。

对于这种情况，《公约》采取了折中“自然延伸原则”和“中间线原则”这两种对立主张的立场，其条文虽然涉及彼此相邻或相向的沿海国相互间大陆架和专属经济区等有关海洋区域界线划分的法律原则，但是只泛泛地规定“应在国际法院规约第三十八条所指的国际法的基础上以协议划定，以便得到公平解决”。尽管这一规定为国家间《公约》、大陆架划界提出了和平及公平解决的原则要求，但毕竟过于笼统和简单，缺乏可供遵循的标准，以致应用于划界实践时往往出现谈判双方对该规定做出相去甚远甚至是相互对立的解释。

第二节　美国以“航行自由”为名横行东亚

中国的海洋崛起给美国的霸权造成了很大压力。为此，美国以“航行自由”为名，多次闯入中国的领海和专属经济区，挑战中国的领土主权和海洋管辖权，以此来牵制中国的海上崛起进程。

一、“航行自由”的演变轨迹

目前国际社会广泛讨论的“航行自由”泛指公海航行自由，是“公海自由”原则的最基本组成部分。公海航行自由指所有国家，无论沿海国还是内陆国，其船舶——既包括商船，也包括军用、政府船舶等公务船舶以及潜艇——都有在公海的任何部分自由航行的权利。在公海航行的船舶，也都有权悬挂本国旗帜，并且只服从国际法和船旗国的法律，不受任何其他国家法律管辖。不过，航行自由原则自诞生以来经历了多次演变。理解航行自由问题，首先要回顾“公海自由”原则的起源与发展，以及根据该原则形成的 1982 年《联合国海洋法公约》之下一系列制度安排和国家实践。

人类利用海洋的观念自古以来就处在“独占”与“共有”的博弈中。早在罗马帝国之前，欧洲就已出现主张海洋权利的言论与实践。古罗马的哲学家和法学家们则向传统的海洋控制思想发起了首次挑战，提出海洋不属于任何人。罗马帝国衰落后，原来的一些城邦再次加入争夺制海权的竞争：比萨和托斯卡纳控制了伊特鲁里亚海，对进入其水域的船只征税；热那亚人在利古里亚海湾采取同样的行动；威尼斯人则控制了亚得里亚海；教廷虽没有对海洋进行实际控制，但是也宣布对拉丁姆沿岸海域享有控制权。在此后的历史沿革中，西班牙、葡萄牙不仅宣布占有西地中海，还主张占有大西洋、印度洋和太平洋。

16 世纪后，部分欧洲国家对海洋的控制损害了荷兰的利益。当时，随着资本主义工商业的迅猛发展，荷兰已成为海上贸易强国，被冠以“海上马车夫”别号。为了改变国际规则，荷兰法学家格劳秀斯于 1609 年发表《海洋自由论》，提出了著名的“海洋自由”主张，利用财产法学说，否定了国家对海洋的独占权，认为“海洋是无归属的财产，是共有物”。格劳秀斯的主张一经提出便受到以英国的塞尔登为首的许多学者的反对和攻击。英国学者塞尔登发表《闭海论》直接反驳，竭力为海洋主权的主张辩护。“闭海论”一度在17世纪上半叶占了上风，欧洲各国都积极推行海洋主权政策。然而，到了17世纪下半叶，被冷落了半个多世纪的“公海自由原则”开始得到欧洲各国的普遍奉行，这一转变与欧洲拓展全球贸易、开辟海外殖民地的需求密不可分。

美国自18世纪建国起，就继承和发展了欧洲对航行自由原则的信仰与追求。海洋航行自由原则在美国外交政策上的表现最初是与中立贸易权利联系在一起的。美国独立后发布的第一个指导对外关系的文件《1776年条约计划》，就包含了海洋航行自由的思想。[①]该计划主要规定：当一国处于交战状态，另一国处于中立状态，中立国有权与交战国的敌国进行贸易，不仅可以从敌国港口通行至中立国港口，还可以在敌国的港口间通行，即中立国拥有与交战国贸易的权利；自由船所装载除违禁品外的货物也是自由的。此后与中立贸易权利相联系的美国海洋航行自由原则体现在美国签署的一系列双边条约中。1784年，邦联国会通过了一项新的条约计划，规定中立国、交战国民众在战争期间都可以自由航行，从事正常自由的商贸活动，而不应被打扰。美国希望实现战时正常贸易不受干扰的愿望，这在海洋航行自由的道路上又往前迈进了一步。美国的这一设想还体现在随后美国与普鲁士签订的条约中，也成为美国海洋私有财产免于侵犯思想的起源。后来由于英国的反对，美国在1794年与英国签订的《杰伊条约》中暂时中止执行航行自由原则中根本性的“自由船所载货物自由”的规则。[②]

第二次美英战争（1812—1815年）后，美国开始在国际社会推广海上私有财产豁免权，即一旦两方间发生战争，所有为人们生活供应生活必需品、提供生活便利的用于产品交换的商船和贸易船只，应被允许不受阻碍地自由通行，签约方中的任何一方都不得命令船只追捕损毁上述船只，亦不能委派私掠船只追捕损害上述贸易船只，或者妨碍其贸易行为。这相当于废止敌国商船及船上敌货可以拿捕没收的规则，这不符合英国等海上强国的利益，因此没有获得国际社会的认可。无奈之下，美国降低标准，重

① 叶强：《“南海航行自由”：中美在较量什么》，《世界知识》2015年第16期，第35页。

② 李文雯：《美国海洋航行自由原则的演变及其对美国海军力量发展的影响（美国建国—第二次世界大战结束）》，外交学院博士论文，2015年，第29页。

拾《1776年条约计划》中的“自由船所载货物自由”的规则，并成功推动将这一规则写入1856年的《关于海事法的巴黎宣言》（*Paris Declaration Respecting Maritime Law*，以下简称《巴黎宣言》），成为国际法意义上的普遍准则。[①] 19世纪末的海权论思想还为海洋航行自由原则注入了军事含义，这表现为主张采取法律以外的军事手段，比如控制重要的海上交通要塞、建立海外殖民地、在战争中获取制海权等方式，保护海外贸易、保障海上航线的畅通。

第一次世界大战期间，美国的海洋航行自由原则首先表现为对中立贸易权的争取。随后美国总统威尔逊在“十四点原则”中提出，无论何时海洋均应保持开放，唯有国联有权全部或部分地关闭海洋，这将美国的航行自由原则与美国建立国联的政治理想相联系，为海洋航行自由思想注入了政治内涵。此时美国的海洋航行自由原则具体表现为：在和平状态下，一切船只在海洋上可以自由航行；当发生战争时，中立国家的中立贸易权利应得到保证，国联有权出于维护国际责任的目的，限制违反国际条约的国家的航行自由。一战中，以英国和德国为主的交战双方在贸易问题、封锁问题、潜艇和武装商船问题上均实施了违背海洋航行自由原则的行为。美国在参战前与英、德两线交锋，维护海洋航行自由权利。但迫于各种压力，美国在海洋航行自由立场上一再妥协。参战后，美国默认了英国违反航行自由的行为，并通过许可证制度向中立国施压，影响中立国的贸易政策。这反映出美国在航行自由原则立场上的妥协松动。

第二次世界大战期间，美国的海洋航行自由原则减少了对中立贸易权的强调，更多表现为主张保持全球海上航道、贸易航线的开放、畅通，反对个别国家控制海洋，并将此作为世界和平、全球安全的基础。对海洋航行自由的挑战被认定为对全球安全的威胁，航行自由原则的内涵扩展至安全领域。至此，美国的海洋航行自由原则具有了经济、军事、政治、安全

---

① 在世界海洋自由发展史上，1856年的《关于海事法的巴黎宣言》具有重要地位，《巴黎宣言》提出了海战和海洋自由四原则，即永久废除武装私掠；中立国旗帜保护敌方货物，违禁品除外；敌方船只上的中立国货物免于捕获，违禁品除外；封锁必须有效，即有一支足够的海上力量以阻止任何船只进入敌方港口。国际红十字委员会网站，https：//ihl-databases. icrc. org/ihl/WebART/105-10001？OpenDocument。

等多方面的含义。参战后，美国对日本实施了有利于战略需要的无限制潜艇战，同时严格限制中立贸易，将交战国权利置于中立贸易权之上，由绝对的海洋航行自由立场转向更为实际的海洋航行自由立场。

第二次世界大战结束后至今，美国的海洋航行自由原则还在不断演变。由于国内相关利益集团担心加入《公约》可能侵蚀美国的国家主权或限制美国在全球的行动“自由”，美国这一海洋大国至今仍游离于《公约》的框架之外。但美国却通过不成文的习惯法和海权优势来扩大其权利，利用《公约》中对自己有利的部分，不断通过单边行动否定沿岸国对海洋的安全管辖权。在世界海权日益分散化的新形势下，为了保障其全球范围内的军事机动，美国通过全球公域论为其扩大航行自由的权利边界的行为提供正当性。美国希望借全球公域来扩大航行自由的权利边界，扩大海上力量活动的范围并提高其全球范围内的军事机动性。美国全球公域论认为领海之外就是国际水域，各国在领海之外享有与公海等同的绝对航行自由。《美国海上军事行动法》规定：国际水域包括所有不受任何国家领土主权限制的海洋区域，领海以外的所有水域都属国际水域。国际水域正是全球公域在海洋方面的具体主张。[①]

当前美国的海洋航行自由原则除了包括《联合国海洋法公约》所规定的各项航行自由权利外，还包括了具有争议的专属经济区内的军舰通行权利和军事测量权利。在第三次联合国海洋法会议期间，各国对军舰是否享有无害通行权利意见并不统一。美国认为，军舰和其他船只一样，拥有无害通过领海的权利，无须获得沿岸国家的同意，甚至无须告知沿岸国家。包括中国在内的很多国家则认为军舰不同于商船，不享有无害通行权利。此外，当前美国还坚持，一切船只及飞行器在专属经济区内享有航行自由和飞越自由的权利，这些自由权利还包括了军事测量、军事演习的权利，且这些权利的行使无须提前通知沿岸国或者获得沿岸国的许可。这成为美国与很多国家在航行自由问题上的矛盾根源。

---

① 曹文振、李文斌：《航行自由：中美两国的分歧即对策》，《国际论坛》2016 年第 1 期，第 21—22 页。

二、美国的航行自由计划

美国的航行自由计划出台的一个重大背景是《联合国海洋法公约》的讨论和缔结。

1979年，《联合国海洋法公约》谈判正处于最后阶段，美国国际法学会海洋利用小组在总结20世纪70多年的国际海洋立法史的基础上写道："沿海国家已经得到了它们所能得到的东西，它们正在等待度过一段适度的间歇期，而后会突然出击，追求更多的东西。"① 沿海国家追求的更多的东西，"很可能指向处于军事目的和商业目的的航行和飞越"。② 卡特总统宣布航行自由（FON）计划时说："鉴于美国在世界事务中的显著地位，它感到不得不采取主动去保卫其权利免受沿海国家的非法侵蚀。""航行自由计划"提出不久，美国总统派驻第三次联合国海洋法会议的特使艾略特·理查森（Elliot L. Richardson）就指出了"航行自由"，特别是美国海军在全球海洋上的行动自由，对于维护美国核心利益的重要性："我们的经济生活水平越来越依赖海外的贸易，但也越来越易受外国的政治变局的影响。这些因素的综合影响使得我们不得不越发需要倚重美国海军的力量、行动力和其多重职能。为实现威慑和保护的使命，美国海军必须明确地展现在全球远海保持军事存在或迅速集结军力的实力……除非这些（航行自由和飞越自由）原则的合法性广为世界所接受并遵守……否则我们的战略目标将无法实现。"③

除颁布航行自由计划外，在第三次联合国海洋法会议期间（1973—

---

① Bernard H. Oxman, "United States Interests in the Law of the Sea Convention," *American Journal of International Law*, Vol. 88, January 1994, p. 170. 转引自曲升：《美国"航行自由计划"初探》，《美国研究》2013年第1期，第108—109页。

② Bernard H. Oxman, "United States Interests in the Law of the Sea Convention," *American Journal of International Law*, Vol. 88, January 1994, p. 170. 转引自曲升：《美国"航行自由计划"初探》，《美国研究》2013年第1期，第109页。

③ US Department of State Office of the Legal Adviser, "Freedom of Navigation," in Marian Lloyd Nash ed., *Digest of US Practice in International Law1979*(Washington: Government Printing Office, 1979), pp. 1066, 1067-1068.

1982），美国联合苏联，对沿海国施压，迫使它们在海洋军事活动问题上妥协：以保证沿海国家200海里内资源的封闭利益，换取了后者对它们在领海之外无限制权利的默许，包括可以采取任何在两大国看来符合它们国家安全利益的军事行动的权利。因此军事问题在谈判中被“忽略”，或确切地说“刻意回避了”。

美国在《公约》通过的同一年，也即1982年12月发布的《国家安全决策指南》（*National Security Decision Directive*）中，言简意赅地指出了制定“航行自由计划”对其他国家的“过度海洋主张”提出挑战的重要意义：“现今海洋法中的不确定性以及美国不加入海洋法《公约》的决策使得提出有关我们的权利以及崭新的、更有效的航行和飞越计划的明确立场变得更加重要。”① 1983年3月8日，美国代表团针对《公约》声明（其有关专属经济区的部分尤为值得关注）：“《公约》承认沿海国在该区域资源方面的利益，并授权它主张区域内与资源相关活动的管辖权。同时，所有国家在该区域内继续享有传统的公海航行和飞越自由……军事操作、训练和活动一直被视为海洋的国际合法利用。在专属经济区内进行此类活动的权利将继续为所有国家享有。”②紧接着，在同月10日发布的《总统关于海洋政策的声明》中，里根总统进一步强调：“美国无论如何也不会默许其他国家在航行、飞越及其他有关公海用途上，蓄意限制国际社会的权利和自由的单方面行为。”③需要指出的是，《国际海洋法公约》对航行自由的内涵尤其是军事行动自由的语焉不详，这就给了美国解释和操作的空间。

航行自由计划在海洋法上的另一个作用在于，防止他国的过度海洋主张成为新的国际法规则，进而导致美国航行自由和权利遭到进一步削减。按照美国学者的解读，国际法发展的一种路径就是“默许”，如果海洋国

---

① The White House, *National Security Decision Directive 72*, p. 1, https://fas.org/irp/offdocs/nsdd/nsdd-72.pdf.

② See “Statement of the United States of America, 8 March 1983,” in *Note by the Secretariat*, UN Doc. A/CONF.62/WS/37, *Third United Nations Conference on the Law of the Sea*, Volume XVII, p. 244, http://legal.un.org/docs/?path=../diplomaticconferences/1973_los/docs/english/vol_17/a_conf62_ws_37_and_add1_2.pdf&lang=E.

③ “President's Ocean Policy Statement, March 10, 1983,” reprinted in J. Ashley Roach and Robert W. Smith, *Excessive Maritime Claims*, 3rd edn (Leiden: Martinus Nijhoff Publishers, 2012), p. 648.

家默许了这些过度权利主张而放弃维护自己的权利，那么这些过度权利主张将会被作为有效的法律来接受。通过默许原则而发展出来的国际法规则最明显的例子就是，对领海宽度的主张从3海里变成了普遍接纳的12海里，以及对专属经济区的普遍接受。因此，由于默许这一规则形成方式的存在，外交抗议和权利的行使—实施航行自由计划的两种方式——对于保存现存的海洋自由是非常必要的。21世纪以来，美国海军和空军针对30多个国家和地区，进行了百余次的军事宣示。2007年以来，美国每年都对中国实施多次外交抗议和军事宣示。

美国航行自由计划所指的其他国家的“过度海洋权利主张”包括以下情形：

（1）领海宽度超过12海里的主张；

（2）在专属经济区限制军事行动的主张；

（3）不恰当道德划分领海基线，意图将领海或者国际水域（专属经济区或者公海）变成内水或者将国际水域变成领海的主张；

（4）领海未超过12海里却对军舰“无害通过”要求事先通知或许可，或在推进方式、运载物质等方面设置歧视性规定的主张；

（5）群岛国家不允许以正常的方式通过或者飞越群岛航线的主张；

（6）对于国际海峡进行的领海主张，不允许过境通行，包括没有事先通知的军用飞机或者水面、水下军舰的过境通行；

（7）在国际水域主张安全区，排除或者限制军舰和军用飞机的进入。①

三、美国在南海实施“航行自由计划”及其目的

多年来，美国对维护所谓的南海航行自由给予高度重视。美国所指的中国的“过度海洋主张”，是美国对《联合国海洋法公约》的解释和适用与中国的观点有分歧。概括而言，中美分歧有四点：（1）军舰在领海的“无害通过”权问题；（2）军舰在专属经济区内的活动权问题；（3）领海

① 剑川：《美国的“航行自由计划”究竟是个什么东西?》，雷曼军事网，http：//www. rimnds. com/art/show. htm? id=404。

基线划定问题；（4）军事测量和海洋科学研究的界定问题。中国方面通过1992年《中华人民共和国领海及毗连区法》、1996年《中华人民共和国领海基线的声明》、2002年《中华人民共和国测绘法》，以立法的方式明确自己的权利。美国则称，中国在上述问题上的主张与国际社会对《联合国海洋法公约》的解释不一致，因而是违背国际法的行为。美国主张：海洋空间从法律上仅划分为两部分，即国家水域（national waters）和国际水域（international waters），前者包括内水、领海、岛屿和群岛水域，而后者则指领海之外的全部水域，包括毗连区、专属经济区和大陆架。《联合国海洋法公约》所规定的公海自由权利、军事活动权利均不折不扣地适用于国际水域。

1995年5月，克林顿政府就中菲"美济礁事件"发表声明，宣称在南海"维护航行自由是美国的基本利益。所有船只和飞机在南海的无障碍航行，对于包括美国在内的整个亚太地区的和平与繁荣至关重要"。这是美国政府首次从南海航行自由涉及美国"基本利益"的立场发表声明。2012年11月19日，《第四次东盟—美国领导人联合声明》中，美国再次强调美国对亚太地区的和平与稳定享有共同利益，美国重视该地区的航行和飞越自由等权利。2014年2月5日，美国助理国务卿丹尼尔·拉塞尔（Daniel R. Russel）在国会众议院作证时再次强调："美国在东亚和南海的航行和飞越自由，事关美国的国家利益。"美国对于维护南海航行自由日益关注，其目的是维护美国在南海重要的地缘经济与政治利益，维护其亚太霸权，并遏制中国。

首先，南海水域对美国经济的运行起着不可估量的作用。每年价值5万亿美元的货物要经过这一水域，其中1万多亿美元是往来于美国的贸易。① 美国需通过南海完成其50%的全球航运，"美国的经济和安全与通过印度洋和太平洋的巨大贸易紧密相连"。② 南海地区也是美国重要的投资和

① M. Taylor Fravel, "The United States in the South China Sea Disputes," The paper for the 6th Berlin Conference on Asian Security, June 18-19, 2012.

② US Department of the Navy, A Cooperative Strategy for 21st Century Seapower, October 17, 2007, p. 3.

贸易场所，美国的石油公司几乎与南海争议各方都签有石油开采协议。在南海的无障碍进入是保障美国经济利益的重要环节。2010 年 9 月，在第二届美国—东盟峰会发表的联合声明中，美国即重申了亚太地区“海上安全，商贸畅通以及航行自由”的重要性。位于南海周边的东盟是世界第七大经济体，美国第四大贸易伙伴，美国的私人公司是东盟最大的投资者。

其次，南海问题是美实施“再平衡”战略、拉近与东盟的关系的工具。随着中国的崛起，包括东盟在内的亚太国家一度出现经济上依赖中国、安全上仰仗美国的所谓“亚洲悖论”。为此，美国利用航行自由，恶炒南海问题，采取双管齐下的策略——一方面以航行自由之名，炮制南海安全议题，支持或偏袒其他声索方，试图强化东盟国家在安全上对它的仰赖；另一方面，以安全需求为驱动，推出《跨太平洋伙伴关系协定》，将东盟主要国家裹挟其中，阻击东盟与中国（10+1）的地区经济一体化进程，试图诱使东盟国家经济上也依赖美国。因此，东盟国家被美视为制衡中国的主要力量，美国东亚与太平洋事务副助理国务卿麦克·福克斯（Michael Fuchs）称，美国在东南亚的行动是“再平衡中的再平衡”（rebalance within the rebalance）。[①]

最后，南海问题被美国用作确保同盟机制的可信性、维护其在亚太的霸权、为遏制中国造势的重要手段。自二战结束以来，美国一直是亚太水域的霸主，并构筑起了护持其霸权的同盟体系。与美签署防务条约的盟国，在亚太地区即占了五个——澳大利亚、泰国、菲律宾、日本和韩国。而“美国联盟体系的诚信及美国作为安全伙伴的可靠度都依赖于南海地区的自由航行原则。换言之，美国会竭尽全力阻止南海成为中国的‘内湖’而妨碍其航母、潜艇的自由游弋，保护南海作为国际重要商道的安全，也保护美国盟友的安全”[②]。美国极力维护南海的航行自由，旨在履行对盟友

---

① Michael Fuchs, “Testimony before the House Foreign Affairs Committee Subcommittee on Asia & The Pacific,” December 2, 2015, http://www.state.gov/p/eap/rls/rm/2015/12/250315.htm. 转引自张景全、潘玉：《美国“航行自由计划”与中美在南海的博弈》，《国际观察》2016 年第 2 期，第 95 页。

② 杨震、周云亨、朱漪：《论冷战后时代中美海权矛盾中的南海问题》，《太平洋学报》2015 年第 4 期，第 39 页。

安全及利益保护的承诺，以巩固同盟关系，换取它们对美国“亚太再平衡”等战略的支持，从而达到进一步牵制中国，维系其亚太霸权的目的。“对于美国及其在亚洲的军事同盟体系来说，南海具有全球公共产品性质，是对美国承诺的同盟义务的一个试金石。”①

美国以维护“航行自由”之名，行维护海洋霸权之实。近年来，其“自由航行计划”展现出由一家独行到胁迫并诱使多国跟进、同行的新特点。2014 年东盟在美国推动下发表外长声明，对南海紧张局势的加剧表示“严重关切”。2016 年 1 月 30 日美国海军“威尔伯”号导弹驱逐舰闯入中国西沙群岛中建岛 12 海里海域，日澳对此纷纷表示支持。日本内阁官房长官菅义伟声言，“日本一直表明支持美军在南海的航行自由行动”。②澳大利亚《悉尼先驱晨报》报道称，美国在闯中国中建岛邻近海域前，已向澳方通告了此事。澳洲传媒巨头费尔法克斯传媒（Fairfax Media）对此发表评论表示此举也可看出美澳同盟双方强调在这一问题上的密切合作。澳国防部长佩恩声称：“美国已经公开宣布其在全球进行航行自由军事行动的政策，这是符合国际法的。所有国家都应享有国际法之下的自由航行和自由飞越权利，包括在南海行使这些权利。澳大利亚对上述权利予以大力支持。澳大利亚将继续与美国和其他地区合作伙伴在海上安全问题上亲密合作。澳大利亚的船只和飞机将继续行使国际法赋予的航行和飞越自由权利，包括在南海的自由航行和飞越。”③ 我们应该看到，美国的所作所为一方面是力求壮大声势、制造影响力，对中国施压；另一方面，也反映了随着其霸权的相对衰落，美对“航行自由”的维护已显得力不从心，因而它不惜拉盟友涉足南海。美国对“过度的海洋主张”的挑战实则陷入过度的海洋承诺。伴随着美国战略资源的有限性与美霸权承诺以及其盟友需求的无限性二者间矛盾的演进，海洋安全的合作性与美国航行自由政策的单边

① 张洁：《对南海断续线的认知与中国的战略选择》，《国际政治研究》2014 年第 2 期，第 57 页。

② 《日本公开表示支持美军在南海“航行自由”》，《环球时报》2016 年 2 月 2 日，http://war.163.com/16/0202/07/BEQ8OT6F00014OMD.html。

③ David Wroe, “Australia knew of US patrol of South China Sea,” *The Sydney Morning Herald*, January 31, 2016.

性运行将导致航行自由逐渐沦为过度承诺的牺牲品。在高度全球化的时代，海洋命运共同体正在构建过程中，海上相互依赖也日益加深，过度地封闭海洋和对航行自由的过度挑战，皆已不合时宜。①

表 6-1　近年来美国针对中国在南海的“航行自由行动”

时间	美国挑战中国缘由
1992—1996 年	军舰进入 12 海里需要提前批准
2000 年	中国台湾过度的直线基线主张
2007—2010 年	专属经济区上空的安全管辖权；国内法认定在专属经济区内外国船舶的勘测为非法
2011 年	过度的直线基线主张；外国军舰的无害通过需要提前批准
	专属经济区上空的安全管辖权；国内法认定在专属经济区内外国船舶的勘测为非法
2012 年	外国军舰的无害通过需要提前批准
	专属经济区上空的安全管辖权；国内法认定在专属经济区内外国船舶的勘测为非法
2013 年	过度的直线基线主张；外国军舰的无害通过需要提前批准 毗连区的安全管辖权
	专属经济区上空的安全管辖权；国内法认定在专属经济区内外国船舶的勘测为非法
2014 年	过度的直线基线主张
	专属经济区上空的安全管辖权；国内法认定在专属经济区内外国船舶的勘测为非法，限制无意进入领空的外国飞行器在防空识别区的自由
2015 年	军舰在领海的无害通过须通知并获得事先批准
2016 年	军舰在领海的无害通过须通知并获得事先批准过度的直线基线主张
2017 年	无效的领海主张（南海仲裁案裁决中将美济礁认定为低潮高地，无法主张领海） 军舰在领海的无害通过须通知并获得事先批准

① 张景全、潘玉：《美国“航行自由计划”与中美在南海博弈》，《国际观察》2016 年第 2 期，第 96—97 页。

表 6-1 的资料统计为 1992 年至 2017 年 8 月，主要参考曹文振、李文斌：《航行自由：中美两国的分歧及对策》，《国际论坛》2016 年第 1 期；包毅楠：《美国“过度海洋主张”理论及实践的批判性分析》，《国际问题研究》2017 年第 5 期。

第三节　中国主张有限制的“航行自由”规范

一、中国海洋利益受到的挑战

根据《联合国海洋法公约》，中国拥有近 300 万平方千米的海洋国土。由于历史和现实的原因，中国与海上邻国还存在着严重的管辖海域划界和岛屿归属争端，合法的海洋权益受到挑战，这威胁到中国的政治主权利益、国家的安全利益和资源开发等方面的经济利益。为了维护和延伸国家利益，中国必须参与世界海洋秩序的构建。

（一）中国与周边国家存一些有关岛礁领土主权和海洋划界的争端。其中主要争议和分歧有：（1）在黄海海域，中国与朝鲜和韩国存有未划界区域。在北部，中国与朝鲜存在划定领海、专属经济区和大陆架划界问题。在南部，中国与韩国存在专属经济区和大陆架划界问题。（2）在东海海域，中国与日本和韩国存有争议区域。此外，中日两国之间还存在着钓鱼岛主权归属和海洋划界争端，中国在东海作业的渔船、海洋科学考察船经常遭到日本海保厅的侵扰。（3）在南中国海，中国与越南、菲律宾、文莱、马来西亚和印度尼西亚等国存在着有关岛礁主权归属（与印度尼西亚无岛礁争端）以及专属经济区和大陆架划界争端。目前，在南沙群岛，越南占领了 29 个岛礁、菲律宾占领了 8 个、马来西亚占领了 3 个，文莱占领了 1 个，中国实际控制 9 个，其中中国大陆 7 个，中国台湾 2 个。[①]此外，这些国家还在有关海域单方面大肆开采生物和非生物资源。

---

① 数据来源于环球网，《聚焦中国南海》，http：//china. huanqiu. com/special/fyjy2012/index. html。

（二）中国的海洋安全与发展权益面临大国介入的挑战。为了抢夺南中国海的权益，东盟国家实行“群狼斗虎”的策略，联合对付中国。从20世纪70年代开始，越马菲频繁接触，寻找三国之间“共同点”，主张与中国实行多边谈判，将争议矛头指向中国。同时，争取东盟的整体支持，积极引进域外力量平衡中国。这为以美国为首的域外大国的介入提供了条件。在美国的海洋战略中，南中国海由于其重要的战略地位，被美国列入其要控制的16个海洋咽喉要道之中。因此，冷战结束以后，美国不仅加大了介入南中国海的力度，而且在南中国海争端中改变了“中立”立场，加强与东南亚国家的军事联系，遏制中国的发展。日本视南海为其传统势力范围，将南海交通线视作日本的“生命线”，打着“确保海上航行自由”“反对使用武力”的幌子，积极涉足南中国海事务。印度也大力实施“东进”政策，把影响扩展到南中国海。此外，在资源利益的驱动下，数百家发达国家的跨国公司进驻南中国海。这些情况使南中国海争端变得更加复杂难解。

（三）中国面临海上力量不足而导致国家权益和威望受损的困境。海上力量有狭义和广义之分，狭义的海上力量主要指军事力量；广义的海上力量是包括政治、经济、军事、科技和文化等因素的综合性力量。由于海上综合实力不足，中国对其他大国和周边国家的威慑力严重缺乏，在一系列事件中，中国的权益和威望遭到了严重的损害。从“银河号”事件、黄海事件、中美撞机事件、“东海神秘船”事件、钓鱼岛事件到中国和东南亚国家在南海权益争端中发生的较小武力冲突，这一系列事件深深揭示出：没有强大的海权，即使是国家安全和人民生存等基本权益都无法保障，更谈不上争取和维护国家在国际社会中的地位和威望。可见，在国际海洋机制不断完善、作用不断增强的和平与发展时代，中国必须通过参与海洋秩序的建构来维护自己的海洋权益。

二、中国主张沿岸国安全管辖权限制下的航行自由

中国主张的航行自由是指各国在不损害国际法和沿海国主权的基础

上，最大限度地利用海洋航行和贸易的权利。鉴于“国内法和国际法作为全球海洋公域重叠的权力源泉长期共存，以平衡沿海国和国际社会的海上利益”,[①] 航行自由实践中的权利边界体现着各国对《公约》司法解释相互作用的合力，也是国际法和沿海国国内法的平衡。《公约》规定军舰在不同海域拥有不同程度的航行自由，但回避了对军事活动自由的规定，部分国家利用这一漏洞，侵犯沿岸国主权和安全，包括中国在内的一些国家不得不通过国内法对航行自由进行限制，其实只是限制侵犯本国主权安全的军事活动的自由。《中华人民共和国海上交通安全法》第十一条规定：“外国籍军用船舶，未经中华人民共和国政府批准，不得进入中华人民共和国领海。”这一规定在1992年颁布的《中华人民共和国领海及毗连区法》中得到再次确认。外国军舰进入中华人民共和国领海，必须经过批准。还规定中国有权在毗连区内，为防止和惩处在中国陆地领土、内水或者领海内违反有关安全、海关、财政、卫生或者入境出境管理的法律、法规的行为行使管制权。可见这一规定除了行使《公约》第三十三条中赋予沿海国在毗连区内海关、财政、移民和卫生的管辖权之外，还加入了安全管辖。这实际上是在《公约》基础上对军舰军事活动的限制。在南海，“中国一贯重视并维护南海的航行和飞越自由及安全。但航行和飞越自由绝不等于外国军舰、军机可以违反国际法，无视他国合法权利及航空和航行安全。”航行自由并不是无限制的自由，而是在尊重沿海国海洋权利的基础上，在《公约》约束下和平利用海洋的自由，是一种相对的自由。“南中国海历来就有国际习惯航道之称，是一条重要的进出印度洋的战略通道。各国船舶都享有航行自由和过境通行自由。但是，这种自由绝不是公海意义上的航行自由，更不具有军事活动的自由。”[②]

中国长期以来的立场大致是：沿岸国家对于自己的专属经济区，除了享有相应的经济权利外，还享有其他国家应有的尊重（due regard），尤其

---

① 彼得·A. 达顿：《指引航向：中美海军开展安全合作，促进治理与安全》，载［美］安德鲁·S. 埃里克森等主编：《中国、美国与21世纪海权》，北京：海军出版社2014年版，第169、178页。

② 周忠海：《海洋法只用于和平目的》，《海涓集：国际海洋法文集》，第605页。转引自曹文振、李文斌：《航行自由：中美两国的分歧及对策》，《国际论坛》2016年第1期，第22页。

是涉及国家安全时；反对其他国家使用中国的专属经济区进行有损中国国家安全的军事活动。因此，1998 年通过的《中华人民共和国专属经济区和大陆架法》第十一条规定，“任何国家在遵守国际法和中华人民共和国的法律、法规的前提下，在中华人民共和国的专属经济区享有航行、飞越的自由”。不过，中国并没有明确宣布外国船只与飞机到底需要遵守哪些法律、法规。此外，《公约》没有明确规定军舰是否可以不经批准穿越领海，第十七条提到“在本《公约》的限制下，所有国家，不论为沿海国或内陆国，其船舶均享有无害通过领海的权利”。这可以理解为包括军舰在内的各种船只都享有无害通行权。但第三十条又规定，“如果任何军舰不遵守沿海国关于通过领海的法律和规章，而且不顾沿海国向其提出遵守法律和规章的任何要求，沿海国可要求该军舰立即离开领海”。这又可以理解为非沿岸国军舰在这类海域享有什么样的权利取决于沿岸国的国内法。《公约》中这种“模棱两可”的条款多处存在。中国法律对于外国军舰在中国领海内行使无害通过权有限定，1992 年通过的《中华人民共和国领海及毗连区法》第六条规定，“外国军用船舶进入中华人民共和国领海，须经中华人民共和国政府批准”。中国的上述主张在发展中国家里具有代表性，东盟成员国基本上也持类似立场。

表 6-2　中美关于海洋权利的分歧

美国	中国
领海： 所有船舶享有无害通过权，包括军用船舶	领海： 所有船舶享有无害通过权，不包括军用船舶
毗连区与专属经济区： 沿海国享有资源的主权权利以及有限的与资源有关的管辖权	毗连区与专属经济区： 沿海国享有资源的主权权利以及广泛的管辖权，包括安全利益
沿海国只能管理与资源有关的国外信息搜集活动	沿海国能够管理所有国外信息收集活动

续表

美国	中国
所有传统的公海自由允许进行军事活动，但是必须考虑到沿海国的资源关切	没有传统的公海自由允许进行军事活动——不包括通过
普遍管辖权及相关警察权力的行使无须经过另外的同意	关于普遍管辖权及相关警察权力的政策不明确；只有经过联合国安理会的同意才可以行使

彼得·A. 达顿：《指引航向：中美海军开展合作，促进治理与安全》，载［美］埃里克森、［美］戈尔茨坦、［美］李楠主编：《中国、美国与21世纪海权》（徐胜、范晓婷、王琦等译），北京：海洋出版社2014年版。

三、中国应对美国南海航行自由行动的策略

通过对“航行自由”问题正本清源，可以发现，美国所鼓噪的南海航行自由是有意将其概念模糊化，渲染中国违背国际公认的法律原则，故意制造一些伪命题抛给国际社会和本地区。实际上，中国从未以任何方式违背国际社会所公认的航行自由原则，也不惧怕与美国及国际社会探讨南海航行自由问题。

对中国而言，未来对待航行自由问题最佳的政策选项或许正如外交部发言人华春莹的表态：“中方一向主张南海航行自由，但航行自由绝不等于外国军舰、军机可以随意进入一国领海、领空。”① 这意味着，我们应统筹考虑领土主权安全、军事安全与经济安全，将探讨的问题具体化，而不能泛泛而谈“南海航行自由”，否则就掉入了美国设定的圈套。②

首先，公海自由原则、南海航行自由乃至世界范围内的国际航道安全畅通，符合中国的根本利益。从历史上看，海洋航行自由的内涵和外延越宽广，越有利于海洋强国和贸易大国的利益。中国处在建设海洋强国的历

① 《外交部：南海航行自由绝不等于外国军舰军机随意进入》，东方网，2015年5月13日，http：//news. eastday. com/eastday/13news/auto/news/china/u7ai3942913_K4. html。

② 叶强：《“南海航行自由”：中美在较量什么》，《世界知识》2015年第16期，第36页。

史进程中，必将越发需要航行自由的国际法律制度保障。中国提出“一带一路”倡议，其中很重要的一个内容就是“贸易畅通”，而贸易畅通的根本保障就是陆路和海路贸易通道的安全与便捷。南海作为中国海路贸易的重要通道，对中国当前及未来的安全、繁荣和稳定至关重要。此外，全球范围内航行自由的充分保障也是建设和发展强大海军力量的契机和保障，可以说航行自由与海军发展是相辅相成的。

其次，美国所关切的“航行自由”，本质上是主张在他国专属经济区内的军事活动权利，甚至是在他国领海内的军舰无害通过权。这些问题不仅不属于“公海自由原则”所辖制的主要范畴，而且是主要发展中国家和主要发达国家自第三次联合国海洋法会议以来所争论的关键领域，在国际社会中从来没有达成共识，更没有可适用的规则。因此，中国在南海主张管辖的海域内禁止美国军舰、军机的有关活动，并不违反任何习惯法规则和条约义务。

不同国家基于自身的现实条件，在国际社会中有不同的主张，对相同的原则和制度做出不同的解释，属于十分正常的现象，必须看清这些现象背后的成因。发展中国家普遍认为，沿岸国在专属经济区内的经济权利和安全必须被得到充分尊重。理由很简单，海洋强国能够在占全球面积70%的海洋上自由驰骋，获得经济资源和战略利益。而发展中国家因缺乏资金和技术，往往只能在沿岸专属经济区内活动。此时，充分保障发展中国家在专属经济区内的权利就显得尤为重要。总之，根据公海自由原则产生的航行自由权利，世界各国都平等享有；但任何权利的行使都必须顾及他方合情、合理、合法的权益诉求。法律应是善治的良方，而非霸权的工具。

中国在南海问题上采取双轨政策，一方面，坚定而积极地强化军事力量——美国的海洋行为展现了一个尽管充满异议却警醒世人的样板，即强大的军事力量是“海洋自由”“航行自由”的前提之一；另一方面，利用自己的比较优势，坚忍不拔地推进区域经济合作，落实“海上丝绸之路”建设，以经济、生态、人道主义救援的海洋安全理念代替以军事、海上军事基地建设、海上军事演习以及海上集团对抗为内容的海洋安全理念，以南海命运共同体化解对南海的军事化，以机遇与合作孕育积极与完整的安全共同体、海上命运共同体。

中国愿意提供“航行自由”的公共产品。中国是国际社会的一员，享有航行自由的权利，也同样须履行维护航行自由的义务。作为日益崛起的海洋大国，中国应积极主动承担维护海洋安全和海洋秩序的国际责任。例如，可通过举办“航行自由国际论坛”，在南海组织多国海上人道主义救援演习并设立南海人道主义救援中心等，与包括美国在内的其他国家开展更多非传统安全领域的合作，赢得他国的信赖，打消其对中国的疑虑，构建彼此间的海洋互信。

由于台湾问题尚未解决，中国需要在大陆周边海域行使安全管辖权来维护国家主权安全，也必须在核心区域限制军舰航行和军事活动的自由，具体来说：一方面，美国军事活动和勘测，可能会威胁中国南沙岛礁主权安全，中国应继续坚持在毗连区的安全管辖权，坚持外国在领海和毗连区军事活动和勘测需要事先批准的原则。另一方面，军舰机动自由不同于军事活动或勘测，是美国在南海最重要的利益，也是美国全球海洋霸权的基础，只要加以规范，并不会影响中国主权安全。中国可以承认南沙岛礁周边的毗连区甚至领海，军舰享有与《公约》规定相匹配的无害通过权（可以不事先通报），但要对无害通过的“无害”内容在细则方面进行更明确、清晰的规定，保留防止非无害通过的权利，规范军舰的无害通过权。在确保区域安全管辖的基础上照顾到美国军事机动的需要，甚至对其进行区别对待，通过妥协缓和美国施加的各种制衡。利用南海岛礁的地缘优势提供更多公共产品，维护南海航行自由，促使美国认可中国海权和地位不断上升的现实。在妥协的同时，通过权力互动引导美国接受中国在亚洲海权地位提升的现实，促进中美在平等基础上在亚洲开展海洋合作。

长期看，由于“航行自由”问题涉及各自广泛的战略利益，中美都很难做出根本性让步或妥协，在外交、军事、法理等层面的博弈仍将持续，潜在摩擦恐怕也难以避免。但是，该问题引发的破坏性有望得到一定程度控制。这首先源于相关危机管控与信任措施的日趋成熟，由战术误判和操作规范细节问题引发意外冲突的可能性有所下降。同样重要的是，中美利益的对立态势并非完全不可调和。虽然美国利用航行自由实施抵近侦察对中国构成威胁，但是，中国原则上也支持航行自由的基本理念，而且随着海上力量“走出去”、海外利益逐步扩展，中美就航行自由的共同利益将越发凸显。同时，中美海洋战略虽然对立，但是中国并无挑战美国亚太海洋霸权的意图；美国也会逐渐发现，不仅难以实现对华海上围堵，而且在东亚海域对华让渡部分权利将是一个自然的过程。以上述视角看待“航行自由”问题，无疑将有助于促使中美重新界定对各自利益与战略的理性认知。

中美是海洋大国，都有着漫长的大陆海岸线，在塑造海洋秩序方面有着先天的共同语言和共同的历史责任。随着中美实力差距的缩小，中美有关维护海上航行自由、塑造海洋秩序等的观念正在迅速接近，意识形态分歧等非理性因素在该问题上的影响将逐渐被削弱。

四、中国倡导新型“海洋秩序观”

2014 年 6 月，李克强总理在参加中希海洋论坛时，提出“和平、合作、和谐”的中国“海洋观”。所谓“和平”，就是“坚定不移走和平发展道路，坚决反对海洋霸权，致力于在尊重历史事实和国际法的基础上，通过当事方直接对话谈判解决双边海洋争端和纠纷”；“同相关国家加强沟通与合作，完善双边和多边机制，共同维护海上航行自由与通道安全，共同打击海盗、海上恐怖主义，应对海洋灾害，构建和平安宁的海洋秩序”。所谓“合作”，就是“积极构建海洋合作伙伴关系，共同建设海上通道、发展海洋经济、利用海洋资源、探索海洋奥秘”。所谓“和谐”，就是“善待海洋生态，保护海洋环境”，李克强总理的讲话，实际上从三个方面回应了国际关切，即中国如何解决海洋争端、中国走向海洋的方式，以及中国利用海洋的观念。

2014 年 9 月，中国海军司令吴胜利在美国纽波特海军战争学院举行的以“共同应对全球海上安全挑战”为主题的第 21 届国际海上力量研讨会上提出了以“共同安全、综合安全、合作安全、可持续安全”为核心的“新型海上安全观”。共同安全就是各国海军都要维护安全、享受安全；综合安全就是统筹兼顾各领域安全问题；合作安全就是通过务实合作谋求安全；可持续安全就是坚持安全与发展并重。并提出四点倡议：一是加强多领域多层次的沟通交流。密切高层交流，利用国际海上力量研讨会，以及西太平洋、印度洋海军论坛等平台，多见面多沟通；扩大专业交流，积极拓展海上反恐、海上维和、人道主义撤运、海洋环境调查等领域交流合作；促进海军院校交流，建立常态化交流机制，着力拓展院校交流广度深度。二是深化开放务实的海上合作。拓展多边联合军演，扩大演习的融合性、多样性；加强反海盗合作，共同维护海上航运安全畅通；推进人道主义救援减灾合作，提高联合行动能力。三是有效规范海上安全行为。大力推广应用《海上意外相遇规则》，并在实践运用中不断充实完善。四是打造面向未来的海军军官队伍。常态化、规模化地组织青年军官的实践交流；借助海军领导人论坛的平台，建立海军青年军官论坛。切实走出一条适应时代发展要求，符合各国利益的海上安全之路。

2014 年 11 月，习近平主席在澳大利亚联邦议会发表演讲，指出，“海上通道是中国对外贸易和进口能源的主要途径，保障海上航行自由安全对中方至关重要。中国政府愿同相关国家加强沟通和合作，共同维护海上航行自由和通道安全，构建和平安宁、合作共赢的海洋秩序”。这是一个有针对性的增信释疑的表述。习主席讲话表明，和澳大利亚以及其他国家一样，中国的繁荣和安全与海上通道、航行自由是分不开的。中国不是“海上安全”和“航行自由”的破坏者，相反，中国是“海上安全”和“航行自由”的坚定捍卫者。

党的十八届五中全会为我国“十三五”期间的经济社会发展设定了目标要求和基本理念，首次将创新、协调、绿色、开放、共享的发展理念作为整体写入全面建成小康社会的战略布局中。海洋是运输联通的重要媒介和丰富的资源宝库，具有开放、流通与共享的特性。作为全面建成小康社会的重要组成部分，海洋事业的发展更加需要顺应世界发展趋势，奉行互利共赢的开放战略，以开放心态积极参与国际海洋事务，加强与有关国家的海洋合作力度，提升我国在全球海洋治理中的话语权和影响力。

总之，中国认为，新的海洋秩序应当平衡包容性和排他性制度安排、平衡海洋自由和海洋安全，平衡国际主义和民族主义，平衡人类正义与国家间的正义，保障最低海洋秩序，努力追求海洋利用的最佳秩序。

下篇

中美规范合作

第七章　中美反恐规范合作

恐怖主义很难界定，部分原因是这个词已经演化，部分原因是它已经与主观活动密切相连。一般来说，恐怖事件的目标不是在袭击中遇难或受伤的受害者，而是各国政府、公众或选民，恐怖分子希望能在这些人群中产生反应——如恐惧、憎恶、过激或极端化的反应等。试图对恐怖主义做出一个无懈可击的定义是困难的：恐怖主义本就是见仁见智的问题，因此不同的观察者也有不同的意见。

虽然人们可以对某种特定行为是否构成恐怖主义各持己见，但恐怖主义这一概念在某些方面是根本性的：第一，恐怖主义具有政治性质。它以激进、暴力的行动促成政治变革。第二，尽管其他许多暴力行为的本职也是政治性的，例如国家之间的常规战争，但是恐怖主义的独特之处就是它是没有国家性的，即使恐怖分子接受某国对其军事、政治、经济和其他手段的支持，但人们不难认清支持和主导作用的区别。第三，恐怖主义蓄意针对无辜民众——这也有别于国家使用武力无意中杀死无辜旁观者的情况。第四，国家使用武力将受到国际规范和公约的约束，国家可能会征引或至少咨询有关条例。恐怖分子则不遵守国际法律和规范，为了把恐怖袭击的心理效果最大化，他们故意把恐怖活动搞得出其不意。因此，恐怖主义事件至少包含以下要素：政治性，出其不意使用暴力，目标似乎随机，是非政府行为者对无辜民众的攻击。

现代国际恐怖主义产生于 19 世纪七八十年代，得益于国家之间人员、信息、技术、观念等内容的广泛传播，现代恐怖主义从一开始就具有较高的国际化程度，并在特定的地区乃至世界各地形成恐怖主义浪潮。自 19 世纪 70 年代以来，现代恐怖主义即显示出明显的跨国特征，国际社会经历了“无政府恐怖主义”（anarchist terrorism）、“反殖民恐怖主义”（anti-colonial terrorism)、“新左派恐怖主义” (new left terrorism)、“宗教恐怖主义”(religious terrorism) 共四波发展浪潮，当前的恐怖主义处于第四波“宗教恐怖主义”浪潮之中，它以宗教极端主义为核心思想体系的“全球圣战”运动成为这一阶段恐怖主义扩张的强力推手和主要表现。[①]

第一节　美国的反恐政策与实践

自20世纪60年代末国际恐怖主义大规模泛滥以来，美国就一直是国际恐怖主义袭击的首要目标。尽管国内恐怖主义在美国一直存在，从未消失过，但从总体上讲，美国国内的恐怖主义，无论是发生的数量还是规模，与国际恐怖主义对美国的袭击相比，都是比较小的。也正是基于这样的一个认识，美国政府更多的是把精力放在对海外恐怖主义的应对上。美国政府的反恐政策也就是在与国际恐怖主义斗争的过程中形成的。

一、“9·11事件”之前的美国反恐政策

冷战时期，美国长期以苏联为主要对手、主要威胁源和作战对象，恐怖主义的威胁还显得离美国很遥远。因此，美国政府的反恐理念一直是“运用一切合法手段保护境外的美国外交和军事设施”。苏联解体后，美国认为“大国之间使用战略核武器的威胁被恐怖分子使用核武器的威胁取代”[②]，恐怖主义和大规模杀伤性武器的扩散问题开始在战略层次上受到重视，于是，其反恐战略演变为制止恐怖主义者获取大规模杀伤性武器。在此指导下，胡萝卜与大棒并举，但战争成为反恐行动的主轴。其间，美国发动了第一次海湾战争，与朝鲜签订了《核框架协议》，开始频繁指责活跃在阿富汗的塔利班武装，并强硬推行国家导弹防御计划。事实证明，美

① 曾向红：《全球化、逆全球化与恐怖主义新浪潮》，《外交评论》2017年第3期，第113页。

② 彭光谦：《国际战略格局剧变中的美国国家安全战略》，《美国研究》1993年第4期，第13页。

国虽然在一定程度上限制了恐怖主义者获取大规模杀伤性武器的能力，但没有从根本上采取有效措施来剔除恐怖主义滋生的土壤，反而以霸权的心态简单地处理国际上历史遗留问题，最终激起了普遍的反美主义，导致了“9·11事件”的发生。[①]

二、“9·11事件”后布什政府的反恐政策与实践

“9·11事件”以来，恐怖主义等非传统安全威胁上升，反恐在美国国家安全战略中的地位得到空前的提升，成为美国一个时期内对外战略的中心。近年来，美国反恐斗争的领域有所扩大，政策和观念上也发生改变，美国的反恐战略也不断丰富和完善。

2002年9月20日，布什政府发布《美国国家安全战略》报告，首次把恐怖主义视为美国主要威胁，强调打击恐怖主义、防止大规模毁灭性武器扩散对美国国家安全至关重要。报告主张采取先发制人的军事打击手段和单边主义的行动。报告明确把“先发制人”战略作为维护国家安全战略的基本原则和主要手段。“如果有必要，我们会毫不犹豫地单独采取先发制人的行动打击恐怖主义，行使我们的权利。”“在威胁真正形成之前将其摧毁，并将这种思想作为一种共识和自卫的手段”。报告分析恐怖袭击的原因，建议美国可通过鼓励自由贸易、开拓自由市场，以及支持和促进发达国家对贫困地区投资等形式，促进世界经济的均衡发展和消除贫困，以改善美国的安全环境。[②]

2003年2月，美国总统布什公布了美国历史上第一份反恐国家战略报告《反击恐怖主义国家战略》（*National Strategy for Combating Terrorism*）。报告突出“4-D”战略目标（Defeat，Deny，Diminish，Defend，击败、杜绝、消除和保卫）。首先，击败恐怖分子及其组织；其次，制止主权国家

---

① 李希若：《“9·11”事件后美国反恐战略的演变》，《国际资料信息》2008年第1期，第1页。

② The White House, *The National Security Strategy of the United States of America*, Washington, 2002, http://www.whitehouse.gov/nsc/nss/2002/.

对恐怖主义的支持；再次，消除恐怖主义产生的基础；最后，通过国土防御和事先采取行动，是美国本土、美国公司和利益免受恐怖袭击。[①]为此，美国政府将采取如下措施：（1）推进有效的民主，作为恐怖主义意识形态的长期的解毒剂；（2）预防恐怖主义组织的袭击；（3）阻止“无赖国家”及其谋求使用大规模杀伤性武器的恐怖主义盟友获得这种武器；（4）阻止恐怖分子获得“无赖国家”的支持和庇护；（5）阻止恐怖分子获得对其用作恐怖活动的基地和发射台的任何国家的控制权；（6）为我们推进反恐斗争和帮助确保我们的最终胜利所需的制度与结构奠定基础并加以强化。

2006 年 3 月，鉴于国际反恐形势发展需要，小布什政府又推出第二份《美国国家安全战略》报告。报告指出，“反恐战争包含武装斗争和思想战争。我们不仅要在战场上对抗恐怖分子敌人，还要宣扬自由和人类尊严”，“战胜威胁自由和开放社会生活方式的暴力极端主义”和“创造排挤暴力极端分子及其支持者的国际环境”。“民主”成为美国赢得反恐战争的重要武器。报告中出现“民主”一词居然有 52 次之多。“通过‘有效民主’（effective democracy）推进自由和人类尊严”，减少可供恐怖分子利用的潜在社会条件，包括政治上的疏远、对他人的不满情绪，以及“使谋杀合法化的理论”，等等。

《国家安全战略报告》对美国国际反恐机制提出了较为完整的设想：（1）建立国际问责标准：美国正在与伙伴合作，升级和制定国际问责义务与标准。已经做出的努力包括与 G8 等国际组织协商建立具有里程碑意义的反恐标准。（2）加强联盟和伙伴关系，联合对抗恐怖活动。通过提供培训和设备等帮助，美国将加强全球伙伴的反恐能力。（3）清晰设定和实施优先权来增强反恐体系和机构间的合作。此外，扩大特种部队和提高特种部队在不对称环境中实施非正规战争的能力，并开始二战以来最大的重新整编。（4）通过建立反恐专家团体和国内备战文化来培育知识和人文资源。

从上述多份战略报告我们可以看出，美国将民主化改造、反扩散与反

---

① 张金平：《国际恐怖主义与反恐策略》，北京：人民出版社 2012 年版，第 172 页。

恐怖主义挂钩，形成了打击恐怖主义的全面战略理念。美国还积极进行反恐“公共外交”，与“先发制人”作为其反恐的两大支柱。①

在国际合作反恐方面，美国采取多项措施，强化国际反恐力度。

（一）美国推动联合国加快反恐立法

“9·11事件”造成美国数千人死亡，使美国在“道义”上占据主动，在加快国内相关反恐立法的同时，为进一步求得国际上对反恐行动特别是军事行动的支持，美国推动联合国加快反恐立法，为反恐战争寻求法理支持。2001年9月12日，联合国安理会通过第1368号决议，决议前言指出“承认固有的个别与集体自卫权”，实际上间接承认美国可以采取适当的自卫措施，包括自卫武力的使用。此外，安理会虽然未明确授权美国使用自卫权或是某一群国家使用武力响应恐怖攻击，并不表示美国所领导的军事行动的不合法性，因为基本上自卫行动是不需要安理会认可的。

2001年9月28日，联合国安全理事会通过关键性的1373号决议，首度将国际恐怖主义视为“对国际和平与安全的威胁”（a threat to international peace and security），重申最强烈断然谴责在美国发生的恐怖主义攻击，决议案的目的是希望提升各国的反恐措施与作为，要求各国政府采取实际行动防止、惩罚与遏止各种恐怖主义行为；1373号决议案可谓联合国反恐怖主义措施的分水岭。1373号决议规定联合国会员国在反恐措施方面有以下义务：将资助恐怖主义定为犯罪；冻结涉及犯有恐怖主义行径者的任何资金；不给恐怖主义团体提供任何形式的财政支助；禁止向恐怖主义分子提供安全庇护所、维生资料或支助；同其他国家政府交流关于任何从事或策划恐怖行为的信息；同其他国家政府合作调查、侦察、逮捕、引渡和起诉参与此类行为者；在国内法中将积极或被动协助恐怖主义的行为定为犯罪，并将违法者绳之以法；尽快加入有关恐怖主义问题的相关国际公约和议定书。

1373号决议还设立了反恐委员会，由安全理事会所有15名成员组成。

① 张金平：《国际恐怖主义与反恐策略》，北京：人民出版社2012年版，第172页。

反恐委员会的工作是动员执行第1373号决议并监测其执行情况，并协助给没有能力履行该决议和所有其他恐怖主义问题公约及议定书所规定的各项义务的国家提供技术援助。2001年11月安理会又通过第1377号决议，宣告国际恐怖主义行为是21世纪对国际和平与安全的一个最严重的威胁，并宣告国际恐怖主义行为是对所有国家和全人类的挑战；重申断然谴责一切恐怖主义行为、方法和做法都是无可开脱的犯罪行为，而不论其动机为何，采取何种形式和表现。

2002年1月，安理会通过第1390号决议，要求各国冻结恐怖组织的个人、集团、企业和实体的资金和其他金融资产或经济资源，包括由它们或由代表它们或按它们的指示行事的人拥有或直接间接控制的财产所衍生的资金，并确保本国国民或本国境内的任何人均不直接、间接为这种人的利益提供此种或任何其他资金、金融资产或经济资源。

2003年1月，联合国安理会外长会议通过一项反恐宣言，呼吁所有成员国采取紧急行动，防止并压制一切主动及被动支持恐怖主义的行为，尤其是必须遵守安理会有关反恐的各项决议。宣言还指出，不管恐怖行为发生在何处，各成员国在防止、调查、起诉和惩罚恐怖行为过程中要尽最大可能相互协助。宣言还要求安理会反恐委员会为推动成员国执行联合国第1373号决议作进一步努力。

2004年4月，安理会通过第1540号决议，针对非国家行为者可能获得、发展、扩散大规模杀伤性武器的危险提出警告，决议鼓励各国政府采取具体措施防止相关行为，但是此项决议并未要求国家必须同时重视基本人权，因为针对非国家行为者的反恐措施，可能会影响民族解放运动与政治异议分子而造成迫害与胁迫情势。安理会还成立1540委员会（1540 Committee）监督各国的执行状况、检视各国的报告并与各国进行对话以确实执行安理会决议。此后，美国又修改了《国际海上人命安全公约》，并成功地提出了一系列动议，其中最具代表性的三个动议分别是“防止大规模杀伤性武器扩散倡议（PSI）”“集装箱安全倡议（CSI）”和“地区海上安全倡议（RMSI）”。同时，由于切断恐怖主义组织的资金来源是反恐怖斗争的一个重要组成部分，因此，美国国会又出台了强化金融监管力度、阻断恐怖分子财源的《反恐怖主义财政法 2001》，授予司法部门更多的权力来监管和强行处理恐怖主义组织的财产，加强与国际社会在反洗钱领域的合作。

（二）大规模调整海外军事部署

美国在阿富汗战争和伊拉克战争的准备和实施过程中，在中亚、中东地区的其他周边国家建立了很多军事基地，使得美国对大中东地区的控制达到了前所未有的强度。战争结束后，美国通过各种途径，积极谋求长期驻扎，建立永久性的军事基地。2004 年 9 月，五角大楼对从东南亚到西非这一广大的“弧形危机区域”的一些小军事设施中又开始了新一轮的军力部署调整，强调了针对恐怖威胁和其他潜在威胁的“机动性”，即哪里出现美国眼中的“危机”，“浮萍”就可以随时漂向哪里。①

（三）加强海上反恐措施

“9·11 事件”后，海上成为恐怖分子活动的重要区域。“基地”组织曾扬言，要把袭击扩大到全球，包括陆地、空中和海上。2003 年，美国发动伊拉克战争期间，“基地”组织就伺机发动“海上圣战”，袭击美国油轮，破坏美对伊军事行动。此后，美国强化了海上反恐措施。目前，美国已经与法国、德国、加拿大、马来西亚、新加坡等国达成协议，同意美国海关总署在这些国家的港口派驻安全监察人员，以防止恐怖分子通过集装箱货船偷运武器等非法物品前往美国。美国还对 2004 年 7 月 20 日由印度尼西亚、马来西亚和新加坡三国启动的马六甲海峡海上联合巡逻行动给予信息共享、设备、技能方面的帮助。2004 年 10 月 1 日，美国正式成立海上部队保护司令部，这是美国海军在新的安全环境下，为保护美国近岸以及部署在海外的军舰和基地免遭恐怖袭击而采取的重要措施。

---

① 李希：《“9·11”事件后美国反恐战略的演变》，《国际资料信息》2008 年第 1 期，http：//www.cssn.cn/gj/gj_gjwtyj/gj_mg/201310/t20131026_593470.shtml。

（四）加强国际情报合作

自“9·11事件”以来，美国为获取最全面的情报和信息，日益加强与各国情报机构的合作和信息交流，放宽对各机构间的资料交流限制，使之联网，实现资料共享。在新的国土安全情报体系成立之初，就设置了反恐国际情报交流合作中心，负责处理国际上情报信息的交流与沟通协作，扩展了与更多国家情报部门在反洗钱、打击恐怖网络等技术层面的信息沟通与配合渠道。之前由美国和盟国情报部门组成的、代码为“千瓦”的反恐怖主义斗争网络重新活跃起来了。美国中央情报局、联邦调查局的许多情报人员相继来到欧洲各国首都，法国、英国、德国向美国派出情报人员执行秘密任务，三国情报局领导也与美国情报部门保持日常联系。[①]

三、奥巴马政府反恐政策调整与实践

2009年年初奥巴马上台执政后，秉承“新政”理念，重新评估了布什政府时期的美国反恐战略，对美国的反恐战略进行了多次调整，将“巧实力”战略思维融入美国国家安全战略之中。[②]

2009年8月，美国总统反恐和国土安全事务最高顾问布伦南在美国战略与国际问题研究中心发表讲话，全面阐述了奥巴马总统的反恐战略，标志着奥巴马政府的反恐战略基本成型。新的反恐战略放弃了“全球反恐战争”的提法，明确反恐不是针对“圣战者”的斗争；将“恐怖主义”定义为对美国安全和利益直接造成威胁的组织、活动和事件等，而不应将所有反美的言论、情绪、政治主张等，都称为“恐怖主义”，以免反恐盲目扩大化，直接造成负面影响；打击恐怖分子和暴力极端分子的斗争必须“回归正确和恰当的位置，不再以反恐扭曲美国整个国家安全和

① 李希若：《“9·11”事件后美国反恐战略的演变》，《国际资料信息》2008年第1期，第6页，http：//www.cssn.cn/gj/gj_gjwtyj/gj_mg/201310/t20131026_593470.shtml。

② 孙逊：《奥巴马政府国家反恐战略评析》，《外交评论》2013年第4期，第97页。

外交政策”。[①]

2011 年 5 月 1 日，美国政府宣布击毙了本・拉登。以击毙本・拉登为标志，美国开始收缩反恐战线，实行低成本反恐。2011 年 6 月 29 日，奥巴马政府公布了“9・11 事件”以来第三份《国家反恐战略》报告，报告对美国的反恐战略进行重新定义，新战略摒弃扩张性的“全球反恐战争”模式，而是把焦点对准美国面临的最直接也是最危险的敌人——“基地”组织及其分支和追随者身上，反恐重心也回归美国本土。奥巴马政府高度重视加强政治和解、促进经济增长和推动社会进步在打击恐怖主义方面的作用，并将政治、外交、经济等多重手段综合纳入反恐战略。

新反恐战略将打击“基地”的目标细化到提升美国本土防卫、切断“基地”组织资金链条、清除“基地”组织避难所、猎杀“基地”组织核心头目等各个具体层面。此外，新反恐战略首次把来自美国内部的受到“基地”组织煽动的恐怖分子纳入视野。

为消除布什政府推行“单边主义”反恐给美国形象带来的负面影响，奥巴马政府一方面努力通过建立伙伴关系和化解与伊斯兰世界的矛盾来重建美国在全球的领导力，另一方面决定“依法”反恐，将反恐行动置于严格的法律框架之内。

新反恐战略确立了美国反恐斗争的指导原则：

（1）坚守美国的核心价值观；

（2）构建安全伙伴关系；

（3）适当运用各种反恐手段和能力；

（4）构建弹性文化，建立有效的防御体系和应对机制。

2013 年 5 月 23 日，美国总统奥巴马在美国国防大学发表反恐政策演讲，提出了以无人机精确打击、有效力的伙伴关系、外交接触和援助为主要内容的全面反恐战略，并表示美国将结束已进行了十余年的全球反恐战争。同时，奥巴马在演讲中还宣布了提高无人机打恐行动的门槛、关闭关

① John O. Brennan, “*A New Approach to Safeguarding Americans*,” Remarks at Center for Strategic and International Studies, released by Office of the Press Secretary, The White House, Washington, D. C., August 6, 2009.

塔那摩监狱和废止《武力使用授权法案》等新政策。

奥巴马表示，“美国瓦解恐怖组织的系统性努力必须继续，但这场战争与所有战争一样必将结束，美国不可能在任何极端主义冒头的地方动用武力，这是美国总统首次明确表示全球反恐战争将在不久的未来走向终结”①。

美国国内对奥巴马的反恐政策意见分歧较大。民主党前资深参议员乔·利伯曼认为，宗教极端势力正在叙利亚、伊拉克、利比亚三国迅速蔓延。美国此刻撤军，将会丧失打击宗教极端势力的能力，并使周边盟国陷入危险境地。如不采取进一步行动，恐怖组织将颠覆现有成果，美国本土也难免再受攻击。②

第二节　中国的反恐政策与实践

中国是恐怖主义的受害者之一。“东突厥斯坦”（简称“东突”）③ 恐怖势力长期与“基地”组织相互勾结，在中国新疆等地制造了多起恐怖暴力活动，严重威胁我国安全。

中国政府从 20 世纪 90 年代后期开始实施反恐行动。④ 20 世纪 90 年代初新疆的“东突”分裂主义集团开始进行恐怖暴力活动。中国政府真正感觉到反恐的紧迫性。为了应对这一直接威胁中国安全和统一的恐怖主义挑战，中国政府开始制定真正意义上的反恐战略。这一战略的重点从一开始就是打击“东突”，确保新疆的安全和稳定。为此，新疆在中国各省中最早建立了反恐部队，获得了中央政府充分的财政支持。同时，由于“东

---

① 严帅：《美国反恐战略的新调整及其前景》，《当代世界》2013 年第 9 期，第 55 页。

② 《奥巴马反恐政策遭前议员痛批 称美国将反受其害》，《环球时报》2014 年 1 月 20 日。

③ “东突厥斯坦”这一名词出现于 19 世纪末期。“斯坦”原为“地方”“区域”之意，但“东突厥斯坦”不是一个单纯的地理概念，而是某些老殖民主义者为肢解中国提出的一个政治概念。为了达到分裂和控制新疆的目的，某些老殖民主义者进而把新疆称为“东突厥斯坦”（与之相对应，今天的中亚诸国被称为“西突厥斯坦”），编造所谓新疆是“东突厥”人的家园的谬论。

④ Bates Gill and Melissa Murphy, “China's Evolving Approach to Counterterrorism,” *Harvard Asia Quarterly*, No. 1 & No. 2, 2005, pp. 21–32.

突”是跨国活动的，中国的反恐战略必须依托跨国合作，这是中国积极推动“上海五国”及随后的上海合作组织进程的动力之一。1996 年 4 月，中国、俄罗斯、塔吉克斯坦、哈萨克斯坦、吉尔吉斯斯坦组成“上海五国”，目标是通过解决边境问题和加强边境安全建立一个地区安全机制。1996 年 9 月，塔利班攻克阿富汗。这一事件给该地区各政府带来了强烈的冲击，并促使“上海五国”进一步关注该地区更加激进的伊斯兰教徒所带来的潜在挑战。2001 年 6 月，“上海五国”接纳乌兹别克斯坦，并成立了一个永久性的地区安全机制——上海合作组织（SCO）。在上海合作组织的章程中，成员国须承诺要同“三股恶势力——恐怖主义、分裂主义和极端”做斗争。

“9 · 11 事件”后，虽然中国并没有成为国际主要恐怖主义分子袭击的目标，但中国公民已经受到了伤害，比如在“9 · 11 事件”中，就有 3 名中国人遇难。中国政府指出，中国国内恐怖分子已经与像基地组织这样的国际恐怖组织联系，中国日益面临严峻的挑战。根据中国官方的说法，本 · 拉登“已经成为新疆分裂主义分子的积极的号召者，并且在阿富汗为其提供营地”。1992—2001 年，“本 · 拉登训练了大约 100 个恐怖分子，返入新疆，实施袭击……162 人被害……另有 400 人受伤”①。美军在阿富汗战争期间总共俘获了 22 名中国维吾尔族人，把他们长期关押于关塔那摩基地。根据美国国务院称，被美国和中国都视为恐怖组织的“东突厥斯坦伊斯兰运动”（ETIM）（以下简称“东伊运”），“受基地组织的训练和资助”。2002 年 9 月，安理会将“东伊运”列入恐怖组织名单。最近几年，国内外“东突”势力相互策应，在中国策划了多起暴恐事件，严重威胁人民生命和国家安全，越来越多的国家认识到“东突”的恐怖本质，对中国政府有关打击行动给予越来越多的理解与支持。

中国领导人在对国外的恐怖主义行动表示极大的关注同时，也对国内的恐怖分子的挑战保持了警惕。这些恐怖分子主要是“东突”分裂势力和“藏独”势力。

---

① “SCMP Cites PRC Media on Osama Bin Ladin Connection to Uygur Separatists,” *South China Morning Post*, July 25, 2002.

一、中国政府的反恐政策立场

美国“9·11事件”后，中国国家领导人多次在不同场合发表重要讲话，阐述中国政府的反恐政策和立场，并通过各种方式，与美国、俄罗斯等国领导人就反恐问题深入交换看法。这种高层沟通和协调成为中国强化反恐斗争的政治保证，有助于推进中国与国际社会的反恐合作。2003年1月20日，时任中国外长唐家璇在纽约举行的联合国安理会反恐问题外长会议上，提出了中国政府反恐行动的原则立场：第一，维护人类和平与安全是反恐的核心。第二，普遍发展与共同繁荣是反恐的基础。第三，加强文明之间的沟通与融合是反恐的保障。第四，推动和深化国际合作是反恐的关键。2003年2月8日，出席第39届慕尼黑国际安全政策会议的中国人民解放军副总参谋长熊光楷上将在会上发言时强调，以“互信、互利、平等、协作”为核心的新安全观是中国政府制定反恐政策、开展国际反恐合作的指导原则。[①]熊光楷在题为《“九·一一”以来国际反恐形势及特点》的主题演讲中指出，中国在反恐问题上的政策主张主要包括以下五点：

——反对一切形式的恐怖主义。中国主张，不论恐怖活动发生在何时何地、针对何人、由谁组织、以何种方式出现，国际社会都应采取一致立场，同仇敌忾，坚决打击，绝不能用双重标准对待恐怖主义。

——反恐不能搞扩大化。打击恐怖主义应证据确凿、目标明确，避免伤及无辜，不能借反恐推行霸权主义。反恐应成为不同文明相互交流和借鉴的新契机、对话与融合的新起点、共同进步和繁荣的新动力。

——反恐要标本兼治。中国有句古语叫“薪不尽则火不止”。冲突和动荡是恐怖主义滋生的温床，贫穷和落后是恐怖主义产生的土壤。只有根本解决和平与发展两大问题，推动世界各种文明的共同发展，促进全人类的共同进步，推动社会公平与公正，才是彻底铲除国际恐怖主义滋生和蔓

① 戎昌海：《中国制定反恐基本政策的原则：互信互利平等协作》，中国新闻网，2013年2月10日，http：//www. chinanews. com/n/2003-02-10/26/270983. html。

延土壤的治本之策。

——反恐应充分发挥联合国安理会的重要作用。中国政府主张应尽快建立安理会主导的，公正、合理、有效的国际反恐合作机制，充分发挥联合国安理会在打击恐怖主义方面的重要作用。

——反恐需要加强国际合作。中国愿意与世界各国一道共同防范和打击恐怖主义，特别是在反恐情报信息交流、截断恐怖活动的资金来源、引渡和遣送恐怖犯罪嫌疑人等方面加强合作，以维护世界和平与安全。①

二、中国政府的反恐基本措施

打击恐怖主义既是确保社会稳定和国家安全的对内政策，也是中国外交政策的重要内容。在反恐的过程中，中国政府一方面加强国内的反恐能力，另一方面积极参与多边和双边的反恐合作，从而使“东突”势力的恐怖活动受到了遏制。但是从长远来看，由于恐怖主义的复杂性和国际性，中国的反恐任务将是长期的。

（一）加强反恐立法工作

1979 年《中华人民共和国刑法》虽然没有明确对恐怖活动定罪，但个别条款已蕴含相关内容。1997 年重新修订的《中华人民共和国刑法》除第一百二十条专门规定的恐怖组织活动罪外，还针对恐怖活动制定了相应的条款。2001 年 12 月，全国人民代表大会通过了《中华人民共和国刑法修正案（三）》，集中对刑法典中的恐怖犯罪进行修改补充，使反恐立法工作进一步完善，为打击恐怖主义提供了法律依据。2002 年 6 月，中国又与俄罗斯等五国签署《上海合作组织成员国关于地区反恐机构的协定》，为各方启动安全领域实质性合作提供了法律依据，为更加坚决有力地打击恐怖主义、分裂主义和极端主义三股势力提供了有效手段。2011 年 10 月 29 日，第十一届全国人民代表大会常务委员会第二十三次会议通过通过了

① 《熊光楷：中国在反恐问题上的立场已趋系统完整》，新浪网，2004 年 5 月 11 日，http：//news. sohu. com/2004/05/11/94/news220089436. shtml。

《全国人大常委会关于加强反恐怖工作有关问题的决定》，就国家依法取缔恐怖活动组织，严密防范、严厉惩治恐怖活动做出了较为具体的规定。2015年12月27日，中华人民共和国第十二届全国人民代表大会常务委员会第十八次会议表决通过《中华人民共和国反恐怖主义法》，国家主席习近平签署第36号主席令予以公布。法律自2016年1月1日起施行。《中华人民共和国反恐怖主义法》从国家层面全面系统地规定了中国反恐怖工作的体制、机制、手段和措施，为我国依法打击恐怖主义活动提供了法律依据和保障，具有重大的法律和现实意义。德国智库墨卡托中国研究中心（MERICS）研究员鲁道夫认为，该法案体现了中国领导人习近平要强化“国家安全机器效率”的愿望，同时也由于中国经济政治实力的加强，中国国家及其侨民更多地参与国际事务。①

（二）加强反恐力量建设

为了应对日益严峻的反恐形势，中国加强了国内反恐怖应对机制建设。2001年中国成立国家反恐怖工作协调小组，2002年，中国公安部还专门成立反恐局，负责研究、规划、指导、协调、推动全国反恐怖工作。国家反恐怖工作协调小组办公室也设立在公安部反恐怖局。2013年8月27日，国家反恐怖工作协调小组升级为国家反恐怖工作领导小组，这一小组由国务委员、公安部部长郭声琨担任组长，同时下设领导小组办公室、反恐作战计划处等部门。小组的副组长，则有中央政法委秘书长、解放军副总参谋长、武警部队司令员。

“9·11事件”以来，中国在加强反恐机制方面取得了显著的成就，主要表现在以下四个方面。

一是防范预警机制。其目标是尽一切可能监控恐怖主义集团的活动，以事先阻止恐怖袭击的发生，包括切断恐怖分子的财源，在恐怖攻击即将发生时则要尽快发出警报，使人们早作防范。2001年10月上海的亚太经

---

① 《中国出台反恐法意义深远》，《欧洲时报》2016年1月15日，http://www.oushinet.com/news/china/fmsc/20160115/218267.html。

合组织第九次领导人非正式会议是在“9·11事件”后一个多月后召开的，这是对中国反恐机制，特别是防范预警机制的严峻考验。结果没有出现什么麻烦，证明这一机制还是有效的。

二是快速反应机制。其任务是：一旦恐怖行动发生，应采取迅速而强有力的措施消除或遏制其产生的根源性因素，削弱其扩展性，促其尽快解决。为此中国大大加强了反恐快速反应部队。现在不仅在新疆，而且在几乎所有的省市都建立了此类部队，其装备也得到了极大改善。中国和吉尔吉斯斯坦于2002年10月举行双边联合反恐军事演习，中、俄、哈、吉、塔五个上海合作组织成员国又于2003年8月举行“联合—2003”多边联合反恐军事演习，大大提高了打击恐怖分子的快速反应能力。

三是后果控制处理机制。其职责是：在恐怖行动发展过程中，特别是其达到高潮之时，要全力以赴的抑制其破坏性，尽可能减少其造成的损失，并努力使形势恢复到正常状态。中国在这方面特别重视吸取“9·11事件”当天纽约的惨痛教训，着力加强突发事件出现时警察、消防、正规部队、民防人员和医疗救护人员之间的协调，并为此组织了各个层次的培训和演习。

四是公众动员教育机制。重点是在民众中加强反恐知识普及，反恐技能培训等，以提高全民的反恐意识和应急能力，并要有相应的法律、规章和组织体系的保障。这一机制是前面三个机制的基础。中国各地均在民间组织了大规模的宣传、教育、培训活动，一些学校开设了反恐方面的课程，一些研究所和大学建立了反恐研究中心。中国制定并颁布实施首部反恐法。

“9·11事件”后不久，中国着手建立了一整套反恐机制。成立国家反恐协调小组，并在公安部设反恐局，专门负责组织和协调全国的反恐工作。随后，地方各级反恐协调办公室陆续成立，在北京、上海、天津等主要城市还组建反恐怖特种部队。为保障航空安全，中国民航总局与航空公司共同组建了空中警察队伍，以确保空中航行安全。

（三）广泛参与国际反恐合作

1. 中国支持联合国在国际反恐斗争中发挥主导作用，积极参与联合国的相关行动，努力推动构建国际反恐法律体系

中国加入了绝大多数国际多边反恐公约。例如，中国加入了12个国际反恐条约中的10个，并已经签署了其余两个中的一个。①例如，《东京公约》《海牙公约》和《蒙特利尔公约》三个防止空中劫持公约，《关于防止和惩处侵害应受国际保护人员包括外交代表的罪行的公约》《反对劫持人质国际公约》《制止恐怖主义爆炸的国际公约》和《制止向恐怖主义提供资助的国际公约》等。2002年12月，中国签署了《联合国打击跨国有组织犯罪公约》所附的《关于打击非法制造和贩运枪支及其零部件和弹药的补充议定书》。同时，中国还积极支持联合国及安理会通过一系列关于反对恐怖主义问题的决议，向安理会反恐委员会提交了执行安理会第1373号决议情况的国别报告。

2. 中国积极促进和参与地区反恐合作

在亚太经济合作组织、上海合作组织等地区组织中，与有关成员国就反恐形势及合作等问题进行了探讨，推动发表了多项反恐声明和文件。

（1）与亚太经合组织合作反恐

2001年在上海召开的亚太经合组织非正式领导人会议上，中国国家主席江泽民接受了美国总统乔治·W. 布什的建议：领导人会议更关注反恐而不是经济议题。与会各成员领导人还利用午餐会就反对恐怖主义问题交换了意见，并发表了《亚太经合组织领导人反恐声明》。中国是亚太经合组织反恐任务小组的成员国，这个小组是在2003年2月由经合组织高级别官员会议设立的，任务是执行关于反恐和促进增长的领导人宣言。在那些宣言中，经合组织领导人同意：清除那些威胁其经济增长的跨国恐怖组织，消除大规模杀伤性武器的威胁，以及打击其他直接威胁地区安全的活动。2003年8月，中国和其他亚太经合组织成员发布了《反恐行动计划》，

① "12 UN Conventions on Terrorism," www.unodc.org/unodc/terrorism_conventions.html.

详细列出了反恐可以采取的各种措施，包括水上、航空、海关、移民以及财政等各种方法。[①] 2004年，亚太经合组织在智利举行的峰会上，时任中国外交部长李肇星表示："作为反恐战争坚定的支持者和参与者，中国政府将一如既往地支持经合组织在反恐领域发挥建议性的作用。"[②]

（2）与东盟合作反恐

20世纪90年代，中国与东盟建立了日益紧密的联系，强调"非传统"与跨国界的安全合作，包括反恐。中国与东盟通过了一系列旨在加强反恐的安全合作条约，包括2002年的《中国与东盟关于非传统安全领域合作联合宣言》，这一联合宣言强调，反恐是东盟和中国安全合作最优先考虑的领域。2004年双方签署了补充2002年联合宣言的谅解备忘录，称双方将采取实际措施使国内与本地区的法律法规统一，以处理非传统安全领域的恐怖主义、武器走私及洗钱等问题。双方还同意加强在信息情报和执法领域的合作。中国将主持工作组及培训以提高所有成员国与非传统安全领域的威胁做斗争的能力。[③] 2004年11月，在北京召开的首届东盟地区论坛安全政策会议上，来自亚太地区各国的与会官员观看了中国特种兵进行的反劫机演练。

（3）通过上合组织进行反恐

上海合作组织的形成和发展是中国与俄罗斯、中亚国家在反恐方面合作较为成功的典范。上海合作组织的前身是1996年在上海正式启动的五国会晤机制。上海五国最初包括中国、哈萨克斯坦、吉尔吉斯斯坦、俄罗斯、塔吉克斯坦。

为进一步推动上海五国会晤机制的制度化进程，2001年6月的上海峰会上成立了上海合作组织。在这次会议上，上海五国欢迎新成员乌兹别克

---

① APEC, "Counterterrorism," www. apecsec. org. sg/content/apec/apec_ groups/som_ special_ task_ groups/counter_ terrorism. html.

② "China Pledges Efforts in Fight against Terrorism, Corruption," *People's Daily*, November 19, 2004.

③ "Memorandum of Understanding between the Governments of the Member Countries of the Association of Southeast Asian Nations (ASEAN) and the Government of the People's Republic of China," January 10, 2004, www. aseansec. org/15647. htm.

斯坦加入，这六个国家成为新的合作组织——上海合作组织——的创始国。在这次会议上发布了两份重要的文件。首要的就是《打击恐怖主义、分裂主义和极端主义上海公约》，六国将反恐设定为“高优先级别”，在该领域加强合作。本公约还重申将建立一个地区性反恐中心。另一份文件是《上海合作组织成立宣言》。宣言还认识到恐怖主义的挑战和其他跨国的威胁，称上合组织“将地区安全视为优先级，将致力于打击恐怖主义、分裂主义以及非法贩卖武器和毒品、非法移民和其他犯罪活动”。[①] 2002 年 1 月，中国举办了一次上海合作组织成员国外交部长的特别会议，专门讨论阿富汗的未来和反恐战争。这次会议的联合声明表示，全力支持联合国有关努力反恐的决议和活动，欢迎“阿富汗人民从与国际恐怖主义有密切联系的塔利班政权中解脱出来”，“敦促其与在阿富汗的国际安全援助部队密切合作”，并呼吁“迅速细化《关于国际恐怖主义的全面公约》和《关于制止核恐怖主义行为的国际公约》”。[②]上海合作组织无疑将继续为中国在反恐领域的行动发挥作用。

2002 年 6 月在上海合作组织圣彼得堡峰会上，签署了《上海合作组织成员国元首宣言》《上海合作组织宪章》《上海合作组织成员国关于地区反恐怖机构的协定》三个重要政治、法律文件。宣言声明，上合组织反对恐怖主义，但与中国官方的立场一致，敦促反恐活动要遵循《联合国宪章》和其他国际规范。宣言也欢迎美俄关于缩减战略性核力量的协议，呼吁建立中亚无核区，并敦促以政治对话的方式解决印巴问题、巴以问题，以及朝鲜半岛问题。宣言还集焦于加强上合组织国家间的经济合作。

最重要的是，2002 年 6 月上海合作组织峰会强调完成了共有 26 款条文的《上海合作组织宪章》。中国国家主席江泽民评论《上海合作组织宪章》的签署，称它“为上合组织的建立奠定了坚实的法律基础，因为它清

---

① 《上海合作组织成立宣言》，2002 年 6 月 15 日，http://www.sectsco.org/CN11/show.asp?id=162。

② 《上海合作组织成员国外长签署联合声明》，2002 年 1 月 7 日，http://www.china.com.cn/zhuanti2005/txt/2002-01/07/content_5094296.htm。

楚地表明了这一组织的目标、宗旨、结构和操作规则”。[①]《上海合作组织宪章》的“宗旨和任务”指出，为维护该地区的和平与安全而开展“多领域合作”；“共同打击一切形式的恐怖主义、分裂主义和极端主义”；打击“非法贩卖毒品、武器和其他类型的跨国犯罪活动”。《上海合作组织宪章》还强调进一步发展在政治、贸易、国防以及其他共同关心的领域的合作。《上海合作组织宪章》明确表示，上海合作组织不针对任何其他国家或国际组织，强调发展与其他国家的关系，“在防止和和平解决国际冲突中相互协助”，“共同寻求二十一世纪出现的问题的解决办法”。此外，宪章设定地区反恐怖机构办公室是“上海合作组织常设机构”，在北京建立了上海合作组织秘书处，监督协调活动。

圣彼得堡峰会还通过了《上海合作组织成员国关于地区反恐怖机构的协定》，决定建立地区反恐怖机构，加强在安全领域的合作。《上海合作组织成员国关于地区反恐怖机构的协定》是各方启动安全领域实质合作的法律依据。它的签署表明本组织成员国将在维护地区安全稳定，打击恐怖主义、分裂主义和极端主义“三股势力”方面采取更加坚决有力的行动。协定最初决定地区反恐怖机构总部设在吉尔吉斯共和国比什凯克市，但最终建于乌兹别克斯坦的塔什干，于 2004 年 1 月正式运行。该机构第一任执行主任是维·捷·卡西莫夫（C. T. Casymov），来自乌兹别克斯坦。该机构由来自六个成员国的 30 人组成，中国和俄罗斯各七人。七位中国成员都是来自公安部的反恐专家。中国和俄罗斯也是这一机构的最大支持者，每国提供所需资金的四分之一。作为唯一一个设在中亚的反恐机构中心，它的目标是协调成员国的反恐活动，监测该地区的恐怖主义活动，为会员国的反恐怖行动提供建议，并与其他国际组织交换信息。

在 2005 年的上合组织阿斯塔纳峰会上，中国国家主席胡锦涛呼吁成员国“共同努力，尽快把本组织的合作潜力转化为现实成果，妥善应对国际

① “Presidents of the Six Member Countries Highly Evaluate the St. Petersburg Summit of SCO,” June 11, 2002, Ministry of Foreign Affairs of the PRC. www.fmprc.gov.cn/eng/gjhdq/dqzzywt/2633/2634/2636/t15568.htm.

和地区形势复杂变化带来的挑战”。[①]重点是改善组织的实际运作，各成员国同意设立一个常设机构，以进一步落实《打击恐怖主义、分裂主义和极端主义上海公约》和促进地区反恐怖机构的工作。峰会还讨论了经济一体化的具体计划，包括成立上海合作组织实业家委员会和建立上海合作组织发展基金。鉴于巴基斯坦、伊朗和印度三国对中亚地区的特殊意义，各成员国给予三国在上海合作组织的观察员地位。

在 2009 年 6 月召开的上合组织叶卡捷琳娜堡峰会上，与会各国元首签署了《上海合作组织反恐怖主义公约》，旨在进一步加强上海合作组织框架内反恐合作的法律基础，提高各成员国打击恐怖主义的协调能力和效率。《上海合作组织反恐怖主义公约》规定，任何公开支持和煽动恐怖活动、招募人员筹划恐怖袭击、参加恐怖主义组织、资助恐怖主义势力等行为，一律被视为恐怖主义行径。

为有效打击恐怖主义，中国在上合组织框架内，与成员国举行各种形式的反恐演习。2002 年 10 月，中国与吉尔吉斯斯坦在两国边境地区举行联合反恐军事演习，这是上合组织框架内首次举行的双边联合军事演习。此后，上合组织成员国举行的反恐演习逐步机制化，通过反恐合作演习，上海合作组织成为维护这一地区安全和稳定的有效机制，并且加强了各成员国在军事领域的互信与合作，以提高联合反恐作战指挥协调等能力。[②]

2004 年 6 月，上海合作组织开放了其位于塔什干的区域反恐怖机构。作为中亚唯一的反恐中心，该机构旨在协调各成员国的反恐行动，监控该区域恐怖分子的活动，为各成员国通报恐怖活动，与其他国际组织互换信息。2006 年，上海合作组织宣布，2007 年该组织全部六个成员国的武装部队计划在俄罗斯举行反恐联合军事演习。

3. 建立和发展双边反恐机制

“9·11 事件”后不久，中国先后与美国、俄罗斯、巴基斯坦、印度等国建立反恐合作机制，并与英国、法国、德国等就反恐问题进行了深入磋

① “Fifth SCO Summit Held in Astana; Hu Jintao Gives ‘Important Speech’,” Xinhua, July 5, 2005.

② 张洁：《中国的反恐政策：原则、内容与措施》，《当代亚太》2005 年第 11 期，第 36 页。

商与交流。以中美反恐合作为例，“9·11事件”之后，起初，合作集中在“情报交换”“切断恐怖组织财源”、共同支持巴基斯坦反恐、协力防止印巴冲突升级干扰反恐等方面。2001年10月，应美方要求，中国及时封锁了90多公里长的中阿边界，对美国在阿富汗的军事行动给予了重要支持。美军在阿富汗抓获了一些中国籍的“东突”恐怖分子，也邀请中方派人参与共同审讯。通过2001年10月、2002年2月和10月江泽民主席与布什总统的三次会晤，以及2003年6月胡锦涛主席与布什总统的会晤和2003年12月温家宝总理与布什总统的会晤，这一合作又不断发展。中美现在已建立了中长期反恐交流与合作机制，其中包括金融反恐工作组，并多次举行会议，在协调双方反恐合作方面发挥了重要作用。2002年8月，美国国务院正式将“东伊运”列入其恐怖主义组织名单，此后在双方及阿富汗、吉尔吉斯斯坦的共同努力下，联合国安理会也将该组织列入了国际恐怖主义组织名单。美国联邦调查局（FBI）在北京正式建立了办事处，使双方能进一步加强在打击贩毒，武器走私，非法移民等跨国犯罪方面的合作。中美还就集装箱运输安全问题达成了合作协议。

第三节　中美两国反恐合作

“9·11事件”对美国的强烈震撼是前所未有的，深深地改变了美国的安全观念以及美国的安全战略。布什政府为适应反恐战略的需要，对其中国政策进行了相应的调整。

首先，美国对华关系定位发生了积极的变化。由于国际恐怖主义已成为对美国国家安全的主要威胁，布什政府淡化了中国可能成为美国的主要对手和威胁的观念。对中美关系重新进行定位，从所谓“战略竞争对手”关系转变为“建设性合作”关系。布什政府过去曾多次提出中国不是美国的“战略伙伴”而是其“战略竞争对手”，现在则一再重申中国是美国的“反恐伙伴”。布什多次强调，中国是一个伟大的国家，美国政府高度重视与中国的关系；中国不是美国的敌人，而是美国的朋友；美国致力于同中国发展建设性合作关系。他明确指出，中国是美国“在外交上携手面对21世纪威胁的伙伴”。

其次，反恐合作成为中美新的利益汇合点和改善关系的促进因素。由于美国把反恐看作第一要务并集中精力于反恐，减少了对中国的战略压力，制约了美国对华的对立倾向。同时，美国面对的对外中心战略任务——反恐与防扩散既紧迫又艰难，只依靠自身力量难以应对和解决，而必须加强与其他国家的合作。中国是亚太地区乃至世界上举足轻重的大国，美国要取得反恐和防止大规模杀伤性武器斗争的实质性进展，尤其需要中国的支持与配合，美国因而增大了对中国的倚重。在这样的背景下，布什政府转变了一度对华的强硬立场，对中国采取较为友好、亲善的态度。其对华政策的积极面即与中国接触、合作的一面上升，消极面即对中国防范与遏制的一面下降。在美国政坛上占上风的新保守派降低并缓和了对中国的批评和指责；在敏感的台湾问题上，美国政要重申遵守三个联合公报和反对台湾“独立”；在人权、贸易等方面，美国也尽量采取非对抗性的态度和姿态。①

中美反恐合作发轫于“9·11事件”的恐怖袭击，其合作大致可以分为两个方面：一是中国对于美国反恐的支持行动，二是中美之间就反恐进行的双边机制建设。

（一）中国对美国反恐的支持行动

在“9·11事件”发生后不久，中国国家主席江泽民迅即致电布什总统表示慰问和哀悼，并表示愿意在与恐怖主义斗争方面提供合作，这是世界各国领导人中反应最早的。2001年9月20日，外交部长唐家璇在美中贸易全国委员会发表演讲时指出，“9·11事件”表明，“国际恐怖主义已经成为世界和平与稳定的严重危害。国际合作既必要又紧迫”。② 2001年

① 张晋忠：《反恐合作与中美关系》，《国际问题研究》2005年第2期，第18页。

② 唐家璇：《加深理解，增进信任，推动中美关系健康发展》，在美中贸易全国委员会的演讲，2001年9月20日，http：//news. eastday. com/epublish/gb/paper148/20010922/class014800018/hwz493881. htm。

10 月 19 日，在亚太经合组织上海会议上，布什总统对中国的反应评论道："中国对'9·11'事件反应迅速。没有犹豫，没有迟疑，中国决定与美国站在一起……这是一个政府的承诺，承诺将在情报信息方面展开合作，并且帮助切断恐怖组织的资金链。"①

值得注意的是，中国的支持扩展到授权干预以遏制和打击恐怖主义活动的范围。例如，2001 年 9 月中国投票赞成联合国安理会通过第 1368 号决议，授权使用国际力量反对阿富汗和塔利班；投票赞成联合国安理会通过旨在阻止恐怖主义分子融资的第 1373 号决议。2005 年 1 月，中国作为观察员也加入了反洗钱金融行动特别工作组。这一特别工作组是 1989 年在巴黎召开的 G7 峰会上建立的，目的是为了应对越来越严重的洗钱问题。然而，2001 年 9 月 11 日之后，这一特别工作组的领域扩展到了与恐怖主义的经济做斗争的国际合作。

在美国领导的反对塔利班和基地组织的战争中，在阿富汗的战后重建中，中国都扮演了支持性的角色。中国关闭了与阿富汗的边境往来以防止塔利班和基地组织的支持者大批逃离，并允许美国军舰在去阿富汗的途中停靠在香港。更重要的是，中国对巴基斯坦总统佩尔韦兹·穆沙拉夫展开外交攻势，说服其与华盛顿合作。2002 年 1 月，中国承诺给阿富汗战后重建提供 1.5 亿美元，并且免除了总统卡尔扎伊新政府偿还旧债的义务。除了承诺向阿富汗军队和警察提供制服和靴子，中国还向新临时政府的公务员提供了办公用品。② 2003 年和 2004 年，中国相继分别提供了价值 4700 万和 1500 万美元的物资，用以支持阿富汗大选、当地警察培训和控制毒品的地区合作。③

自 2013 年以来，中国在阿富汗问题上提出了一系列富有建设性的倡议，启动了多个阿富汗问题"小多边机制"。例如中国、巴基斯坦、阿富

① U. S. Department of State, *U. S., China Stand against Terrorism*, October 19, 2001, www.state.gov/s/ct/rls/rm/2001/5461.html.

② "Afghanistan-China Relations Excellent—Karzai," *People's Daily*, March 27, 2002, http://english.people.com.cn/200203/26/eng20020326_92826.shtml.

③ "China Offers US $15 Million in Aid to Afghanistan," *China Daily*, January 4, 2004, www.chinadaily.com.cn/english/doc/2004-04/01/content_319880.htm.

汗三方对话，中国、俄罗斯、印度安全事务高级代表阿富汗问题会晤，中国、俄罗斯、巴基斯坦阿富汗问题三方对话等。2014 年 10 月，中国在天津举办伊斯坦布尔进程第四次阿富汗问题外长会。伊斯坦布尔进程是唯一由本地区国家主导的有关阿富汗问题的国际机制，成员国都是与阿富汗相邻或相近国家，都与阿富汗有着历史交往渊源和现实利益联系，都希望看到阿富汗实现永久和平，都愿意为此发挥自身的作用。李克强总理出席外长会并指出，一个团结、稳定、发展、友善的阿富汗，既是阿富汗人民的殷殷期待，也符合地区国家和国际社会的共同利益。支持阿富汗和平重建，推动阿富汗问题早日得到解决，是地区国家和国际社会义不容辞的共同责任。中方就解决阿富汗问题提出五点主张：一是坚持“阿人治阿”。要让阿富汗人民掌握自己的命运，实现真正的当家作主。国际社会应切实尊重阿富汗主权、独立和领土完整，不干涉阿富汗内政，支持阿富汗为实现自身安全稳定所作努力。二是推进政治和解。国际社会应支持阿富汗政府制定全面和解战略，支持“阿人主导、阿人所有”的和平与和解进程，为阿富汗实现和平和解创造有利的外部环境。三是加快经济重建。国际社会应兑现对阿富汗的援助承诺，帮助阿富汗增强自身发展能力，实现经济可持续发展，铲除极端主义滋生的土壤。四是探索发展道路。国际社会应尊重阿富汗人民自主选择社会制度和发展道路的权利，让阿富汗人民在实践中找到一套合适的国家治理模式，从而实现政局稳定和经济发展。五是加强外部支持。国际社会应坚定支持阿富汗在相互尊重、平等互利基础上发展对外关系，积极参与国际和地区合作，帮助阿富汗加强安全能力建设，支持联合国在协调国际援阿努力方面发挥主导作用。① 外界认为，中国在阿富汗关键过渡阶段彰显了其“负责任大国形象”。

2006 年 4 月，中美签署空警互派合作备忘录，两国可在飞往对方的客机上部署空警，将不定期进行空警反恐培训和业务交流，这对于保障航班安全、处理空中恐怖威胁具有现实意义。同年年初，中国批准美国在北京设立海岸警卫队联络处，以促进两国在港口安全领域的交流。

---

① 《李克强与阿富汗总统加尼共同出席阿富汗问题伊斯坦布尔进程第四次外长会开幕式并致辞》，2014 年 10 月 31 日，http：//news. xinhuanet. com/politics/2014-10/31/c_1113065586. htm。

对于中国的支持，美国国务院反恐事务协调员泰勒大使认为："中国对反恐怖主义联盟最有益的帮助在于它提供的额外交支持。在联合国安理会通过第1373号决议的努力中，中国是一个非常、非常重要的部分。"①

（二）中美反恐双边机制化合作

2001年10月在上海举行的亚太经合组织峰会上，中国国家主席江泽民与美国总统布什就两国开展反恐合作深入交换了意见，就建立中美两国跨部门反恐怖主义磋商机制达成共识。两方分别由中国外交部国际司或涉外安全事务司司长与美国国务院反恐事务协调员牵头。这一对话在小布什任期内举行了八次，成为中美定期讨论与反恐相关议题的平台，它包括两国国内、地区、国际反恐的评估和努力，阿富汗、中亚、南亚、东南亚的反恐形势。2002年5月，中美专家首次举办半年期工作组级别会议，就防止、切断恐怖主义获得资金支持。

2001年12月，中美两国跨部门的反恐工作组成立，成员包括执法、情报、军事、外交和金融领域的代表。2002年5月，中美启动了双方政府同级别官员的会议，旨在预防和打击恐怖组织金融事务。2002年10月，美国司法部长约翰·阿什克罗夫特在北京访问期间，宣布设立美国联邦调查局驻北京联络办事处。这一办事处负责反恐、国际犯罪和其他事务。在另一个双边合作领域，2002年12月12日，美国贸易和开发署宣布了一个27.266万美元的赠款协议，用以帮助中国民航加强其在中国东南地区的航空安全。② 2002年12月，美国助理国务卿詹姆斯·凯利（James Kelly）重申，中美双方"以空前的规模"共享情报。③

自2002年以来，中国对联合国安理会第1267号决议和美国第13224号行政令中涉及的个人和团体，依据《联合国宪章》第七章的要求冻结其资产。2004年，中国建立反洗钱监测分析中心，开始与美国相关机构加强

① 《美反恐协调员访华　称中国是反恐合作良好伙伴》，新浪网，2001年12月11日，http：//news.sina.com.cn/c/2001-12-11/417462.html。

② U.S. Congressional Research Service, "U.S.-China Counterterrorism Cooperation".

③ U.S. Congressional Research Service, "U.S.-China Counterterrorism Cooperation".

业务往来、互派专家学习。2007年《中华人民共和国反洗钱法》的颁布，更使中国扩大了现有反洗钱条例的范围，明确了金融机构所应承担的相应责任，从而强化了人民银行的权为。至此，中国人民银行成为中国反洗钱行动的领导机构，公安部反洗钱司和反恐局负责刑事调查，国家外汇管理局负责打击非法外汇交易。这些机构与美国金融机构协同跟踪恐怖分子的交易，冻结其相应资产，对其进行严厉打击。2011年，在中美战略与经济对话的战略框架下，两国强调要不断深化反洗钱反恐融资监管合作。

美国“集装箱安全倡议”是“9·11事件”后，美国全球反恐战略的重要一环。该协议的主要内容是：在集装箱货物运抵美国之前，锁定高风险货物，由出口国海关同美国海关一起查验，查验通过的集装箱在到达美国时可被快速放行。2003年7月，中美两国正式签署“集装箱安全倡议”。在此之前，海关总署、外交部、商务部同美国进行了多轮磋商，就中美《集装箱安全倡议》声明及其附件内容达成一致。中方的立场及要求包括；中方支持《集装箱安全倡议》；将上海、深圳设为试点，美方可这两地派驻海关官员；美方人员尊重中方主权，遵守中国法律和法规；中国海关根据对等原则亦可在美港口派驻人员等。中国对参加美国设计的反恐倡议非常慎重，但也默认了其中涉及的主权让渡。实质上，《集装箱安全倡议》的施行意味着美国海关的管辖权扩大至境外港口。而中国之所以同意该项倡议，看重的是其为双边和国际贸易带来的深远影响。不管怎么说，《集装箱安全倡议》毕竟是中美两国确定反恐合作关系后，签订的第一份倡议，其意义不言而喻。

奥巴马政府对小布什政府的反恐战略作了重大调整，2010年发表的《美国国家安全战略》淡化对恐怖主义“先发制人”军事打击，重申美国反恐目的不是摧毁一种抽象的意识形态，而是消灭具体的恐怖分子即“基地”及其附属组织。更重要的是，它延续了上届政府对中国在这一政策领域的态度，并企图淡化小布什政府造成的印象，即美国亚洲政策的中心是反恐，以至于忽视其他重要关切。例如，美国继续与中国举行中美反恐磋商，努力得到中国政府对两大相连恐怖问题的更大支持：一是遏制阿富汗塔利班，美国鼓励中国通过加强对排雷、训练警察、打击贩毒、人道主义救援的支持力度，同时加大对阿富汗投资，为阿富汗稳定发挥更大作用；二是要求巴基斯坦政府对其境内的恐怖分子——包括阿富汗塔利班——从严处理，美国希望中国能利用其与巴基斯坦军方、情报机构的长期密切关系，说服巴基斯坦投入更多资源打击活跃在（与阿富汗毗连）其西部部落地区的恐怖分子。塔利班重新控制阿富汗大部分地区，巴基斯坦塔利班策划了2008年孟买酒店袭击案之后，上述努力已成为美国政治重心。在2009年7月举办的中美战略经济对话上，中美两国“立志加强协调，共同维护阿富汗和巴基斯坦的稳定和发展”。

整体来看，中国因为自己也是恐怖主义的受害者，对美国遭受恐怖袭击感同身受，两国政府也因此开展了反恐合作。这同时为中国带来挑战和战略机遇。在反恐领域，在过去的十多年，中国利用美国反恐战争深化了与其周边国家的合作关系，并向西方，特别是美国，证明了自己的价值。2001年9月20日，中国针对美国要求，同意给予美国在打击恐怖主义方面“无条件的支持”。2001年9月28日，中国与安理会其他成员国一起通过了联合国安理会1373号决议，重申了反恐的必要。自那以后，中国与美国和其他国家一道，通过双边或多边行动，打击恐怖主义或相关行动。例如，中国多次参加联合国主办的反恐会议，在上合组织框架内，或与其他国家（如印度）举行数次反恐演习。中国加入了“打击核恐怖主义全球倡议”。该倡议由布什和普京于2006年6月发起，旨在加深针对核恐怖活动的防御和应对的全球合作。中国政府还支援了美国领导的阿富汗重建工作，支持巴基斯坦就塔利班和基地组织问题与美国加强合作。

中国与美国和国际社会合作最有效率的领域是反洗钱和打击资助恐怖分子的行为，尽管政府还没有制定出符合国际标准的资产冻结和没收机制，但中国提供了在其国境及周边可能的恐怖行动及洗钱网络的相关情报，同时致力于提高打击恐怖活动资助的能力。中国金融情报小组（由中国人民银行在2004年成立，专门收集、分析、传播可疑的交易报告）等组织与美国金融犯罪执法网络合作，提高自身能力。2007年中国颁布实施《中华人民共和国反洗钱法》，加强自身记录客户信息，举报可疑交易的能力。2007年，中国正式成为金融行动特别工作组的成员，该组织宗旨就是发展和推广反洗钱政策。中国在2009年还采取了其他的司法措施，加强中国反洗钱和恐怖组织资助的机制建设。

在反恐侦查方面中国也与美国加强合作，同时还加强了港口安全。2002年，中国政府同意美国联邦调查局在北京设立法律随员职位，加强中美反恐侦查的合作。这项行动旨在提高两国能力，检查集装箱货物，防止恐怖分子利用集装箱运输。美国国务院认为，“中国在一些反恐案件上提供了重要情报，但仍有很大空间”提升其对美国要求的反应。[①] 2006年年初，中国批准美国在北京设立海岸警卫队联络处，以促进两国在港口安全领域的交流。中国也加入“特大型港口计划”和“集装箱安全倡议”，允许美国检查发往美国的集装箱是否装有非法核或放射性物质。作为协议的一部分，美国海关和边防检查员派驻在深圳和上海的港口。2008年奥运会之前，美国能源部派出核紧急小组帮助中国搜查可能的核武器。中国也通过购买与反恐相关的设备和技术，获得了美国反恐援助。据美国官员透露，六年来（自2002年以来——作者注），美国已经向中国提供价值约500万美元的设备，其中包括爆炸物和爆炸残留物检测系统、危险化学物品鉴定系统、环境监测产品等；此外，美国还可能提供美国国防部的军事通信设备供中方使用。与此同时，布什政府还破例批准出口敏感设备与技术给中国，其中包括美国出口管理法中限制出口的设备，如X光扫描器、出入管控系统和辐射探测装置等。设备生产商包括美国通用电气和国际商用机器公司（IBM）等世界一流的安保装备公司。[②] 2009年，中国与联邦调查局在一轨、二轨层面多次展开双边活动，建立互信。

中美副外长级反恐磋商机制。中美副外长级反恐磋商是中美战略与经济对话框架下战略对话的一项成果。

首次中美副外长级反恐磋商2014年7月15日在美国首都华盛顿举行。磋商由中国外交部副部长程国平和美国国务院反恐事务协调员凯达诺大使

---

① Office of the Coordinator for Counterterrorism, U. S. State Department, “Chapter 2 in Country Reports: East Asia and Pacific Overview,” *Country Reports on Terrorism 2007*.

② 《奥运拉响反恐警报　中国联手国际力量确保平安奥运》，《国际先驱导报》2008年7月6日，http：//www. ce. cn/xwzx/gnsz/gdxw/200807/06/t20080706_16065119. shtml。

共同主持，美国副国务卿休厄尔致辞，两国有关部门代表参加。磋商中，中美双方就国际和地区反恐形势、各自反恐形势和政策举措交换看法，并着重就在平等合作、双向互利基础上加强反恐交流合作进行深入探讨，取得广泛共识。双方一致谴责并坚持反对一切形式的恐怖主义，共同致力于加强反恐合作。中方强调“东伊运”恐怖组织的恐怖本质，要求美方摒弃“双重标准”，理解和支持中国打击以“东伊运”为代表的“东突”恐怖势力的努力。此次反恐磋商是落实第六轮中美战略与经济对话框架下战略对话成果的一项具体举措。

2015 年 8 月 4 日，中美第二次副外长级反恐磋商在北京举行。磋商由中国外交部程国平副部长和美国国务院反恐事务协调员凯达诺大使共同主持，两国有关部门代表参加。张业遂副部长会见了美方代表团，美驻华大使博卡斯参加会见和磋商。磋商中，中美双方就国际和地区反恐形势、各自反恐政策举措等深入交换看法。一致认为，当前国际社会面临的恐怖主义威胁与挑战日益复杂严峻，中美两国加强双、多边反恐合作符合两国的共同利益，也有利于维护国际和地区安全与稳定。双方就打击网络恐怖主义、反暴力极端主义等共同关心的问题坦诚交流并达成重要共识。中方强调“东伊运”等“东突”恐怖组织对中美两国及国际社会的严重危害，要求美方大力支持和配合中方打击“东突”恐怖势力的努力。双方同意进一步加强在反恐情报执法等领域交流合作，相互照顾彼此关切。此次反恐磋商是落实第七轮中美战略与经济对话框架下战略对话成果的具体举措，有利于为下阶段中美关系和两国高层往来营造良好气氛。

2016 年 10 月 25 日，美中第三轮副外长级反恐磋商当天在华盛顿举行。美国务院反恐事务代理协调员贾斯汀·希贝瑞尔率领美方代表团与会，美方代表团包括来自美国务院、司法部以及国土安全部等部门的官员。中方代表团由中国外交部部长助理李惠来率领，30 多名中方代表团成员来自多个中国政府部门。同日，由两国专家出席的第二次美中打击简易爆炸装置问题研讨会在华盛顿举行。美国国务院的声明表示，美中副外长级反恐磋商旨在加强两国在反恐问题上的协调，磋商的议题包括地区恐怖主义威胁、航空安全、信息共享、边境安全、保护人权以及打击极端暴力主义等。声明称，美方期待与中方持续加强反恐磋商，进一步拓展和深化两国的反恐合作。

禁止和控制简易爆炸装置化学品前体和军民两用设备的流入是中美反恐合作的首要议题。2015 年 4 月 9 日，中国公安部部长郭声琨与美国国土安全部部长约翰逊举行了第一次部级会晤。双方达成了建立中美安全部门部级会晤机制的共识，并将通过中美副外长级反恐磋商、中美执法合作联合联络小组等平台，扩大重要领域的执法合作，打击恐怖主义。控制简易爆炸装置化学品前体和两用设备的流入，对逃犯实施遣返。在 2015 年第七轮中美战略与经济对话中，两国政府官员与专家就如何减少恐怖分子用组装爆炸装置的爆破零件和化学品前体的流入展开了讨论。其后不久，美国联邦调查局和中国公安部在位于北京木樨地的中国人民公安大学联合举办了有关识别及控制简易爆炸装置的相关培训。同年 9 月 14 日，中美首次打击简易爆炸装置研讨会在华盛顿召开。双方一致认为，恐怖分子利用简易爆炸装置发动袭击，通过互联网买卖爆炸装置原理和传播制作方法的危害性不断上升，必须加以严控，决定后续研讨将在中国继续进行。[①] 2017 年，由中国承办，同来自美国、俄罗斯、加拿大等国专家代表一起在北京研究起草联合国“简易爆炸装置处置标准”，扩大国际社会对简易爆炸装置的协同打击。[②]

表 7-1　中美反恐合作机制一览表

年份	建立/预建立机制
2001 年	两国领导人就建立中美跨机构反恐磋商机制达成共识
2001—2004 年	连续四年开展中美跨机构反恐磋商
2009 年	中美将就反恐问题举行首次机制性对话
2014 年	首次中美副外长级反恐磋商
2015 年	中美第二轮副外长级反恐磋商
2016 年	中美第三轮副外长级反恐磋商

① 《中美举行反恐磋商，专家再次讨论打击简易爆炸装置》，网易新闻，2016 年 10 月 26 日，http：//news. 163. com/16/1026/13/C4AABNCE000187VE. html。

② 《各国专家在京研究起草联合国“简易爆炸装置处置标准”》，新华网，2017 年 3 月 7 日，http：//www. xinhuanet. com/world/2017-03/07/c_1120584922. htm。

来源：程偲奇：《中美反恐合作的机制化研究》，北京外国语大学硕士论文，2017年。

（三）中美反恐合作的分歧与挑战

第一，中国批评美国在反恐过程中推行双重标准。

美国政府于2002年至2004年同意将“东伊运”列为国际恐怖主义组织。[①]自阿富汗战争以来，美国在关塔那摩共收押了22名中国籍“东突”恐怖嫌犯。但美国政府却于2004年决定释放这些“东突”恐怖嫌犯。中国政府多次向美方提出，要求将这些嫌犯移交给中国。中国反对美国将上述嫌犯移交第三国安置，也反对任何国家以任何名义接收他们。但美国却以种种理由拒绝将他们移交给中国受审。[②]美国的这些行为反映了美国在反恐这个重大问题上的自相矛盾和双重标准，不利于国际反恐事业的推进。美国将一些国际性暴力事件认定为恐怖主义，而对中国境内发生的暴力事件却以民族问题或人权为由，拒绝承认其为恐怖主义。中国将打击“东突”分离运动视为对国家核心利益的维护，因此立场十分坚定。打击“东突”也成为中国支持在联合国框架下加强国际反恐合作的重要动因。2003年12月，公安部公布了首批“东突”恐怖组织和恐怖分子。四个恐怖组织为“东伊运”（ETIM）、“东突厥斯坦解放组织”（TLO）、“世界维吾尔代表大会”（WUC）和“东突厥斯坦新闻信息中心”（ETIC）。值得注意的是，只有“东伊运”被美国政府认定为恐怖组织，其余三个恐怖组织美方以保护人权为旗号拒绝承认。一些中国认定的恐怖事件，美国并不承认。尤其是新疆地区发生的暴恐案件，美国一般视为民族问题，视为少数民族表达不满的方式。世界各国深受恐怖袭击之害，反恐不应沦为干涉他国内政的廉价借口。在反恐问题上搞双重标准，这不仅无助于各国达成反恐共识，而且还会助长恐怖主义势力的嚣张气焰，最终对国际反恐事业产生负

① 2002年9月11日，美国宣布，应中美两国的要求，美国将“东伊运”列入美国恐怖主义分子名单。2004年8月，美国又宣布它认为以新疆为基地的“东伊运”是一个“恐怖组织”，国务院认为其“组织实施的恐怖活动已对美国国家安全、外交和经济构成了威胁”。

② 岳菲菲：《关塔那摩最后“东突”分子被移交斯国》，中国网，http：//news.china.com.cn/live/2014-01/03/content_24155019.htm。

面影响。[①]

第二，信息不公开、双方缺乏互信仍是中美反恐合作难以纵深发展的绊脚石。

尽管中美双方在2003年就表达了对信息和情报交流的极大热情，但该领域的实质性合作并没有开展。一方面，中美两国的结构性矛盾及竞合关系，使得中美在反恐合作中相互设防，彼此在战略意图上存有疑虑。另一方面，虽然两国政府对情报交流抱有期待，但具体的情报操作者仍为中美两国各自的安全部门和情报机构。这些部门有多大意愿进行情报交流，如何定义自己的核心情报，对情报的公开是否会透露其来源信息等，都不完全受政府决策乃至反恐机制所左右。再者，信息和情报合作属于一次性博弈。博弈成功与否在于中美情报机构对对方提供情报的判定。假如美方认为中方提供的情报缺乏可利用的实际价值，认为自己在这场情报交流中“吃了亏”，那么下一次合作便难以为继。而信息在反恐机制建设中的重要性无须讳言，信息和情报交流不畅通是中美反恐合作机制建设中最棘手的问题。

第三，中国主张反恐应该在联合国主导下进行，而美国奉行单边主义反恐。

当前，恐怖主义已是全球性的国际公害，在恐怖主义威胁面前，任何地区和国家都无法置身其外。打击恐怖主义不能只依靠某个地区和国家的单打独斗，而是需要从双边到多边、从地区到全球范围内的各相关领域的有效合作。世界各国只有在相互尊重主权与领土完整的基础上，大力加强反恐怖斗争的国际合作，才能有效遏制恐怖主义的滋生、蔓延和泛滥。联合国是当代最具普遍性、代表性和权威性的政府间国际组织，《联合国宪章》奠定了国际法的基础。联合国对于维护世界和平与安全，促进人类社会的共同进步与繁荣，负有重要的推动与协调作用。在国际反恐斗争方面，联合国已经做了大量的工作。在联合国框架内通过的相关国际公约、决议、报告、声明和宣言等国际法或软法文件，明确规定了预防、打击和

① 刘德海：《反恐国际合作双重标准问题的序贯互惠博弈模型》，《中国管理科学》2015年第23卷专辑，第301页。

消除恐怖主义的原则、规范、规则和决策程序。因此，中国政府一贯强调，在国际反恐怖斗争中应始终由联合国及其安理会发挥主导作用，任何国家或国家集团不得绕开联合国或安理会，以单边主义的做法自行其是。①

虽然中美在反恐斗争中存在着矛盾和分歧，但是总体上看，合作和协调是双方在反恐领域相互关系的基本面。反恐合作为双方关系的发展提供了新的动力，扩大了中美关系的战略基础，为中美关系的积极发展开辟了一个新局面。

---

① 朱威烈：《中东恐怖主义、全球治理与中国的反恐政策》，《阿拉伯世界研究》2011 年第 2 期，第 6 页。

第八章　中美气候变化规范合作

气候变化是当前人类面临的主要全球性问题之一。它不仅是一个气象问题，影响着大气环境；也是一个复杂的社会问题，制约着人类经济社会的发展。近年来，随着气候问题的凸显，包括主权国家、国际组织、跨国公司、全球公民社会等多元治理主体纷纷参与全球气候变化治理努力，已形成了一系列治理机制，其中最主要的是联合国框架下的全球治理机制。①

中国和美国是全球气体排放量最多的两个国家，两国在承担应对气候变化方面责无旁贷。中国是世界上最大的发展中国家，在快速工业化、城市化的进程中面临着资源约束、生态环境恶化等问题。美国最大的发达国家，其整体发展水平高、经济实力强，拥有国际领先的节能和环保技术以及管理经验。因此，中美两国在减少温室气体排放、减缓气候变化等方面开展全面合作不仅是必要的，也是可能的。如果希望避免全球气候变化带来的严重后果，中国两国就需要积极携手发展低碳经济。

第一节　中国气候变化的政策与实践

一、中国应对气候变化的政策演变

中国政府对全球气候变化的认识是一个不断变化的过程。根据中国政

① 石晨霞：《联合国在全球气候变化治理中面临的困境及其应对》，《国际展望》2014 年第 3 期，http：//www. doc88. com/p-8681271015270. html。

府对气候变化的认知变化以及由此引发的立场变化，中国气候变化政策经历了三个阶段的演变过程。第一阶段，20 世纪七八十年代至 1994 年京都会议前的积极参与阶段。第二阶段，1995 年京都会议谈判至 2009 年的审慎阶段。2009 年至今的积极引领阶段。①

（一）20 世纪七八十年代至 1994 年京都会议谈判前：积极参与

1972 年 6 月在斯德哥尔摩召开了联合国人类环境会议。会议通过了著名的《人类环境宣言》（通称《斯德哥尔摩宣言》）、《人类环境行动计划》和其他若干建议和决议。《人类环境宣言》主要包括两个部分：宣布对与环境保护有关的 7 项原则的共同认识；公布了 26 项指导人类环境保护的原则。反映了国际社会的共同信念，对国际环境法的发展产生了深远的影响，也为各国制定和发展本国国内环境法提供了可资遵循和借鉴的原则和规则。斯德哥尔摩联合国环境会议是新中国重返联合国后参加的第一次大型国际会议。

由联合国专门机构世界气象组织（WMO）发起并在其他国际机构的协助下，第一次世界气候会议于 1979 年 2 月 12—23 日在瑞士日内瓦召开，包括中国在内来自世界 50 多个国家的约 400 名代表出席了会议并通过《世界气候大会宣言》。该宣言指出："如果大气中的 CO_2 今后仍然像现在这样继续不断增加，那么到 21 世纪中叶则会出现显著的全球变暖现象。"从此，气候变化问题进入了中国学术界的视野。

1990 年 10 月 29 日—11 月 7 日，第二届世界气候大会在日内瓦举行。本届气候大会分科技会议和部长会议两个阶段举行。出席部长会议的有 137 个国家的环保部长和高级政府官员，会议通过《第二次世界气候大会部长宣言》（以下简称《宣言》）。《宣言》指出，自工业革命以来，人类的大量生产活动致使温室气体不断积聚，下个世纪全球气候变暖速度将是前所未有的，人类的生存与发展将因此而受到严重威胁。《宣言》指出，控制 CO_2 等温室气体排放量，保护全球气候是各国共同的责任。但是，作

① 连道明：《气候变化国际博弈背景下中国政策的演变及其原因分析》，中山大学硕士论文，2012，http：//www. doc88. com/p-9923621933229. html。

为温室气体主要排放源的西方工业国家尤其对此负有特殊的责任，它们必须起带头作用，承诺采取行动，降低其在全球温室气体净排放量中的比重。《宣言》最后强调，必须加强对气候、气候变化和海平面上升等问题的研究，提高对气候变暖及其影响的认识，增强人类预测气候和气候变化、规划健全的应变战略的能力。本届大会主席、世界气象组织执行主席、中国国家气象局局长邹竞蒙在大会结束后称这是一次“成功的大会”，部长级会议通过的《宣言》“至关重要”“意义深远”。

1990 年 12 月，第 45 届联合国大会审议了《第二次世界气候大会部长宣言》，通过了一系列有关防止气候变化的决议，这些决议决定设立“气候变化政府间谈判委员会”就制定“气候变化框架公约”进行谈判。

1990 年 12 月，以“政府间谈判委员会”成立为标志，国际社会关于气候变化问题的谈判开启。1991 年中国国家气候变化协调小组第四工作组提交了《〈关于气候变化的国际公约〉条款草案 中国的建议》，表明了中国气候变化谈判的原则和立场：（1）各国在对付气候变化问题上具有共同但有区别的责任；（2）各缔约方应进行公平基础上全面、有效的国际合作而不损及各国主权；（3）适当经济发展水平是采取对付气候变化问题的具体措施的必要前提。为此，任何限控措施应特别充分顾及各国的人均排放水平，保证发展中国家适当的能耗水平；（4）发达国家应向发展中国家提供必要的资金并以公平和最优的条件向发展中国家转让技术。

经过两年多的磋商与博弈，与会各方在 1992 年 5 月 22 日召开的联合国环境与发展大会上通过了全球应对气候变化问题的第一个框架性公约，即《联合国气候变化框架公约》（UNFCCC）。在中国等发展中国家的坚持下，《联合国气候变化框架公约》通过了“共同但有区别的责任”原则，引入了“人均排放概念”。1994 年 3 月 21 日《联合国气候变化框架公约》正式生效。从《联合国气候变化框架公约》谈判到其生效这段时间，中国对国际气候谈判的立场总体上呈现积极参与、倡导气候变化规范的态势。

（二）1995—2008 年：捍卫《联合国气候变化框架公约》原则规范、审慎应对减排承诺阶段

1992 年，中国全年 CO_2 排放量大约 25 亿吨，只是美国的一半；从

2007 年开始，中国已经成为世界上温室气体排放量最大的国家；到了 2009 年，中国的 CO_2 排放已经超过了 70 亿吨。[①] 造成这种局面的主要原因有三个：中国相对快速的经济增长和城镇化；与中国经济相关的能源密度下降的长周期结束；中国能源高度依赖煤炭，煤炭占了 70%的初级能源需求以及 80%的发电需求。中国工业部门耗费 40%以上的初级能源，并且这个比例还在不断攀升。

在这一阶段，出于维护国家的发展权利，中国开始在国际谈判中保持慎重和较为强硬的立场，但这并不表明中国在气候变化问题上开历史倒车。相反，中国社会各界都已经充分认识到气候变化对社会发展的全面影响，中国政府采取了许多应对气候变化的政策措施。2007 年，中国政府成立由温家宝总理领导的国家气候变化的领导小组。2007 年 6 月，中国公布了一份 62 页的气候变化计划《中国应对气候变化国家方案》，这是发展中国家在该领域的第一部国家方案，它全面阐述了中国在 2010 年前应对气候变化的对策，其中包含郑重提出的中期减排目标：即在 2010 年前，减少 10 亿吨温室气体排放，这个指标占《京都议定书》中所有附件一国家在 2012 年前减排总量的 1/5。这份计划宣称将气候变化置于中国能源政策的中心，并再次承诺在 2010 年之前把能源占单位 GDP 的比重减少 1/5。中国政府如期实现了这一目标。2008 年中国成立国家能源局。中央政府严格要求地方政府和企业达到国家能源强度标准，如国资委公布了能量消耗和减排及效能监察的临时措施。由国家发改委、财政部、农业部等 9 部门历时两年多联合编制完成的中国首部《国家适应气候变化战略》2013 年 11 月 18 日在波兰华沙气候大会上正式发布。它标志着中国首次将适应气候变化提高到国家战略的高度，对提高国家适应气候变化综合能力意义重大。

此外，中国对新车设立的燃油要求比美国还要严格，并开始要求电力公司投资大型燃煤发电厂，而不是小型发电厂，因为小型发电厂发出的单位电要用去更多的煤。中国在几项绿色科技的开发中占据领先地位，取消了对高能耗企业的补贴，并采取一系列的财政刺激鼓励节能投资。事实

---

① Todd Stern, "*Remarks as Prepared*," Center for American Progress, Washington D. C., June 3, 2009.

上，中国的4万亿人民币刺激计划，有2000亿元用于投资绿色项目，以实现2020年中国可替代能源产出比2007年翻一番的目标。2010年，中国清洁能源行业的投资比美国高60%。在2005年至2010年间，中国能源投资的增速超过了美国。2009年，中国总的清洁能源装机产能超过了美国。

在更广的层面上，中国已设立目标，可再生资源2010年将占总体能源消耗的10%，2020年占15%。中国也采取了重要的政策机制鼓励清洁能源，包括固定利率上网电价支持风能投资，还设立目标，2020年前实现水力发电3000亿瓦特，风能发电1500亿瓦特，太阳能发电200亿瓦特，生物能发电300亿瓦特。中国在清洁能源生产，特别是太阳能和风能占据世界领先地位，出口世界一半的风力涡轮和太阳能板。中国显著提高了核能生产，并计划修建更多的核反应堆，以保证2020年之前核能供应全国电力的6%—10%（目前是1.9%）。很多分析人士已认为中国是推广清洁能源的领导力量。

（三）2009年至今：中国积极引领国际气候变化谈判阶段

2009年，中国政府认为时任美国总统奥巴马在气候变化上采取较前任“更负责任”的态度，中国更愿意提出具体的减排目标。①因此，中国的官方立场未变，2009年9月，胡锦涛主席在联合国气候变化峰会提出了应对气候变化的重要四步：“一是加强节能、提高能效工作，争取到2020年单位国内生产总值二氧化碳排放量比2005年有显著下降。二是大力发展可再生能源和核能，争取到2020年非化石能源占一次能源消费比重达到15%左右。三是大力增加森林碳汇，争取到2020年森林面积比2005年增加4000万公顷，森林蓄积量比2005年增加13亿立方米。四是大力发展绿色经济，积极发展低碳经济和循环经济，研发和推广气候友好技术。”② 2009年11月，在哥本哈根气候大会之前，中国政府宣布，到2020年，我国单

---

① 英国《卫报》采访中国应对气候变化首席谈判代表苏伟的报道。见Jonathan Watts, “China Ready for Post-Kyoto Deal on Climate Change,” *Guardian*, May 6, 2009。

② 胡锦涛：《携手应对气候变化挑战——在联合国气候变化峰会开幕式上的讲话》，新华网，2009年9月22日，http：//news. xinhuanet. com/world/2009-09/23/content_12098887. htm。

位国内生产总值（GDP）CO_2 排放量（“碳强度”）比 2005 年下降 40%—45%，这是我国应对气候变化的又一项重要举措。[①]国家能源局也制定 2011—2020 年的《新兴能源产业发展规划》。《新兴能源产业发展规划》中不仅包含了先进核电、风能、太阳能和生物质能这些新的能源资源的开发利用，传统能源的升级变革也将成为重头，还包括洁净煤，智能电网、分布式能源，车用新能源等技术的产业化应用的具体实施路径，发展规模和重大政策举措。规划期为 2011—2020 年，规划期累计直接增加投资 5 万亿元，每年增加产值 1.5 万亿元，增加社会就业岗位 1500 万个。《新兴能源产业发展规划》重点将围绕非化石能源比重和碳减排两个目标展开，在落实以上两个目标关键期的“十二五”期间，能源发展的基本设想是：采取有效措施加大节能力度，提高传统能源清洁化利用水平，同时推进替代产业发展，加大天然气等清洁能源利用规模。[②]

2011 年 3 月审议通过的《中华人民共和国国民经济和社会发展第十二个五年规划纲要》提出“十二五”时期中国应对气候变化约束性目标：“到 2015 年，单位国内生产总值 CO_2 排放比 2010 年下降 17%，单位国内生产总值能耗比 2010 年下降 16%，非化石能源占一次能源消费比重达到 11.4%，新增森林面积 1250 万公顷，森林覆盖率提高到 21.66%，森林蓄积量增加 6 亿立方米。”

2011 年 11 月 22 日，中国政府发表《中国应对气候变化的政策与行动（2011）》白皮书，提出“十二五”时期的目标任务和政策行动。白皮书列出了 11 项目主要政策行动：一是加强法制建设和战略规划；二是加快经济结构调整；三是优化能源结构和发展清洁能源；四是继续实施节能重点工程；五是大力发展循环经济；六是扎实推进低碳试点；七是逐步建立碳排放交易市场；八是增加碳汇；九是提高适应气候变化能力；十是继续加强能力建设；十一是全方位开展国际合作。[③]

---

① 《中国首次宣布温室气体减排清晰量化目标》，新华网，2009 年 11 月 26 日，http：//news. xinhuanet. com/politics/2009-11/26/content_12545939. htm。

② 《聚焦新兴能源产业发展规划》，http：//www. mysteel. com/topic/nycy/。

③ 国务院新闻办公室：《〈中国应对气候变化的政策与行动（2011）〉白皮书》，2011 年 11 月 22 日，http：//www. gov. cn/jrzg/2011-11/22/content_2000047. htm。

2011 年，中国发布《“十二五”节能减排综合性工作方案》和《“十二五”控制温室气体排放工作方案》，对节能减排和控制温室气体排放做出全面部署。

2015 年 12 月，在巴黎气候变化大会上，中国灵活务实地创造了全球治理的新范例。哥本哈根大会以来的国际气候谈判屡屡遭遇阻力的原因之一是京都机制所确立的只针对发达国家的“自上而下”的强制减排义务，一方面其减排义务分配的公平性常常受到质疑，另一方面，由于《联合国气候变化框架公约》缺乏有效的遵约机制，发达国家的强制减排义务无法真正得到落实。《巴黎协定》另辟蹊径，通过国家自主决定贡献的方式实行“自下而上”的减排义务，巧妙地回避了各国减排义务分配上的难题，也最终将剑拔弩张的“硬碰硬”冲突化解为各国自身努力的目标。习近平主席在巴黎气候变化大会上宣布，中国在“国家自主贡献”中提出，将于 2030 年左右使 CO_2 排放达到峰值并争取尽早实现，2030 年单位国内生产总值二氧化碳排放比 2005 年下降 60%—65%，非化石能源占一次能源消费比重达到 20%左右，森林蓄积量比 2005 年增加 45 亿立方米左右。

2015 年，中国制定并在发展中国家中率先向联合国提交中国国家自主贡献文件。习近平主席出席了巴黎会议并发表重要讲话，全面阐述全球气候治理中国方案，为推动会议成功做出了历史性贡献。中国在巴黎会议谈判中促进各方凝聚共识，积极宣传介绍中国应对气候变化的政策行动，发挥了积极建设性的作用，为会议取得成功做出了突出贡献。巴黎会议最终取得成功，达成了以《巴黎协定》为核心的系列成果。《巴黎协定》确定了 2020 年后气候变化国际合作的体制框架，也成为《联合国气候变化框架公约》进程的里程碑。2016 年，中国政府积极参加《联合国气候变化框架公约》下各次谈判会议，加强与各方沟通交流，旨在与各方一道推动《巴黎协定》尽快生效与有效实施，构建 2020 年后公平合理、合作共赢的全球气候治理体系。2016 年 5 月，联合国气候变化波恩会议正式启动了落实《巴黎协定》具体安排的谈判磋商，11 月在马拉喀什举行《联合国气候变化框架公约》第 22 次缔约方会议、《京都议定书》第 12 次缔约方会议及首次《巴黎协定》缔约方会议。中国继续做好下一阶段应对气候变化国际谈判相关工作。

二、中国积极参与气候变化国际合作

中国政府十分重视气候领域的国际合作。中国本着“互利共赢、务实有效”的原则，积极参加和推动应对气候变化的国际合作，加强多边和双边外交活动中气候变化领域中的对话，加强与发展中国家的沟通协调和与发达国家的对话。努力促进国际社会形成应对气候变化的共识。

（一）推动与国际组织的交流合作

中国科学家在政府间气候变化专门委员会（IPCC）活动及重大气候变化科学计划的实施中发挥了十分重要的作用。中国的邹竞蒙、丁一汇、秦大河曾先后担任了政府间气候变化专门委员会首席代表、第一工作组副主席、共同主席等职务。中国科学家参加了政府间气候变化专门委员会历次评估报告和相关特别报告与技术报告的编写，为各国政府、科学家和科学团体提供了最新的气候变化问题的知识与政策选择，为研究、理解和应对全球气候变化做出了重要贡献。中国科学家还在世界气象组织、地球观测组织、地球系统科学联盟、政府间气候变化专门委员会、国际科学联合会等国际组织及世界天气研究计划、世界气候研究计划等国际科学计划中担任了重要职务，积极参与了多向气候变化和重大科学计划的实施。

中国与国际组织合作完成了多项与气候变化相关的国际合作研究，包括由亚洲开发银行支持的《中国响应全球气候变化的国家战略（1993）》；由联合国开发计划署和全球环境基金资助的《中国控制温室气体排放的问题与选择（1994）》；由亚洲开发银行资助的《亚洲减排温室气体最小成本战略》等。同时，国内有关部门也与美国、加拿大、英国、德国、挪威、日本等国开展了一系列双边合作。

作为《联合国气候变化框架公约》缔约方，中国从1995年开始一直积极参与《联合国气候变化框架公约》缔约方大会的谈判。为坚持公约、议定书的主渠道地位，建设性推动谈判进程，中国于2010年10月在天津承办了联合国气候变化大会。

广泛开展与国际组织的务实合作，积极参与相关国际会议与行动倡议。继续积极开展与世界银行、亚洲开发银行、全球环境基金会等多边机构的合作。参加由联合国基金会、全球清洁炉灶联盟秘书处召开的“全球清洁炉灶联盟”相关会议并开展国内试点活动，与全球碳捕集和封存研究院等相关组织举办碳捕集、利用与封存技术现场研讨会和实施考察活动。参加《联合国气候变化框架公约》下的绿色气候基金、适应基金、技术执行委员会等相关会议，参与全球甲烷行动倡议、国际区域气候行动组织（R20）等多边组织的活动等。

中国是“碳收集领导人论坛”“甲烷市场化伙伴计划”“亚太清洁发展和气候变化计划”的正式成员，是八国集团和五个主要发展中国家气候变化对话以及主要经济体能源安全和气候变化会议的参与者。在亚太经合组织会议上，中国积极倡导“亚太森林恢复与可持续管理网络”。

中国以多种方式积极推动《联合国气候变化框架公约》框架下的技术转让。中国政府与联合国于2008年11月在北京共同举办了“应对气候变化技术开发与转让高级别研讨会”，发表了《应对气候变化技术开发与转让北京宣言》。中国也在公约缔约方会议以及长期合作行动特设工作组下就促进技术转让提出了切实可行而有效的机制建议。

（二）加强与发达国家的交流合作

继续与有关各方加强气候变化领域的对话和合作，取得丰硕成果。与美国、欧盟、韩国、俄罗斯举行气候变化双边合作机制会议，举行第二次中美气候智慧型/低碳城市峰会。中国与瑞典签署《中国国家能源局与瑞典环境和能源部关于能源领域合作的谅解备忘录》，与德国在“国际气候倡议框架”（IKI）下开展涵盖城市区域低碳经济、建筑节能改造、气候融资、交通需求管理等领域的合作，与英国在适应气候变化、碳市场、低碳发展、碳捕集利用和封存等方面开展务实合作。推进同欧盟、加拿大、日本、澳大利亚等的政策经验交流及碳市场、能效、低碳城市、适应气候变化等领域务实合作，加强同发达国家低碳技术联合研发。

（三）深化应对气候变化南南合作

中国政府积极推动应对气候变化南南合作，为小岛国、最不发达国家、非洲国家等其他发展中国家提供实物及设备援助，并对其参与气候变化国际谈判、政策规划、人员培训等方面提供大力支持。国家发展改革委会同外交部、商务部等部门，积极推动与一些发展中国家签署谅解备忘录，根据需求赠送节能灯、清洁炉灶等应对气候变化物资。科技部、国家林业局等部门根据各自职能，积极推动与发展中国家开展务实合作。积极开展东亚地区区域性对话与交流，参与和关注东亚低碳增长伙伴计划；与非洲、拉丁美洲、南太平洋地区有关发展中国家在紧急救灾、农业抗旱、清洁能源开发等多领域实施技术合作，提供援助。“十二五”期间，累计举办了40余期应对气候变化南南合作培训班，帮助其他发展中国家培训2000余名应对气候变化领域官员和专家。自2015年起，中国进一步加大南南合作力度。2015年9月，习近平主席在由中国和联合国共同举办的南南合作圆桌会议上宣布，未来5年中国向发展中国家提供100个生态保护和应对气候变化项目，其项目实施已取得阶段性进展。2015年12月，习近平主席在巴黎会议上宣布设立200亿元人民币的中国气候变化南南合作基金，并启动“十百千”项目，即在发展中国家开展10个低碳示范区、100个减缓和适应气候变化项目及1000个应对气候变化培训名额的合作项目，目前已制定项目实施方案并陆续启动实施。此外，中国还向联合国捐赠了600万美元资金，用于支持联合国秘书长推动气候变化南南合作。中国也在力所能及的范围内积极帮助非洲和小岛屿发展中国家提高应对气候变化的能力。2006年1月，中国发布《中国对非洲政策文件》，明确提出“积极推动中非在气候变化等领域的合作”。中国政府分别举办了针对非洲和亚洲发展中国家政府官员的“清洁发展机制项目”研修班，提高亚非国家开展清洁发展机制项目的能力。2008—2013年，为发展中国家援助100个小水电、沼气、太阳能灯小型清洁能源项目。中国积极回应小岛屿国家援助诉求，先后为太平洋岛屿国家援建80多个项目，其中包括很多清洁能源项目。同时注重在人力资源开发上的合作，2010年中国为受援国举办了

16 期应对气候变化和清洁能源国际研讨班，共为他们培训 380 名官员和专业人员。

三、中国政府应对气候变化的挑战

首先，存在资金和技术困难，这体现在 2007 年《中国应对气候变化国家方案》上。该方案强调，科技和成本仍是提高国内能源效率的主要障碍，方案同时指出，短期内减少国家对煤炭的依赖十分困难。虽然前文提及的进步总体上前景光明，中国政府仍然远未实现许多环境目标，面临众多资金、人员和执行上的问题。具体来说，很多地方政府继续为地方产业提供躲避中央有关清洁能源规定的保护伞。环境保护部仍然存在人员和资金不足的问题。技术在应对气候变化中发挥着核心作用，应加强国际技术合作与转让，使全球共享技术发展所产生的惠益。应建立有效的技术合作机制，促进应对气候变化技术的研发、应用与转让；应消除技术合作中存在的政策、体制、程序、资金以及知识产权保护方面的障碍，为技术合作和技术转让提供激励措施，使技术合作和技术转让在实践中得以顺利进行；应建立国际技术合作基金，确保广大发展中国家买得起、用得上先进的环境友好型技术。

其次，“共同但有区别的责任”原则受到空前挑战。自“共同但有区别的责任”原则载入《联合国气候变化框架公约》那天起，发达国家与发展中国家两大集团就开始围绕该原则规范展开激烈的博弈。随着《京都议定书》第一承诺期到期、气候变化问题迫切性加剧、主要发展中国家排放量持续增长以及各方利益诉求多样化和明朗化，全球气候治理格局面临重大调整，“共同但有区别的责任”原则规范的未来充满变数和挑战。可以预见，在“后京都时代”，中国、印度、巴西等发展中的排放大国将面临越来越大的减排压力。①从坎昆会议和德班会议结果来看，“共同但有区别的责任”原则不断弱化，在德班会议的结果文件中竟然没有出现“共同但

---

① 戎桂莹：《国际气候制度中“共同但有区别的责任”原则的重构与发展》，《法制与社会》（上）2013 年第 19 期，第 175—176 页。

有区别的责任”原则。因此，不难想象，未来该原则将继续弱化，虽然该原则会被保留在气候协议文本之中，但事实上该原则的内涵已混同于对发展中国家的优惠待遇。当前，国际社会已经出现几种替代机制。例如，美国环境专家斯达文斯建议设置一种新的国际机制，或者说目标减排量的计算公式，而这种机制已经把发展中国家的经济实力、发展水平、目前排放量等因素考虑进去了。这种机制既一视同仁，没有人为的随意性，又照顾到发展中国家的特殊性。①中国作为温室气体排放大国，在捍卫“共同但有区别的责任”原则同时，也要坦然对待规范的演变，及早建构未来的国际气候规范，利用自身在国际社会中的权力地位以及利益杠杆，有效推进自己的气候规范，从而有效维护国家利益。

最后，国际承诺与国内认知程度之间的落差。随着中国经济规模的不断扩大，中国温室气体排放的总量持续增加，在全球目前排放总量中占有越来越多的份额。所以，中国不仅被发达国家要求承担更多责任，同时也被一些发展中国家和对气候变化具有更大脆弱性的国家寄予更多的期待，从而使中国承担了更大的履行责任的压力。对于这些责任的承担情况甚至与国家之间关系的处理密切相关。因此，中国不得不考虑对国际社会做出更多的承诺和贡献。② 然而，中国公众对于气候变化的认知还很有限。特别是，中国城乡之间、地区之间、行业之间以及不同人群之间存在着明显的发展差距，这种差距的存在影响了各方利益诉求的一致性。例如，按照国家统计局发布的数据，2015 年，中国居民收入基尼系数为 0. 462，虽然延续了 2008 年之后逐步回落的趋势，但仍然高居“警戒线”之上，也高于全球平均 0. 44 的水平。按照年人均收入 2300 元（2010 年不变价）的农村扶贫标准计算，2014 年中国农村贫困人口为 7017 万人。与此同时，城

① 陈晋：《哈佛经济学笔记 2》，长沙：湖南文艺出版社 2011 年版，第 135 页。

② 洪大用：《中国应对气候变化的努力及其社会学意义》，《社会学评论》2017 年第 5 卷，第 3 期，社会学视野网，2017 年 4 月 1 日，http：//www. cssn. cn/shx/201704/t20170401_3474092_3. shtml。

镇地区也有将近2000万人的最低生活保障对象。① 中国政府需要将其对于气候变化的认知与确认传导给广大的地区、复杂的行业和多样化的人群，从而获得广泛而有力的社会支持，培育来自社会内部的应对气候变化的动力。②

第二节　美国的气候变化政策

美国地大物博，人口增长较快，经济外延扩张的空间十分巨大。美国人的消费方式追求奢华、浪费惊人，因而人均碳排放量大。虽然美国也出现极端气候事件，但是由于美国地理空间回旋余地大，对气候变化的敏感性不及欧洲，民众并没有危机感，再加上国内利益集团的压力，美国一开始对气候变化持消极态度，对全球气候变化合作多有反复。

一、美国气候变化政策的演变（1989—2017年）

（一）老布什时期

老布什执掌白宫后，积极开展了应对全球气候变化的科学研究，并采取了一系列具体行动。但是这些措施和行动并非真正针对温室气体减排，而是"美国应对节约能源及改善空气污染问题"③的表现。老布什政府以科学不确定性和减排的成本过高为由拒绝承诺限制温室气体排放的量化目

① 洪大用：《中国应对气候变化的努力及其社会学意义》，《社会学评论》2017年第5卷，第3期，社会学视野网，2017年4月1日，http：//www. cssn. cn/shx/201704/t20170401_3474092_3. shtml。

② 洪大用：《中国应对气候变化的努力及其社会学意义》，《社会学评论》2017年第5卷，第3期，社会学视野网，2017年4月1日，http：//www. cssn. cn/shx/201704/t20170401_3474092_3. shtml。

③ 郭博尧：《美国温室气体管制政策走向》，《台湾"国家政策研究基金会"国政研究报告》，2005年3月10日，转引自张莉：《美国气候变化政策演变特征和奥巴马政府气候变化政策走向》，《国际展望》2011年第1期，第77页。

标，并一直坚持这一立场。1992 年达成的《联合国气候变化框架公约》，美国没有承担具体的温室气体排放责任。

鉴于当时整个社会及大多数政治家对气候变化危害性缺乏思考，而且有科学家认为支撑气候变化的科学是初级的、CO_2 的排放与全球变暖的关系的证据仍不确定，科学研究结论及相关判断仍然令人怀疑，布什政府认为在全球变暖问题上存在着许多不同观点，未对环境问题给予应有的重视，对包括气候变化在内的环保方面的投入不断缩小。这导致 1989—1992 年担任环境保护署（EPA）署长的威廉·瑞利（William Reilly）就美国不采取实际行动的危险性而不断向决策者发出警告："我们舍得投入巨资来应对来自苏联的可能发生的核攻击，尽管这种危险或许本来就不是那么高。气候变化的危险是如此之高，但是没有与之相应高的思维来保证我们反对它。"由于生态的完整性对任何国家安全定义而言都是处于核心地位的，因此他主张采取一系列措施应对气候变化，包括改进汽车的燃烧效能，增加太阳能动力研究，创设资金来阻止使用煤炭与石油。这些观点当时并未落实为政策。① 不过国会与政府内重视气候变化的声音始终存在，并不断加强。继参加 1988 年听证会后，美国科学家詹姆斯·汉森（James Hansen）在 1989 年再次到参议院就气候变暖问题召开的听证会上进行作证。时任国会参议院军事委员会主席萨姆·纳恩（Sam Nunn）逐渐认识到："对我们国家安全的一个新的、不同的威胁正在出现——那就是对环境的破坏。防务机构在反对此日益增长的威胁方面存在明确的利益。我相信，我们关键的国家安全目标之一必须是改变全球日益增加的环境破坏的速度。"国务卿詹姆斯·贝克（James Baker）在请求国会批准 1991 年预算的听证中重申了包括环境威胁在内的非传统威胁是国家安全关注点的主张。他认为，今天与未来，美国必须采取集体努力来保证国际共同体的安全。传统的关于什么构成国家与全球安全的思想需要被更新并延伸到诸如环境恶化、毒品走私、恐怖主义等的不同关注之中。我们的不可再生资源、人类生命、文明社会的价值观都是我们必须保护的不可替代的资源。

---

① 李海东：《从边缘到中心：美国气候变化政策的演变》，《美国研究》2009 年第 2 期，知网，http：//www. wyzxwk. com/Article/guoji/2009/09/91234. html。

在对外关系上，布什政府展示出积极合作的姿态。1992 年，包括 117 个国家首脑参加、被称作“地球峰会”的联合国环境与发展大会在巴西里约热内卢召开。会议接受了《联合国气候变化框架公约》，其目的在于阻止对气候体系的破坏，并为工业国家确定了一个不受强制的目标，即到 2000 年，将二氧化碳排放量退回到 1990 年的水平。布什政府迅速地批准了此公约。在国际格局处于剧烈动荡背景下，布什政府认识到气候变化问题亟待关注，但并未将其置于战略高度加以对待。①

（二）克林顿时期

克林顿上台后对全球气候问题采取积极态度。克林顿政府明确了气候变化与国家安全存在直接联系的观点，②认为全球气候变暖的科学不确定性不应该成为不采取行动的借口。③ 美国在减排目标问题上的立场出现变化，开始同意制定具有约束力的减排目标。1993 年 10 月克林顿政府公布了《气候变化行动方案》。这一方案明确美国将迎接来自全球变暖及加强美国经济的双重挑战，并确定了 2000 年把美国温室气体排放量减少到 1990 年水准的目标，而实现该目标可以在推进经济增长的同时创造更多的工作机会。克林顿政府承认，人类活动导致了大气中温室气体浓度的增加，而这又会导致海平面上升、沿海区域被淹没、生态体系遭受不可避免的损害，以及农业生产不稳定等严重后果，因此它希望美国在促成国际上对气候变化威胁做出共同反应的努力中发挥领导作用。④

1997 年 2 月 13 日公布的《经济学家关于气候变化的声明》进一步鼓励克林顿政府在气候变化方面有所作为。在由哈佛大学达勒·哲根森（Dale W. Jorgenson）、麻省理工学院的保罗·克鲁格曼（Paul R. Krugman）

---

① 李海东：《从边缘到中心：美国气候变化政策的演变》，《美国研究》2009 年第 2 期，知网，http：//www. wyzxwk. com/Article/guoji/2009/09/91234. html。

② 张莉：《美国气候变化政策演变特征和奥巴马政府气候变化政策走向》，《国际展望》2011 年第 1 期，第 85 页。

③ 马建英《美国的气候治理政策及其困境》，《美国研究》2013 年第 4 期，第 84 页。

④ 李海东：《从边缘到中心：美国气候变化政策的演变》，《美国研究》2009 年第 2 期，知网，http：//www. wyzxwk. com/Article/guoji/2009/09/91234. html。

及罗伯特·瑟罗（Robert M. So-low）、斯坦福大学肯尼斯·埃罗（Kenneth J. Arrow）、耶鲁大学威廉·诺德豪斯（William D. Nordhaus）五位经济学家组织发起、由包括六位诺贝尔经济学奖得主在内的2000位美国经济学家签署发表的这份声明中，经济学家们一致认为，全球气候变化有重要的环境、经济、社会、地缘政治等方面的危险，需要采取预防性措施加以应对。经济学研究已经发现总收益大于总花费的减少温室气体排放的许多潜在政策。就美国而言，完整的经济学分析显示，存在着不损害美国生活水准而又能减慢气候变化的多个政策选项，这些措施长远看能够改进美国的生产力。美国与其他国家可以通过市场机制来最有效地落实其气候政策。声明直接批驳了关于降低温室气体排放会导致美国经济严重受挫、美国生活水准降低、大量人群失业的观点，从而对克林顿政府积极参与国际合作应对气候变化的挑战起到了积极推动作用。[①]

克林顿政府积极参与联合国气候大会《京都议定书》谈判。该议定书是世界上第一个旨在遏制全球变暖而要求减少温室气体排放的具有法律约束力的协定。它规定，到2008—2012年，工业国家必须在1990年水准上削减二氧化碳排放6%—8%。[②] 在谈判的关键时刻，美国参议院1997年7月25日以95比0的结果一致予以通过的《伯德—哈格尔决议案》（*Byrd-Hagel Resolution*）给美国气候政策的立场和方向奠定了基调。该决议的核心内容是，在以下任何一种情况下，美国不得签署任何与1992年《联合国气候变化框架公约》有关的议定书或协定：一是《联合国气候变化框架公约》的发展中国家缔约方不同时承诺承担限制或者减少温室气体排放义务，却要求美国等发达国家缔约方承诺承担限制或者减少温室气体排放义务的；二是签署该议定书或协定将会严重危害美国经济的。[③]因此，该决议实际上反映了美国国内不同利益集团在气候变化问题上的共同观点，并成为此后美国历届政府制订气候变化政策的纲领性文件。

---

① 李海东：《从边缘到中心：美国气候变化政策的演变》，《美国研究》2009年第2期，知网，http：//www. wyzxwk. com/Article/guoji/2009/09/91234. html。

② 李海东：《从边缘到中心：美国气候变化政策的演变》，《美国研究》2009年第2期，知网，http：//www. wyzxwk. com/Article/guoji/2009/09/91234. html。

③ Gore Bob Zelnick, *A Political Life* (Washington, D. C. : Regnery Publishing, Inc., 1999), p. 337.

克林顿政府签署《京都议定书》后，参议院又通过一份决议，重申《京都议定书》没有满足《伯德—哈格尔决议》的规定，参议院将不会予以批准。国会的坚决反对令克林顿政府在气候变化方面所做的任何国际承诺都难以兑现。① 对此，克林顿政府声称《京都议定书》“有缺陷和不完整”，未将其送参议院批准。

（三）小布什时期

相比之下，布什政府在这个问题上的立场更加强硬。2001 年 3 月，布什政府正式宣布拒绝接受《京都议定书》，《京都议定书》是 1997 年在日本京都签署的国际条约，要求国家减少温室气体排放。布什政府的理由是《京都议定书》没有对中国、印度等发展中国家提出温室气体减排要求，而且，如果美国履行《京都议定书》规定的义务，将会给美带来失业增加和消费品价格上涨等负面影响。小布什甚至指责议定书为“在很多方面都存在致命的根本性错误”。②这表明，在此阶段美国不会以承担温室气体强制性减排义务为代价来参与国际社会应对气候变化的合作。③ 2002 年 2 月，布什宣布了在 10 年内计划减少 18% 的温室气体排放强度的目标以替代《京都议定书》。温室气体排放强度是指温室气体排放和经济产出的比例，这意味着在这一计划下，排放量仍将继续增长，但速度较慢。布什指出，这个计划将防止释放 5 亿吨的温室气体，约相当于 7000 万辆汽车的排放量。这一目标将通过为使用可再生能源的企业提供税收抵免来实现。④

尽管小布什政府在气候变化国际合作上态度消极，但在国内，小布什政府却积极推行一系列减排措施。例如，小布什政府投入大量资金在多个部门推进气候变化的相关研究。2002 年 2 月 14 日，美国政府宣布实行“洁净天空行动计划”和“全球气候变化行动”，前者打算分两个阶段削减

---

① 李海东：《从边缘到中心：美国气候变化政策的演变》，《美国研究》2009 年第 2 期，知网，http：//www. wyzxwk. com/Article/guoji/2009/09/91234. html。

② Bush Speech on Global Climate Change, http: //usinfo. org/wf-archive/2001/010611/epf103.htm.

③ 董勤：《美国气候变化政策分析》，《现代国际关系》2007 年第 11 期，第 12 页。

④ “Bush unveils voluntary plan to reduce global warming,” February 14, 2002, CNN. com.

电厂排放出氧化氮、二氧化硫和汞等三种污染最厉害的气体，削减比例达到70%；后者则提出其温室气体减量目标，即2012年将美国温室气体密集度（每单位GDP的温室气体排放量）较2002年减少18%。总体而言，为了应对气候变化，小布什政府努力寻求一种有科学根据且蕴含着以市场为基础的灵活控制机制。在美国提交给联合国气候变化框架公约的2006年行动计划中，布什政府对其气候变化政策的精神和原则作了精辟概括：（1）与稳定温室气体浓度的长期目标保持一致；（2）测量和政策成型必须建立在科学数据的基础上；（3）确保美国持续的经济增长和繁荣；（4）寻求以市场为基础的动机和刺激技术创新；（5）对新信息做出灵活反应且充分利用高新技术的优势；（6）促进包括发展中国家在内的全球参与。[①]

（四）奥巴马时期

奥巴马政府在应对气候变化的态度与小布什政府迥然不同。奥巴马在竞选时宣布了新能源计划，这是一项投资于可再生能源的计划，旨在减少对外国石油的依赖，解决全球气候危机，降低煤炭资源的使用。在2008年11月4日赢得总统竞选的胜选演讲中，奥巴马就明确“处于危险中的地球”是美国面临的严峻挑战，[②]并在就职前的过渡期内清晰表达了美国与世界面临的最为紧迫的挑战是气候变化及将在应对气候变化问题上发挥领导作用的观点。[③]奥巴马总统在白宫建立了一个新的办公室——白宫能源和气候变化政策办公室，卡罗尔·布劳纳被选为总统在能源和气候变化方面的助理。她曾任美国环境保护署署长。2009年1月27日，国务卿克林顿任命托德·斯特恩（Todd Stern）为气候变化特使。[④]克林顿说：“今天通过委任特使，我们发出一个明确的信息：美国将会充满活力地、专注地、从战

① U. S. Department of State, U. S. *Climate Action Report 2006*, Washington D. C, July 2007, p. 381. 转引自张莉：《从美国气候变得的既往特征预判其未来走向》，《和平与发展》2011年第1期。http：//www. doc88. com/p-4834430645614. html。

② “Obama: Victory Speech,” http://elections. nytimes. com/ 2008/ results / president / speeches/.

③ “Obama Sends a Message to Governors on Climate Change,” http://voices. washingtonpost.com/.

④ Secretary Clinton Announces Appointment of Special Envoy for Climate Change Todd Stern.

略高度上认真解决全球气候变化和清洁能源问题。”[1]斯特恩 20 世纪 90 年代末期曾经在比尔·克林顿政府协调全球变暖政策，他说：“否认、延迟和争论都已经结束。我们只能应对气候变化这一全球性的挑战。我们需要实施有力的、引人注目的外交政策。”[2]

奥巴马总统在美国国会和国际条约中推行所谓总量管制与排放交易立法，以减少碳排放并提高对清洁能源的投资。奥巴马总统在 2009 年 4 月发起能源与经济主要经济体论坛，作为发达国家和新兴经济体对抗气候变化、提倡清洁能源的新对话平台。2009 年 6 月 26 日通过的《美国清洁能源和安全法案》提出的排放配额交易虽然在众议院获得通过，但没能得到参议院的批准。

美国总统巴拉克·奥巴马发表了几篇措辞严厉的演讲，强调该问题的重要性。2009 年 9 月，奥巴马说，如果国际社会不迅速采取行动应对气候变化，将会给“我们的子孙后代带来不可逆转的灾难风险……每个国家和人民的安全与稳定——我们的繁荣，我们的健康和我们的安全——都岌岌可危，留给我们扭转这一趋势的时间已经不多了”[3]。

此外，他还做出很大努力，希望在 2009 年 12 月哥本哈根的气候变化大会上达成一份有约束力的国际条约，尽管最终形成的《哥本哈根协议》只表达了意愿，并不是有约束力的宣誓。

2010 年 5 月发布的《美国国家安全战略报告》，第一次以专门一节的篇幅强调气候变化的紧迫性以及应该采取的政策与行动：“气候变化带来的威胁是实际的、紧迫的、严重的。地球日益变暖，将引发更多的难民问题、资源冲突，干旱和饥饿、自然灾难和全球土地贫瘠。”因此，在国内，“鼓励国内发展能源经济、重振美国核工业、提高能源利用率、加大对可再生能源的投入和鼓励开发能够为企业创造利润的清洁能源。这些举措均有助于我们实

① John Whitesides, “Clinton climate change envoy vows‘ dramatic diplomacy’,” Reuters, January 26, 2009, https://www.reuters.com/article/idUSN26361321.

② John Whitesides, “Clinton climate change envoy vows‘ dramatic diplomacy’,” Reuters, January 26, 2009, https://www.reuters.com/article/idUSN26361321.

③ Jordyn Phelps, “President Obama Says Global Warming is Putting Our Safety in Jeopardy,” *ABC News*, March 14, 2010.

现到2020年减排17%，和到2050年减排超过80%的目标”。同时，报告同时提出了三条加强国际合作的措施：首先，建立新的清洁能源伙伴关系。其次，落实哥本哈根协定，确保各国采取重要行动，以应对气候变化。最后，通过多种渠道促进国际合作。①

2010年，美国联邦预算办公室提出了为期10年、每年投资150亿美元的提案，以支持清洁能源开发，资金来源于温室气体排放额度的销售。根据拟议的排放配额交易计划，所有温室气体排放额度将被拍卖，将产生由2012年财政年度约787亿美元稳步增加到2019财年约830亿美元的收入。②

2013年1月，奥巴马总统在其第二次就职演说中强调了应对全球变暖采取行动的重要性：“我们——人民，仍然相信我们作为美国人不仅仅对自己有责任，而是对所有子孙有责任。我们将应对气候变化的危险，因为我们深知不这样我们就辜负了我们的子孙后代。有些人可能仍然不相信这个压倒性科学判断，但是谁也不能对暴虐的大火，恼人的干旱和越来越凶猛的风暴。通往能源可持续的道路必将漫长崎岖。但是美国不能阻挠这个转变；我们必须引领这个转变。我们不能把助推新工作和新行业的技术领域拱手让给其他国家——我们必须抢占希望的高地。”③

2013年6月25日，美国总统奥巴马在乔治城大学演讲时，宣布了《总统气候行动计划》（The President's Climate Action Plan），旨在通过持续、负责的行动削减碳排放，应对气候变化的影响，并引领国际应对气候变化的行动。该计划基于奥巴马总统第一任期内所取得的显著进展，详细阐述了奥巴马政府即将在其第二任期采取的应对气候变化的一揽子举措。④《总统气候行动计划》有三个关键支柱：

---

① White House, The National Security Strategy of the United States of America, Washington, May 2010, p. 47.

② “President's Budget Draws Clean Energy Funds from Climate Measure,” March 5, 2009, http://www. renewableenergyworld. com/rea/news/article/2009/03/presidents-budget-draws-clean-energy-funds-from-climate-measure?cmpid=WNL-Friday-March6-2009.

③ “Inaugural Address by President Barack Obama,” White House, January 21, 2013, http://www. whitehouse. gov/the-press-office/2013/01/21/inaugural-address-president-barack-obama.

④ “The President's Climate Action Plan,” White House, June 2013, http://www. whitehouse. gov/sites/default/files/image/president27sclimateactionplan. pdf.

（1）减少美国温室气体排放。2009—2011年期间，由于经济和政府政策的原因，美国平均温室气体排放降至自1994—1996年以来任一个三年期的最低水平。以该进展为基础，奥巴马政府推动出台有力的新规则来减少温室气体排放。这一计划包括：在《清洁空气法》的框架下，首次对新建和现有的发电厂提出国家碳污染标准；设立2018年之后的先进燃料效率标准和重型汽车的温室气体排放标准；设定风能和太阳能发电量翻番的新目标；提高电器、房屋、建筑和工业行业的能源利用效率；减少高排放的氢氟碳化物（HFCs）的排放量；提出综合性的甲烷减排战略；推进努力保护森林和其他重要地面景观的措施。

（2）做好准备，应对气候变化的影响。即使美国采取新的措施来减少碳污染，美国还必须为已经可以感受到的气候变化的影响做准备。除了继续努力加强美国对气候变化的影响的重建能力，奥巴马政府仍将与州和地方政府一起，准备通过建立可促进国家重建的政策以应对不可抗拒的气候变化的影响；支持关于把气候风险集成到决策中的科学研究；为了更好地保护人民的生活、工作，及适应极端气候的生活方式而保护关键基础设施和自然资源。2013年11月，奥巴马总统签署了第13653号行政令，为应对气候变化的影响做准备，并创建了由州长、市长、部落首领和当地官员组成的工作组，工作组成员交流方法和措施，并就在美国建立预防气候变化及重建向联邦政府提建议。

（3）领导国际社会应对全球气候变化，并为其影响做准备。正如没有一个国家可以免受气候变化的影响一样，没有一个国家能够单独应对这一挑战。这就是为什么美国必须使国内政策与国际行动相协调的原因。通过敦促大幅削减碳排放的国际行动，美国正在帮助建立一个真正应对气候变化这一全球性挑战的全球性措施，为应对气候影响作准备，通过国际谈判推动进步。①

在双边场合，奥巴马政府高度重视气候变化议题。无论是出访加拿大还是与欧盟领导人会晤，无论是奥巴马出访亚洲还是希拉里访问东亚四国，气

① "The President's Climate Action Plan," White House, June 2013, http://www.whitehouse.gov/sites/default/files/image/president27sclimateactionplan.pdf.

候变化都是美国政府的外交首要议题。美国国务卿约翰·克里是应对气候变化的倡导者。他游走于世界各国，积极促成使全球气候变化问题成为外交政策中的头等大事，包括重点关注：

（1）订立新的国际气候变化公约。通过《联合国气候变化框架公约》，在2015年达成一个新的、雄心勃勃的、适用于所有国家的国际气候协议，2020年生效。

（2）实现全球气候变化倡议（GCCI）。实施务实的、由政府推动的加速向低碳转型、适应气候变化未来的措施，包括：促进全球清洁能源解决方案；放缓、停止并转变来自土地利用产生的排放；帮助最脆弱国家增强遭受气候变化影响后的重建能力。

（3）加强与其他多边和双边组织的接触。在主要经济体论坛、清洁能源部长级会议、《蒙特利尔议定书》、减少短期气候污染物与气候与清洁空气联盟等多边机构中发挥引领作用，以及加强与50多个伙伴国家在气候变化问题上的双边努力。

（4）调动金融资源。努力动员和撬动数十亿美元的资金来改造美国的能源经济和促进可持续发展的土地利用，以及努力减少化石燃料补贴，限制公共资金投向高碳能源生产和基础设施。

（5）整合气候变化问题与其他优先关注的问题。更好地把气候变化问题的解决方案整合到其他挑战的应对方案中，包括妇女赋权问题、城市化问题、冲突和安全问题，以及对美国自己的管理和操作问题。①

在2008年11月4日赢得总统竞选的胜选演讲中，奥巴马就明确“处于危险中的地球”是美国面临的严峻挑战，并在就职前的过渡期内，清晰表达了美国与世界面临的最为紧迫的挑战是气候变化及将在应对气候变化问题上发挥领导作用的观点。在当时美国遭遇严重经济危机的背景下，奥巴马认识到，气候变化及美国对石油的依赖将继续削弱美国经济，威胁美国国家安全。因此，奥巴马政府树立了振兴经济，保证安全与应对气候变化彼此补充，相互促进而不是彼此排斥、相互削弱的理念，并以此指导具体政策的制

① Addressing Climate Change: A Top U.S. Priority, Fact Sheet, BUREAU OF PUBLIC AFFAIRS, March 5, 2014, https://2009-2017.state.gov/r/pa/pl/223165.htm.

定，从而展示出其在气候变化理念与政策方面与小布什政府的深刻不同。由于成功地应对气候变化将要求以高碳能源为基础的全球经济转变为以低碳能源为基础的全球经济，所以奥巴马主张落实以市场机制为基础的“总量管制与排放交易”方案（Cap and Trade），从而大规模削减温室气体排放。为此，美国确立了构建绿色经济、研发替代石油的新能源的行动方针，并在探索新的经济增长模式过程中，实现创造更多就业岗位，实现经济复兴的目标。[①]

在担任总统的一周内，奥巴马就任命托德·斯特恩担任国务院美国气候变化事务特使，从而表明美国将更为积极认真地解决全球气候变化问题。同时，奥巴马签署两份有关限制温室气体排放的备忘录，指示交通部为汽车制造者在2011年所产汽车确定更高的油效标准；指示环保署重新考虑加州关于设定高于联邦政府标准并在汽车排放温室气体方面设定更为严格限制的申请。为绘制完整的大气二氧化碳循环地理分布图，从而为气候变化研究及尽快延缓全球变暖的决策提供更多依据，奥巴马政府于2009年2月24日凌晨实施了首颗“嗅碳”卫星（Orbiting Carbon Observatory Satellite）的发射行动。此外，在2月19日奥巴马担任总统首次出访加拿大的行程中、在2月15至22日国务卿希拉里对东亚四国的访问议程中，以及在3月3日奥巴马与他就职以来第一位访问白宫的欧洲领导人英国首相布朗的会谈中，气候变化都作为主要议题被加以讨论。美国目前也在积极筹备，以在2009年12月于哥本哈根召开的世界气候大会上确立世界各国有效应对气候变化的“后京都机制”。[②]

可以看出，气候变化已成为奥巴马政府加以战略性关注的核心议题。尽管未来各国协作应对气候变化将会经历艰难曲折的过程，但鉴于当前美国国会与公众对政府应对气候变化的普遍支持，以及国际社会对减慢气候变暖的极端迫切性氛围已经形成，可以预期奥巴马政府在国际合作应对气候变化方面将展现出更多的主动性、灵活性与合作性，也必定会采取更强有力举措，

---

① 李海东：《从边缘到中心：美国气候变化政策的演变》，《美国研究》2009年第2期，知网，http：//www.wyzxwk.com/Article/guoji/2009/09/91234.html。

② 李海东：《从边缘到中心：美国气候变化政策的演变》，《美国研究》2009年第2期，知网，http：//www.wyzxwk.com/Article/guoji/2009/09/91234.html。

在缓解全球变暖问题上取得较大进展。[①]

尽管奥巴马正不遗余力地四处推介美国的新减排目标，但是来自美国国会有增无减的反对声浪，有可能使奥巴马的气候政策昙花一现。多数共和党议员反对奥巴马政府在气候变化议题上的单方面行动，甚至还有许多议员质疑人类是否需要对全球气温上升负责。据美国有线电视新闻网报道，美国会众议院环境和公共工程委员会主席、共和党参议员吉姆·英霍夫曾带了一个雪球到国会，以此证明冬天还是很冷的。也有媒体评论认为，奥巴马当然可以利用行政否决权暂时排除来自国会的阻力，让新减排措施在自己任期内得以实施。但是，美国宪法规定任何缔约均需国会通过才能形成法案，如果不能形成法案，一旦奥巴马卸任，下一任总统有权否定奥巴马的气候政策，导致巴黎气候峰会达成的协议在美国变为一纸空文。[②]

第三节　中美应对气候变化合作

中美能源和气候变化合作始于20世纪70年代末。近30年来，中美在能源和气候变化领域签署了近40个双边合作协议，取得了一些成效，但无论与中美两国合作的潜力和国际社会的期待相比，中美之间的合作都是有限的。在布什政府时期，虽然美国与中国开展了不少气候变化合作项目，但是从规模和影响来看，都不是很大。奥巴马上台后，扭转了对中美气候变化的合作态势，中美气候变化合作成为中美关系的新的驱动力，并将深刻影响全球气候变化应对格局。

从全球和地区的角度看，在布什政府期间，美国推动了一系列多边组织和论坛，包括20国集团峰会、亚太清洁发展和气候伙伴计划、亚太经济合作论坛能源工作组、碳螯合领导人论坛、氢能经济国际合作伙伴、甲烷

① 李海东：《从边缘到中心：美国气候变化政策的演变》，《美国研究》2009年第2期，知网，http：//www.wyzxwk.com/Article/guoji/2009/09/91234.html。

② 《奥巴马的“政治遗产”不牢靠》，《光明日报》2015年12月1日，http：//www.xinhuanet.com/world/2015-12/01/c_128485485.htm。

市场化伙伴计划。这些机构大多致力于提高能源安全和能效，应对气候变化。

布什政府与中国政府开启了多项年度双边对话，包括美国能源部能源政策对话与中美全球事务论坛。能源部对话起初评估工业能效，以帮助中国在2010年前实现其能源消耗占单位GDP比重下降20%的目标。年度全球事务论坛于2005年4月开始，旨在加强中美跨国问题合作和探索全球合作新渠道。至此，这一论坛主要关注能源安全、清洁能源、环境保护、可持续发展，以及公共健康、人道援助、国际发展合作和人口走私。

在布什政府期间，美国环境保护署在这方面与中国加大合作。美国环境保护署和美国农业部与中国合作推广生物燃料。美国环境保护署与中国国家环保总局结成伙伴关系，提升中国有害废物处理能力，帮助中国发展污染土地清洁、商业开发的项目。它还支持两个试点计划，向中国农村家庭和学校引进新能源技术，减少因生物质和煤燃烧而产生的室内空气污染。

与上述对话和倡议同样重要的是，美国环境保护署开始与中国同人合作，在中国建立了六个地区性的环保工作室，提高中国环保部（其前身是中国国家环保总局）在监控、执行污染管理上的能力。这一举动解决了美国政策的重要优先：提高中国地方环保执法的能力，在这一方面省级和地方官员的作用巨大。这六个地区中心可以作为平台，提高监管能力，在省级和地方推动法规执行。

最后，在布什政府期间，中美两国的战略经济对话开启了《中美能源与环境十年合作框架》。据时任美国财政部长亨利·鲍尔森（Henry M. Paulson Jr.）介绍，这一框架的重点是“共同目标，包括能源安全、减少温室气体排放、清洁的水和空气，以及保护风景优美的野生地区”，并在上述领域制订了行动计划。鲍尔森说私营部门将在两国绿色经济中承担重要作用，特别是发展先进科技。作为该倡议的一部分，两国开展联合经济调研，确定了节约能源和控制排放的有效方法，最终生成了一系列节能减排的政策建议。

除政府以外，美国60多家非政府组织、专业团体、智库和大学积极参加中国能源、环境项目，从开发节能鼓励机制到提高水管理。美国自然资源保护委员会与中美能效联盟合作，联系了江苏省发改委、加州公共事业委员会和加州能源委员会，在江苏开展能效项目。其他机构也参与中美环境和气候变化合作，包括卡耐基世界和平基金会、布鲁金斯学会、世界资源研究所、哈佛大学、哥伦比亚大学、斯坦福大学、中国国际经济交流中心和北京大学。这些非政府组织在中国国家机构、地方政府、非政府领域及美国公共、私营机构层面，扮演了十分重要的政策协调和推动作用。

不足的一面是，在布什政府期间，上面提到的很多项目——特别是关于能源，资金和规模都不够大。更重要的是，在推动全球努力面对环境恶化的问题上，布什政府乏善可陈，没有为世界做出应有的榜样。美国最终没有签署《京都议定书》，很多专家认为美国也没有在应对全球变暖上发挥领导作用。在布什政府期间，应对全球气候变化的双边合作主要停留在口头肯定上，没有落到实处。

小布什政府时期，中美之间在气候变化领域最大的分歧是对国际气候变化合作的基本原则——共同但有区别的责任原则——的看法根本不同。美国强调中美负有共同的责任，应等量齐观，同步减排；中国则强调有区别的责任，认为美国作为发达国家，对全球气候变化贡献最大，应率先减排，做好示范。双方为此相互指责，妨碍了合作的深入发展。

2009 年 1 月，美国皮尤研究中心和亚洲协会联合发布《共同的挑战，协作应对：中美能源与气候变化合作路线图》的报告；同月，美国布鲁金斯学会的李侃如（Kenneth G. Lieberthal）和桑德罗（David Sandalow）发表《克服中美气候变化合作的障碍》的研究报告。①上述两个报告在决策界和学术界都产生了较大的影响，其中一些建议已被采纳，中美战略经济对话已经加入气候变化和清洁能源议题，气候变化和清洁能源问题已经成为中美关系中的核心议题之一。

---

① Pew Center & Asia Society, *Common Challenge, Collaborative Response: A Roadmap for U. S. -China Cooperation on Energy and Climate Change*, January 2009; Kenneth G. Lieberthal & David Sandalow, "Overcoming Obstacles to U. S. -China Cooperation on Climate Change," Brookings Institution, January 2009.

在2009年7月举行的战略经济对话中，中美签署《加强气候变化、能源和环境合作的谅解备录》。此份备忘录将气候变化提升到双边关系的优先地位，两国重申了对气候变化的承诺。承诺要达成国际协议，积极开展国内和国际行动，以应对能源安全、气候变化和环境保护的挑战。该备忘录在中美之间创造了一个持续的对话机制，两国可交流减排和推动国际努力的做法。此外，两国也打下良好基础，就气候变化、提高能效、新能源、智能电网、电动车、碳捕捉和固定、共同研究开发、清洁空气和水、自然资源保护等问题扩大合作。此外，两国认识到了能源环境十年合作框架在协调两国在能源环境问题上务实合作的重要性。

2009年中，美国能源部与中国科技部和国家能源局拟定成立美中清洁能源联合研究中心，为科学家和工程师推动清洁能源发展提供便利。这一中心将设立在中美的机构中，将首先关注能效、清洁煤炭，包括碳捕捉和储存和清洁车辆。中美双方在初期投入1500万美元。[①]

在此基础上，奥巴马总统2009年11月访华期间也宣布了这一政策领域几个新的合作项目，包括成立中美清洁能源研究中心和中美能源合作项目，以及发起中美电动车倡议。两国发起的新倡议还包括，中美能效行动计划、中美可再生能源伙伴计划、中美页岩气资源合作倡议，此外中美还宣誓提高煤炭清洁利用的合作，包括大规模碳捕捉和储存项目。这些倡议的资金并没有立即到位，有些项目2010年才开始。

2010年5月中美战略经济对话第二轮期间，奥巴马政府宣布了几项与中国合作的重要成就，包括实施上述谅解备忘录，发表能源环境十年合作框架相关的所有七份行动计划，以及宣布将在2010年末举行几次双边能源对话和第一届中美可再生能源论坛和高级生物燃料论坛。2010年9月，美国能源部宣布成立两个新双边协会，发展清洁车辆和清洁煤炭技术，双方将共同投入1亿美元。这些协会将集合大学、汽车企业、知名实验室、电力公司和智库的力量。

2011年年初，中国国家主席胡锦涛访问美国，两国签署的《中美联合

① US Department of Energy, *U. S. -China Clean Energy Research Center Announced*, http://energy.gov/articles/us-china-clean-energy-research-center-announced.

声明》强调，“双方认为气候变化和能源安全是当今时代两大重要挑战。双方对《坎昆协议》表示欢迎，认为应对气候变化的努力也应促进经济社会发展。双方同意与其他国家一道，积极推动《联合国气候变化框架公约》的全面、有效、持续落实，包括落实《坎昆协议》，并支持今年的南非会议达成积极成果”①。

2011 年 5 月，中美举行第三次战略与经济对话，两国就气候、能源与环境合作达成多项共识，包括重申《中美能源安全合作联合声明》的精神，确保坚持互利合作、多元发展、协同保障的原则保障能源安全；同意在“中美能源合作项目”“中美可再生能源伙伴关系”“中美页岩气合作谅解备忘录”等既有合作框架下，深入开展智能电网、大规模风电开发、天然气分布式能源、页岩气和航空生物燃料等方面务实合作；承诺分享能源监管经验和实践信息等。两国还在《中美能源和环境十年合作框架》和《中国国家发展改革委与美利坚合众国国务院关于绿色合作伙伴计划框架实施的谅解备忘录》框架下签署了六对新的绿色合作伙伴关系。②

在奥巴马政府的第一任期里，虽然在气候变化政策方向和力度明显改变，但是，至此奥巴马政府在国内和国际尚未取得重要进展。部分原因是美国国会没能颁布气候和能源法律，为国内碳排放设立有约束力的目标，这点在参议院总量管制与排放交易立法失败上表露无遗。美国领导人却认为中国迟迟不设立有约束力的减排目标是美国不颁布相关法律的原因。他们认为，如果中国没有相应的行动，会将美国企业置于不利之地。一些人甚至批评中国补贴商业清洁能源产业，导致不公平竞争。但国际舆论普遍支持中国，因为中国在温室气体减排方面做出了巨大努力。

2013 年年初，在中美两国刚刚完成换届之后，基于相互的谅解和共同的目标，两国在气候变化和洁净能源方面达成了重要的协议。2013 年 4 月，双方在气候变化议题上取得重大突破：美国国务卿克里 4 月到访北京进行高层会谈，将气候变化行动方案正式纳入具影响力的战略与经济对话框架；2014 年 2 月 15 日，这两个全球最大经济体和最大碳排放国发布了

① 《中美联合声明》，《人民日报》2011 年 1 月 20 日，第 2 版。

② 《中美联合声明》，《人民日报》2011 年 1 月 20 日，第 2 版。

《中美气候变化联合声明》（下称《声明》），呼吁并指出“美中两国采取强有力的适合国情的行动——包括大规模的合作行动——比以往任何时候都至关重要。这些行动对于遏制气候变化和树立可以鼓舞世界的强有力榜样都极为重要”。①在克里访华当天，中美宣布在中美战略与经济对话框架下成立气候变化工作组，工作组将由中国国家发改委副主任解振华和美国气候变化特使斯特恩担任组长。工作组将负责确定双方在推进技术、研究、节能以及替代能源和可再生能源等领域合作的方式，表明世界上最大的两个温室气体排放国共同应对气候变化的行动和决心。

《声明》是国际环保事业的一个重要里程碑。作为世界上两个主要经济体，中美通过合作推进全球转向可持续发展的低碳经济，为达成真正有效的全球气候协议提供所需的领导力和推动力。

中美气候变化工作组对一些领域进行了研究，并于 2013 年 7 月 10 日向第五次战略与经济对话建议先由五项新的行动计划做起。这些行动计划将针对两国最主要的温室气体排放源和空气污染源，包括城市化、交通、工业排放以及燃煤发电。这些倡议同时也将产生显著的协同效益，包括更清洁的空气、能源节约和水的回收利用。

第五轮对话通过了这五个行动计划：双方同意在载重汽车减排、增加碳捕集利用和封存、提高建筑和工业能效、加强温室气体数据收集和管理以及推广智能电网五个领域于 2013 年 10 月制订实施计划，在利用碳减排技术方面建立相关大型项目。建设收集和管理温室气体排放数据的能力，全面、准确报告整个经济范围内的温室气体排放数据，是两国制定明智的气候变化政策的重要基础。而美国承诺在出口管制体系改革过程中给予中国公平待遇，并在碳捕集、碳减排等方面开展务实合作，为美国有可能放宽对华民用高科技出口管制释放了信号。

2015 年 9 月 25 日，中美两国元首在美国华盛顿再次发表关于气候变化的联合声明，两国元首重申坚信气候变化是人类面临的最重大挑战之一，两国在应对这一挑战中具有重要作用。两国元首还重申坚定推进落实

① “China-U. S. Joint Statement on Climate Change,” February 15, 2014, https: //www. mfa. gov.cn/ce/celt/eng/xwdt/t1128904. htm.

国内气候政策、加强双边协调与合作并推动可持续发展和向绿色、低碳、气候适应型经济转型的决心。声明指出，中美双方认识到动员气候资金以支持发展中国家实现低碳、气候适应型发展的重要性，特别是支持最不发达国家、小岛屿发展中国家和非洲国家。为此，美国重申将向绿色气候基金捐资30亿美元的许诺；中国宣布拿出200亿元人民币建立“中国气候变化南南合作基金”，支持其他发展中国家应对气候变化，包括增强其使用绿色气候基金资金的能力。进而通过这些步骤和其他行动，双方决心建设性地合作努力，并与联合国气候变化框架公约所有缔约方一道，支持发展中国家向绿色低碳发展转型并进行气候适应力建设。

2016年3月31日，中美两国元首发布第三份气候变化联合声明，称气候变化已经成为中美双边关系的支柱。在巴黎，中美两国共同并与其他各方一道，为达成具有历史意义的、富有雄心的气候变化全球协议发挥了关键作用。两国元首支持号召二十国集团成员国建设性开展能源和气候变化国际合作。双方将通过中美气候变化工作组、中美清洁能源研究中心以及其他努力继续深化和拓展双边合作。

合作为两国带来了潜力巨大的双赢局面。从美国方面看，在能效技术合作领域，中国到2015年单位国内生产总值能耗和 CO_2 排放强度将分别降低16%和17%，所需的能效投资需求总规模大约在1.5万亿元人民币，这给在核心技术上存在优势的美国创造了巨大的商业空间。美国适时调整出口政策并放宽能效技术的管制，加大对华能效技术和清洁能源技术与设备出口，既刺激美国经济获得新的增长引擎，又扩容其就业市场，缓解就业压力。

另外，2015年巴黎气候大会将搭建国际气候变化的新框架，美国希望取消《京都议定书》的“双轨制”，让所有碳排放大国共同承担减排责任，为了实现这个战略目标，美国希望通过双边磋商而不是多边谈判各个击破，确立在国际气候变化上的领导权。

从中国方面看，中国需要通过技术引进和加快清洁能源的开发，缩短中国对化石能源的依赖周期，实现到2020年二氧化碳强度下降40%—45%的减排目标。因此，共同应对气候变化是两个能源消费大国合作的最大契机和潜力所在。

但两国在气候变化合作领域的根本性的指导原则“共同但有区别的责任”上还存在很大的分歧。中国坚持“共同但有区别的责任”原则，将其作为公平正义原则的体现，同时实现了对环境正义的追求、与其他发展中国家的团结以及对自身权益的维护。美国政府却一直要求发展中国家承担减排责任。虽然自2009年哥本哈根会议后，中国对国际气候变化谈判持一种低调、灵活的态度，避免与欧美公开争论，不与谈判对手产生直接对抗，“目前的气候谈判谁最后说‘No’，谁就要承担谈判破裂的所有压力和指责……绝对不在最后成为说‘No’的那个人，这是我们的底线”，[①]但是中国为了捍卫自身的发展权，肯定不会脱离自身经济发展水平承担与发达国家相同性质的减排义务，限制自己的发展空间。同时，中国还将坚持发达国家和发展中国家承担有区别的责任。气候变化大会中国代表团团长解振华在多哈气候大会现场再次表示，发展中国家的首要任务是发展和摆脱贫困。它们迫切需要资金和技术的支持。应该允许它们优先发展，同时解决应对气候变化的问题。“基于历史责任、发展阶段、发展水平，发达国家从历史上、道义上、法律上来讲都应当做出更大的贡献”。[②]

中国希望新的气候变化国际制度应该以联合国为主渠道，主张新协议系《联合国气候变化框架公约》框架协议，以《联合国气候变化框架公约》原则为指导，目的是落实《联合国气候变化框架公约》目标，进一步加强实施《联合国气候变化框架公约》的各项规定，而不是在欧盟或西方发达国家主导下“重新谈判一套新的制度和规则”。[③]美国出于争夺气候变化主导权、避免在气候变化上做出过多承诺的考虑，对欧盟的“路线图”持有矛盾的态度。美国谈判代表托德·斯特恩在德班会议上表示，“美国可能支持一个新气候协定的谈判进程”，但“并没有说美国支持哪个进程

① 袁瑛：《“中国绝不成最后说的人”——中国代表团坎昆“实战”》，《南方周末》2010年12月9日，http：//www. infzm. com/content/53344。

② 唐志强：《新一轮气候博弈平静中开场》，新华网，2013年5月5日，http：//news. xinhuanet. com/world/2013-05/05/c_115642673. htm。

③ 唐志强：《新一轮气候博弈平静中开场》，新华网，2013年5月5日，http：//news. xinhuanet. com/world/2013-05/05/c_115642673. htm。

所产生的有法律约束力的协定。欧盟既支持一个进程，也支持该进程产生的有法律约束力的协定”。[①]中美两国在应以联合国为主渠道谈判新的气候变化协定上存在共识，表示要共同致力于《联合国气候变化框架公约》的全面、有效、持续落实。

加强中美在新能源和应对气候变化领域的务实合作，已经成为两国关系的增长点。中美在气候变化领域开展互利共赢的合作，有助于加强两国的互信，促进中美新型大国关系。同时我们也要清醒地认识到，随着美国在国内推进减排并且取得成效，它在国际谈判中将会更加强势地向中印等新兴大国施压，要求后者与其在同一机制内承担减排义务。因此，对我国来说，一是要加强南南合作，广大发展中国家仍是我国在全球气候变化谈判中的战略依托和利益伙伴，需要用实际行动争取广大发展中国家的理解和支持。二是要妥善处理与欧盟的关系，避免因为中美双边气候变化合作的升温而引起欧盟的疑虑与不安。毕竟，欧盟作为《京都议定书》的倡导者，在对待“共同但有区别的责任”的原则上，它给予美国了更多的理解与支持。

2017 年当地时间 6 月 1 日下午，美国总统特朗普正式宣布退出《巴黎协定》并要求重新谈判。作为第二大排放国以及最重要的节能减排技术来源国，美国退出《巴黎协定》无疑严重削弱了全球气候治理体系的效能。在全球多边谈判上，中美短期内可能已无法深入讨论气候变化议题，这不但使中美缺失了增进双边关系、提升战略互信的一个着力点，也使其他相关合作遭受损害。譬如习奥政府战略经济对话中达成的清洁能源、智慧城市、水—能源—气候变化关联性的科学研究以及其他工业试点的持续性大大受到削弱。

舆论普遍认为，美国当前核心任务是重振制造业、推进经济增长、创造就业。气候治理确实造成额外的经济成本，由此可能导致美国更关注眼前直接利益而尽可能放弃自身国际责任，即越来越不愿承担政治领导责任。相比较而言，中国立足自身可持续发展的内在需求，迫切需要采取切

---

① ［英］皮利塔·克拉克、安德鲁·英格兰：《美国否认阻碍气候变化谈判》，《金融时报》2011 年 12 月 9 日，http：//www. ftchinese. com/story/001042143。

实措施促进国内低碳转型，由此必须着眼于制造业转型升级和环保绿色创新。气候治理有着很多细分议题，大的方面是减缓、适应、资金、技术，更具体一些几乎涉及人类社会的方方面面，譬如产业结构、航海航空、土地利用、可再生能源，还包括了碳定价、数据透明性和资金使用效率，甚至还有生活方式、思维价值理念。在这些议题上，中国相应部门都可采取措施促进与美国相关部门的合作，以挖掘潜力。虽然美国政府总的气候治理投入在下降，社会缺乏强制性约束力，采取行动的动力有所减少，但政府内外的各类行为主体一方面仍会基于价值理念和市场动机而采取行动，另一方面美国政府自身也仍然处于这些细分领域的多边机制内，推动的空间仍然存在。

北京大学张海滨教授认为，历史和现实都表明，一个没有美国参加的全球气候治理体系是很难有效运转的，美国的退出给包括中国在内的其他缔约方所造成的损失和成本是巨大的。因此，想方设法将美国留在《巴黎协定》之内并推动其发挥领导作用符合各方利益。应该看到，美国特朗普政府的气候政策并非一成不变，不可更改。只要假以时日，一旦条件有变，其气候政策的调整也并非不可期待。小布什总统在其第二总统任期后期对气候变化的立场就发生了微妙变化。所以，包括中国在内的国际社会应始终不渝、坚持不懈地与美国国内的积极力量合作，努力拉住美国一起干。即使美国宣布退出《巴黎协定》，也不放弃努力。在当前形势下，一个可行的办法是充分利用二十国集团平台，巧妙转换话语体系，少谈气候变化，多谈能效和能源安全，争取积极成果，以间接的方式推动美国政府应对气候变化。另一个方法是加大中美在能源领域的合作，以务实的方式推进中美在核能、天然气和清洁煤技术等领域的合作。①

① 张海滨：《美国退出〈巴黎协定〉后的气候变化协定履约前景及中国对策》，2017 年 6 月 2 日，http：//www. thepaper. cn/newsDetail_forward_1699022。

第九章　结语

中美两国都是具有全球影响力的大国，两国在国际规范方面的竞争与合作，正在深刻影响21世纪的国际秩序走向。当前，中美规范竞合更多的是在东亚展开，对本地区国际秩序的影响也更加明显。概括而言，中美在本地区的规范竞合有以下几个特征。

一、东亚秩序正朝“二元兼容，规范平衡”的方向发展

由于历史以及地缘政治因素，当前的东亚国际秩序呈现出权力秩序和创制秩序混合存在的特征。权力与规范相互交织。由于东亚地区大国和地区组织政策的共同推动，东亚的创制秩序日益突出。

为了在东亚创制秩序中获得有利地位，中美两国围绕地区规范和制度展开竞争与合作。美国在东亚推行各种干涉规范，刚开始是“人道主义干涉”，进入21世纪后又演变为“保护的责任”；中国作为发展中国家，坚持传统主权规范。中国提出新安全观，倡导多边安全合作，支持东盟主导的各种多边安全机制和“合作安全观”；美国则强化同盟体系，发展安全伙伴，以及将同盟体系网络化，并且通过人为制造各种紧张局势，维护和巩固其同盟规范。在经济合作领域，美国在亚太强推高标准的《跨太平洋伙伴关系协定》贸易规范，中国则支持东盟的区域全面经济伙伴关系，强调东亚国家之间发展区域经济合作。

恐怖主义事关国际社会的和平与安宁，中美两国在这个领域有着共同的利益，合作不断加强。但由于美国采取强权政治和双重标准，影响了中美双方互信以及合作水平的提高。在气候变化领域，虽然中美在“共同但

有区别的责任”原则上存在重大分歧，但双方的务实合作有助于达成共识，从而推动国际社会构建气候变化制度。中美气候变化合作已经成为中美构建新型大国关系的重要抓手。

通过对中美规范竞争与合作的实际状况的考察，可以看出，目前中美竞争性较强的规范，普遍存在融合的趋势。在安全领域，双方也是互相借鉴，互补“短板”，形成规范“均势”；而在合作规范上，由于利益的趋同或者认知的改变，中美规范合作程度总体上不断增强，尤其是在气候变化领域，将成为中美合作的典范和构建东亚秩序的抓手。可以确定，东亚地区的秩序将朝向“二元兼容，规范平衡”的方向发展。二元，说明中美是东亚两个最为重要的国家，东亚权力结构是二元结构。兼容，表明东亚国家普遍采取的对冲战略，使得东亚国家普遍接受中美两国在东亚共存的事实，而中美两国已能够理性看待对方，采取容纳对方的政策。规范平衡，说明规范与制度是东亚秩序的主要表现形式，权力竞争受到限制。东亚通过国际规范的创建、竞争与合作，各种主要力量的权力与利益保持了一种相对的平衡状态。东亚国家普遍能从这一秩序中获益，从而维持东亚的繁荣与稳定。

二、围绕规范创建及推进是当前秩序斗争的焦点

在当前与今后相当长的一段时间内，东亚各种力量围绕规范创建与推进是当前东亚秩序斗争中的焦点，各方都希望通过倡导各自的规范占据地区秩序重构的有利地位。

首先，囿于美国实力的相对下降，美国希望利用现有规范和创建新的规范以维护其在东亚的优势地位，并且利用美国主导的规范制度来约束和限制中国的崛起，使之符合美国的自身利益。美国和西方国家鼓吹“中国责任论”，认为中国目前履行的国际责任和义务远远不够，必须受到国际规范和规则更多的束缚，从中清晰地体现出美国以国际机制制衡中国崛起化解挑战的目的。

其次，中国认为当前的国际体系总体上对其是有利的，而且中国认

为，通过参与多边机制，可以有效减轻邻国对中国崛起的疑虑，维护中国的和平崛起，因此，中国采取积极融入的态度。但是，对于一个正在向世界强国方向发展的大国来说，仅仅停留在现有的规范和原则范围，难以在构建区域秩序中发挥作用，也不易为周边国家所理解。作为负责任的大国和未来的世界强国，中国在规范和制度的创建上日益积极有为，已经逐渐成为地区制度规范、规则的创制者，而不只是未来规范和规则的顺应者、接收者。

最后，东盟竭力通过规范创建与推进来保持其在东亚合作中的“地区领导者”地位。冷战结束后尤其是东南亚金融危机爆发后，东盟国家开始实行东亚地区一体化战略。由此，东盟分别与中、日、韩建立对话伙伴关系，以东盟为中心的各种地区合作机制迅速发展起来，并发展出了“东盟规范”。东盟作为东亚的中小国家集团，周边大国林立，东盟通过“东盟规范”社会化中国、美国、日本等，通过规范限制大国的行为，取得了很大的成果。在某种程度上，东盟正是利用规范及合作机制保持其东亚合作“主导”地位，并在东亚地区重塑中占据一席之地。

三、中美两国良性竞争符合双方利益且具可行性

美国是现存唯一的超级大国，但实力又呈相对衰弱态势，因此其对中国实力的上升和影响力的扩大特别敏感。尤其是在东亚地区，中国的崛起以及随之而来的东亚权力的重新分配非常明显，而中国也切身感受到美国的同盟体系对中国安全带来的威胁。多数国际关系专家和战略学者都认可现在的中美关系是一种既竞争又合作的竞争性共存关系。但是，这种关系并不是一种稳定的关系，很有可能因为己方或者对方的认知错误和误判而导致两国关系下滑，甚至进入新的“冷战”。

美国“亚洲再平衡”战略在政治、经济、军事诸方面引发中美疑虑加深，战略互信削弱。两国关系处于“漂移”（drifting）状态。虽然中美关系起起伏伏是常态，但是其重要性决定了长期“漂移不定”既不符合两国人民的根本利益，也易造成地区和世界格局的混乱。因此，双方都要不断

夯实和巩固合作，努力建构中美新型大国关系，按照“不冲突不对抗、相互尊重、合作共赢”的原则妥善处理两国之间的竞争与分歧，防止军事竞争和恶性竞争的出现。从中国的角度出发，培育中美关系需要做好以下几个方面：

（一）做好对美国的安抚与引导

中国要让美国确信中国无意像二战前的日本那样谋求在东亚的霸权，也不谋求在东亚建立以中国为中心的地区秩序。首先，中国历史上没有称霸的文化。中国人讲究的是王道而不是霸道，王道与霸道的区别在中国文化上是根深蒂固的。而新中国成立之后领导人多次表示不称霸，宪法中也有相关的表述。其次，即便中国在经济总量上可能会超过美国，但两国之间的差距还是很大，不管是从资源禀赋、环境和战略处境上考虑都是这样。因此一个稳定强大的中国对美国来说是福不是祸。中国要以新型大国关系的理念从观念上引导美国，以建设性合作的姿态在行动上个推动美国。

（二）共建全球治理规范

相对于东亚其他国家，中国既是东亚的地区大国，同时也是全球性的大国。在处理中美在东亚地区的竞争（包括规范竞争）方面，中国可以充分发挥自己的全球性大国身份，在全球治理的机制与规范创建上培育两国关系新的增长点。当今世界，国际和平与繁荣的主要威胁来自于贫困、气候变化、核扩散、生物不安全、社会暴乱，以及地区冲突、跨国恐怖主义和经济危机。未来20年，国际社会将不断寻求国际制度的改革、转型和创新，以求改变制度赤字现象，提升全球治理水平。中国和美国作为全球最大的发展中大国和发达国家，无疑在国际规则和制度的创建上有共同的需求和责任，这为两国在规则和规范共建上奠定了基础。中美在气候变化和清洁能源上的合作原则和机制将为国际社会在气候变化领域提供新的规范与机制。

（三）坦诚沟通、管控分歧

中美关系保持健康稳定持续发展，对两国、地区、世界都十分重要。中美政治社会制度不同，历史文化背景各异。民主的核心是尊重人民的选择。中美只有相互尊重对方人民选择的制度与道路，相互尊重彼此的核心利益与关切，才能求同存异，聚同化异，实现两国的长期和谐相处。中美之间如果出现分歧，成熟的方式是双方坦诚沟通，讲明各自利益关切，找到解决问题的新思路、新办法。更重要的是要建立有效的纠错机制，而且要有良性的相互制约、相互纠错的机制。中美还要注意管控危机，不推卸责任，不转嫁危机，控制小分歧不演变为大分歧，不使小分歧外溢为大冲突。

参考文献

一、中文文献

（一）著作

［美］阿伦·佛里德伯格：《中美亚洲大博弈》（洪漫、张琳、王宇丹译），北京：新华出版社2012年版。

［英］巴黎·布赞、［丹麦］琳娜·汉森：《国际安全研究的演化》（余潇枫译），杭州：浙江大学出版社2011年版。

［英］巴里·布赞：《人、国家与恐惧——后冷战时代的国际安全研究议程》（阎健、利剑译），北京：中央编译出版社2009年版。

白雪峰：《冷战后美国对东南亚的外交：霸权秩序的建构》，厦门：厦门大学出版社2011年版。

［美］彼得·卡赞斯坦、罗伯特·基欧汉、斯蒂芬·科拉思纳编：《世界政治理论的探索与争鸣》（秦亚青、苏长和、门洪华、魏玲译），上海：上海世纪出版集团2006年版。

［美］彼得·卡赞斯坦主编：《国家安全的文化：世界政治中的规范与认同》（宋伟、刘铁娃译），北京：北京大学出版社2009年版。

［美］布鲁斯·琼斯、卡洛斯·帕斯夸尔、斯蒂芬·约翰·斯特德曼：《权力与责任》（秦亚青、朱立群、王燕、魏玲译），北京：世界知识出版社2009年版。

[美] 查尔斯·库普乾：《美国时代的终结——美国外交政策与21世纪的地缘政治》(潘忠岐译)，北京：商务印书馆2004年版。

[法] 达里奥·巴蒂斯特拉：《国际关系理论》(第3版)(潘革平译)，北京：社会科学文献出版社2010年版。

郭树勇：《大国成长的逻辑：西方大国崛起的国际政治社会学分析》，北京：北京大学出版社2006年版。

[美] 哈罗德·D. 拉斯韦尔、亚伯拉罕·卡普兰：《权力与社会：一项政治研究的框架》(王菲易译)，上海：上海世纪出版集团2012年版。

[英] 赫德利·布尔：《无政府社会——世界政治秩序研究》(张小明译)，北京：世界知识出版社2003年版。

黄仁伟、刘杰：《国家主权新论》，北京：时事出版社2004年版。

[美] 肯尼思·N. 华尔兹：《人、国家与战争：一种理论分析》(倪世雄、林志敏、王建伟译)，上海：上海译文出版社1991年版。

[美] 肯尼思·华尔兹：《国际政治理论》(信强译)，上海：上海世纪出版集团2008年版。

李少军：《国际关系学研究方法》，北京：中国社会科学出版社2008年版。

李慎明、张宇燕主编：《全球政治与安全报告(2014年)》，北京：社会科学文献出版社2014年版。

李志斐：《东亚安全机制构建国际公共产品提供与地区合作》，北京：社会科学文献出版社2012年版。

梁守德、洪银娴：《国际政治学理论》，北京：北京大学出版社2000年版。

刘阿明：《变动中的东亚与中美关系》，北京：知识产权出版社2012年版。

刘杰：《机制化生存——中国和平崛起的战略抉择》，北京：时事出版社2004年版。

[美] 罗伯特·基欧汉：《霸权之后——世界政治经济中的合作与纷争》(苏长和、信强、何曜译，苏长和校)，上海：上海世纪出版集团2006年版。

[加] 罗伯特·杰克逊、[丹] 乔格·索伦森：《国际关系学理论与方法》(吴勇、宋德星译)，天津：天津人民出版社2008年版。

[美] 罗伯特·基欧汉：《局部全球化世界中的自由主义、权力与治理》

（门洪华译），北京：北京大学出版社 2004 年版。

［美］罗伯特·基欧汉、约瑟夫·奈：《权力与相互依赖》（门洪华译），北京：北京大学出版社 2012 年版。

［美］罗伯特·杰维斯：《国际政治中的知觉与错误知觉》（秦亚青译），北京：世界知识出版社 2003 年版。

［美］尼考劳斯·扎哈里亚迪斯主编：《比较政治学：理论、按理与方法》（宁骚、欧阳景根译），北京：北京大学出版社 2008 年版。

秦亚青：《权力·制度·文化——国际关系理论与方法研究文集》，北京：北京大学出版社 2008 年版。

秦亚青等：《国际体系与中国外交》，北京：世界知识出版社 2009 年版。

曲星编：《国际安全新态势与中国外交新应对》，北京：世界知识出版社 2013 年版。

曲星、钟龙彪：《当代中国外交》，北京：中国人民大学出版社 2012 年版。

全毅、金泓汎等：《亚太地区的发展模式与路径选择——基于东亚与拉美发展道路的比较分析》，北京：时事出版社 2010 年版。

阮宗泽：《中国崛起与东亚国际秩序的转型：共有利益的塑造与拓展》，北京：北京大学出版社 2007 年版。

上海社会科学院世界经济与政治研究院：《新兴大国与传统大国博弈中的合作》，北京：时事出版社 2011 年版。

孙哲主编：《新型大国关系：中美写作新方略》，北京：时事出版社 2013 年版。

［美］索尔·科恩：《地缘政治学国际关系的地理学》（第 2 版）（严春松译），上海：上海社会科学院出版社 2012 年版。

王缉思总主编、秦亚青主编：《中国学者看世界“国际秩序卷”》，北京：新世界出版社 2007 年版。

王洛林、张宇燕主编：《世界经济形势分析与预测（2014 年）》，北京：社会科学文献出版社 2014 年版。

王伟光：《恐怖主义·国家安全与反恐战略》，北京：时事出版社 2011 年版。

王学东：《气候变化问题的国际博弈与各国政策研究》，北京：时事出版社 2014 年版。

王义桅：《世界是椭圆的——未来国际秩序展望》，上海：同济大学出版社 2007 年版。

文军主编：《西方社会学理论：经典传统与当代转向》，上海：上海人民出版社 2007 年版。

［美］熊玠：《无政府状态与世界秩序》（余逊达译），杭州：浙江人民出版社 2001 年版。

［澳］休·怀特：《中国抉择：美国为什么应与中国分享权力》（樊犇译），北京：世界知识出版社 2013 年版。

薛桂芳编著：《〈联合国海洋法公约〉与国家实践》，北京：海洋出版社 2011 年版。

［美］亚历山大·温特：《国际政治的社会理论（原版影印）》，北京：北京大学出版社 2006 年版。

阎学通：《国家利益分析》，天津：天津人民出版社 1996 年版。

阎学通、孙学峰：《国际关系适用研究方法》，北京：人民出版社 2001 年版。

余新天：《掌握国际关系秘钥》，上海：上海人民出版社 2010 年版。

［美］约翰·鲁杰主编：《多边主义》（苏长和等译），杭州：浙江人民出版社 2003 年版。

［美］约翰·米尔斯海默：《大国政治的悲剧》（王义桅、唐小松译），上海：上海世纪出版集团 2009 年版。

［美］约翰·伊肯伯里：《大战胜利之后：制度、战略约束与战后秩序重建》（门洪华译），北京：北京大学出版社 2008 年版。

［美］约翰·伊肯伯里主编：《美国无敌：均势的未来》（韩召颖译），北京：北京大学出版社 2006 年版。

［美］詹姆斯·N. 罗斯瑙：《没有政府的治理——世界政治中的秩序与变革》（张胜军等译），南昌：江西人民出版社 2001 年版。

张云：《国际政治中“弱者”的逻辑——东盟与亚太地区大国关系》，北京：社会科学文献出版社 2010 年版。

郑永年：《通往大国之路：中国与世界秩序的重塑》，北京：东方出版社 2011 年版。

郑羽：《单极还是多极世界的博弈：21 世纪的中俄美三角关系》，北京：经济管理出版社 2012 年版。

［美］朱迪斯·戈尔茨坦、罗伯特·O. 基欧汉编：《观念与外交政策》（刘东国、于军译），北京：北京大学出版社 2005 年版。

张贵洪、［印度］斯瓦兰·辛格主编：《亚洲的多边主义》，北京：时事出版社 2012 年版。

张家栋：《美国反恐怖战略调整及其对中国的影响》，北京：时事出版社 2013 年版。

中国现代国际关系研究院：《国际战略与安全形势评估》，北京：时事出版社 2014 年版。

盛红生：《国家在反恐中的国际法责任》，北京：时事出版社 2007 年版。

肖佳灵：《国家主权论》，北京：时事出版社 2003 年版。

中国人权发展基金会：《人权与主权》，北京：新世界出版社 2002 年版。

（二）论文

陈寒溪：《多边主义与亚太安全合作》，《世界经济与政治》2003 年第 2 期。

陈琪、黄宇兴：《国际干涉的规范维度》，《世界经济与政治》2009 年第 4 期。

崔立如：《关于 21 世纪国际秩序演变趋势的一点思考》，《现代国际关系》2005 年第 10 期。

董春岭：《中美“新型大国关系”：“新”在何处》，《世界知识》2013 年第 8 期。

杜鹃：《国际制度的理性设计论：理性主义国际制度研究的新发展》，载《国际关系理论：前沿与热点》，北京：世界知识出版社 2007 年版。

郭伟华、王红续：《危机幕后的东亚地区秩序分析》，《当代亚太》2011 年第 6 期。

黄黎洪、蔡佳禾：《国际政治中违反国际规范行为分析》，《国际观察》2009 年第 3 期。

姜文学：《TPP 在美国重塑国际贸易秩序中的双重功能》，《财经问题研究》2012 年第 12 期。

李巍、王勇：《国际关系研究层次的回落》，《国际政治科学》2006 年第 3 期。

刘杰：《论国际秩序重构进程中的制度霸权》，《上海社会科学院学术季刊》2000 年第 3 期。

刘杰：《全球化时代的国际秩序及其治理机制》，《社会科学》2003 年第 4 期。

刘兴华：《国际规范的权威性及其衡量》，《国际论坛》2010 年第 6 期。

刘永涛：《规范、认同和中美安全合作前景》，《世界经济与政治》1999 年第 1 期。

娄伟：《观念认同与地区秩序建构——兼谈中国新安全观在建构东亚秩序中的作用》，《东南亚研究》2012 年第 1 期。

门洪华：《大国崛起与国际秩序》，《国际政治研究》2004 年第 2 期。

门洪华：《东亚秩序建构：一项研究议程》，《当代亚太》2008 年第 5 期。

秦亚青：《国际体系的无政府性》，《美国研究》2001 年第 2 期。

秦亚青：《权势霸权、制度霸权与美国的地位》，《现代国际关系》2003 年第 4 期。

仇发华：《多边主义与双边主义的博弈——东北亚地区安全合作的探索》，《东疆学刊》2011 年第 1 期。

曲星：《联合国宪章、保护的责任与叙利亚问题》，《国际问题研究》2012 年第 2 期。

芮效俭：《中国和美国视角下的东亚合作》，载朱立群、王帆主编：《东亚地区合作与中美关系》，北京：世界知识出版社 2006 年版。

尚劝余：《国际关系层次分析法：起源、流变、内涵和应用》，《国际论坛》2011 年第 4 期。

盛斌：《美国视角下的亚太区域一体化新战略与中国的对策选择》，《南开学报》2010 年第 4 期。

盛斌：《亚太区域合作的新动向：来自竞争性构想的洞察》，《国际经济评论》2010 年第 3 期。

宋伟：《国际秩序：理论、实践与反思》，《太平洋学报》2003 年第 2 期。

随新民：《国际制度的合法性与有效性：新现实主义、新自由制度主义和建构主义三种范式比较》，《学术探索》2004 年第 6 期。

唐彦林、王海波：《美国主导下的国际秩序及其变革政策评析》，《太平洋学报》2012 年第 9 期。

王帆：《冷战后美国亚太安全战略的调整与联盟政策》，《首都师范大学学报》2004 年第 3 期。

王公龙：《多边主义与东亚的安全困境》，《当代亚太》2002 年第 10 期。

王金波：《RCEP 与东亚经济一体化之路》，载李向阳主编：《亚太地区发展报告（2013）》，北京：社会科学文献出版社 2013 年版。

王敏：《权力变迁冲击下的东亚安全新态势》，《世界经济与政治》2012 年第 10 期。

王玉主：《小国集团的能动性》，《当代亚太》2013 年第 3 期。

魏玲：《规范 · 制度 · 共同体》，《外交评论》2010 年第 2 期。

吴心伯：《构建中国的外交“和力”》，《国际问题研究》2013 年第 2 期。

吴心伯：《奥巴马政府与亚太地区秩序》，《世界经济与政治》2013 年第 8 期。

谢来辉、刘昌义：《美国学者视角下的中国气候规制研究》，《国外理论动态》2013 年第 11 期。

徐进：《国家何以建构国际规范：一项研究议程》，《国际论坛》2007 年 9 月。

［美］约翰 · 伊肯伯里：《中国的崛起与西方的未来》，《国外理论动态》2008 年第 12 期。

阎学通：《国际领导与国际规范的演化》，《国际政治科学》2011 年第 1 期。

阎学通：《中美竞争前景：假朋友而非新冷战》，《国际政治科学》2012 年第 3 期。

杨成：《国际秩序的三大选择与国际制度理论——在霸权和均势之后》，《社会科学》2002 年第 5 期。

杨毅：《美国亚太联盟体系与中国周边战略》，《国际安全研究》2013 年第 3 期。

杨泽伟：《论人权国际保护与国家主权》，《法律科学》2003 年第 6 期。

俞正樑：《变动中的中国与主要大国关系》，《国际政治研究》2012 年第 4 期。

章前明：《从国际合法性视角看新兴大国群体崛起对国际秩序转型的影响》，《浙江大学学报》2013 年第 1 期。

张小明：《中国的崛起与国际规范的变迁》，《外交评论》2011 年第 1 期。

张小明：《美国与东亚国际体系的变迁》，载黄大慧主编：《变化中的东亚与美国：东亚的崛起及其秩序建构》，北京：社会科学文献出版社 2010 年版。

张云：《内部事务不干涉原则的再认识与东盟的未来》，《国际政治研究》2004 年第 3 期。

张志洲：《变迁中的世界秩序与中国的角色定位》，《国际政治研究》2012 年第 4 期。

郑飞：《国际规范的价值与功能：个体理性视角》，《国际论坛》2007 年 11 月。

郑先武：《东亚“大国协调”：构建基础与路径选择》，《世界经济与政治》2013 年第 5 期。

郑永年：《亚洲的安全困境与亚洲集体安全体系建设》，《和平与发展》2011 年第 5 期。

朱锋：《中美战略竞争与东亚安全秩序的未来》，《世界经济与政治》2013 年第 3 期。

朱杰进：《国际制度设计中的规范与理性》，《国际观察》2008 年第 4 期。

周方银：《中国崛起、东亚歌剧变迁与东亚秩序的发展方向》，《当代亚太》2012 年第 5 期。

周方银：《中国崛起、东亚格局变迁与东亚秩序的发展方向》，《当代亚太》2012 年第 5 期。

左超：《制度现实主义与制衡》，《国际政治科学》2010 年第 4 期。

（三）学位论文

高尚涛：《权力与规范》，外交学院博士论文，2006 年。

黄超：《说服战略与国际规范传播：以地雷规范和小武器规范为例》，外交学院博士论文，2009 年。

孔庆茵：《论国际体系与世界新秩序》，吉林大学博士论文，2005 年。

李敏：《身份干扰与行为偏失——国际社会中的国家行为研究》，外交学院博士论文，2012 年。

林永亮：《东亚主权观念：生成方式与秩序意涵》，山东大学博士论文，2012 年。

刘丽坤：《竞争、合法性与国际规范的蜕变》，外交学院博士论文，2012 年。

苗红妮：《国际社会理论与英国学派的发展》，外交学院博士论文，2005 年。

唐彦林：《东亚秩序变迁中的中国角色转换》，中央党校博士论文，2008 年。

陶建云：《论人权国际保护与国家主权》，中国海洋大学硕士论文，2005 年。

赵乾坤：《大国权力与地区规范——中国与东盟关系研究》，外交学院博士论文，2006 年。

周方银：《国际规范的演化》，清华大学博士论文，2006 年。

（四）报告

中国国际问题研究所与大西洋理事会：《中美合作：全球未来的关键》，2013 年。

二、英文文献

（一）著作

Aaron L. Friedberg, *A Contest for Supremacy: China, America, and the Struggle for Mastery in Asia* (New York: W. W. Norton & Company, 2011).

Charles L. Glaser, *Rational Theory of International Politics: The Logic of Competition and Cooperation*(Princeton: Princeton University Press, 2010).

David Scott, *"The Chinese Century"? The Challenge to Global Order* (Basingstoke: Palgrave Macmillan, 2008).

Gary Goertz, *Contexts of International Politics*(Cambridge: Cambridge University Press, 1994).

Hedley Bull, *The Anarchical Society: A Study of Order in World Politics* (New York: Columbia University Press, third edition, 2002).

Joseph Nye, *The Future of Power*(New York: Public Affairs, 2011).

Klaus-Gerd Giesen and Kees van der Pijl eds., *Global Norms in the Twenty-First Century*(Cambridge: Cambridge Scholars Press, 2006).

Michael D. Swaine, *America's Challenges: Engaging a Rising China in the Twenty-First Century* (Washington: Carnegie Endowment for International Peace, 2011).

Nick Bisley, *Building Asia's Security*, Routledge for the International Institute for Strategic Studies, 2009.

Ralph A. Cossa and Akihiko Tanaka, *An East Asia Community and the United States*(Washington: The CSIS Press, 2007).

Rosemary Foot and Andrew Walter, *China, the United States, and Global Order* (Cambridge: Cambridge University Press, 2011).

Ron Huisken ed., *The Architecture of Security in the Asia-Pacific* (Canberra: ANUE Press, 2009).

Stephen D. Krasner, *Power, the State, and Sovereignty: Essays on International Relations*(Hoboken, NJ: Taylor and Francis, 2009).

William A. Callahan and Elena Barabantseva eds., *China Orders the World: Normative Soft Power and Foreign Policy*(Baltimore: The John Hopkins University Press, 2011).

Wang Gungwu and Zheng Yongnian eds., *China and the New International Order*

(London: Routledge, 2008).

（二）论文

Ann Florini, "The Evolution of International Norms," *International Studies Quarterly*, Vol. 40, No. 3, 1996.

Aaron L. Friedberg, "The Future of U. S. -China Relations: Is Conflict Inevitable?" *International Security*, Vol. 30, No. 2, Fall 2005.

Amitav Acharya, "How Ideas Spread: Whose Norms Matter? Norm Localization and Institutional Change in Asian Regionalism," *International Organization*, Vol. 58, No. 2, Spring 2004, pp. 239–275.

Antje Wiener and Uwe Puetter, "The Quality of Norms is What Actors Make of It: Critical Constructivist Research on Norms," *Journal of International Law and International Relations*, Vol. 5, No. 1, 2009, pp. 1–16.

Amitav Acharya, "*The Evolution of Norms: The Social Construction of Non-Interference in Asian Regionalism*," Paper for the Provincializing Westphalia Conference at Oxford University, April 18–19, 2008.

Barry Buzan, "China in International Society: Is 'Peaceful Rise' Possible?" *The Chinese Journal of International Politics*, Vol. 3, 2010, pp. 5–36.

C. Fred Bergsten, "China and Economic Integration in East Asia: Implications for the United States," *Policy Briefs in International Economics*, No. PB 07 – 3, http://www.iie.com/publications/pb/pb07–3.pdf.

Christian Le Miere, "Rebalancing the Burden in East Asia," *Survival*, Vol. 55, No2, April–May 2013, pp. 31–41.

Christian Reus-Smit, "Power, Legitimacy and Order," in *International Legitimacy and the Rise of Great Powers*, Tsinghua University, June 15–16, 2013.

David Shambaugh, "China Engages Asia: Reshaping the Regional Order," *International Security*, Vol. 29, No. 3, Winter 2004/2005, pp. 64–99.

David Shambaugh, "Asia in Transition: The Evolving Regional Order," *Current History*, Vol. 105, April 2006, pp. 153–159.

David Shambaugh, "Prospects for a ' New Type of Major Power Relationship' ," *China-US Focus*, March 7, 2013.

David M. Lampton, "Power Constrained: Sources of Mutual Strategic Suspicion in U. S. -China Relations," *NBR Analysis*, No. 93, June 2010, the National Bureau of Asian Research.

Deepak Nair, " Regionalism in the Asia Pacific/ East Asia: A Frustrated Regionalism?" *Contemporary Southeast Asia*, Vol. 31, No. 1, 2008, pp. 110–142.

F. G. Hoffman, "Forward Partnership: A Sustainable American Strategy," *Obis*, Winter 2013.

Gary Goertz and Paul F. Diehl, "Towards a Theory of International Norms: Some Conceptual and Measurement Issues," *Journal of Conflict Resolution*, Vol. 36, No. 4, December 1992.

Gaye Christoffersen, "The Role of East Asia in Sino-American Relations," *Asian Survey*, Vol. 42, No. 3, 2002, pp. 369–396.

Geoffrey M. Hodgson, "What Are Institutions?" *Journal of Economic Issues*, Vol. XL, No. 1, March 2006, pp. 1–25.

Gilbert Rozman, "Chinese Strategic Thinking on Multilateral Regional Security in Northeast Asia," *Orbis*, Spring 2011, pp. 298–313.

Gregory A. Raymond, "Problems and Prospects in the Study of International Norms," *Mershon International Studies Review*, Vol. 41, No. 2, November 1997.

Hung Ming-Te and Tony Tai-Ting Liu, "Sino-U. S. Strategic Competition in Southeast Asia: China's Rise and U. S. Foreign Policy Transformation since 9/11," *Political Perspectives*, Vol. 5, No. 3, 2011, pp. 96–119.

Hannes Ebert, Daniel Flemes and Georg Struver, "The Politics of Contestation in Asia: How Japan and Pakistan Deal with their Rising Neighbors," in *GIGA Research Programme: Power, Norms and Governance in International Relations*, September 2012.

Ian Clark, "International Society and China: The Power of Norms and the Norms of Power," in *International Legitimacy and the Rise of Great Powers*, Tsinghua University, June 15–16, 2013.

Jonathan Bendor and Piotr Swistak, "The Evolution of Norms," *The American Journal of Sociology*, Vol. 106, No. 6, May 2001.

Johanna Martinsson, "Global Norms: Creation, Diffusion, and Limits," *Communication for Governance and Accountability Program*, the International Bank for Reconstruction and Development/the World Bank, 2011.

Jochen Prantl and Ryoko Nakano, "Global Norm Diffusion in East Asia: How China and Japan Implement the Responsibility to Protect," *International Relations*, Vol. 25, No. 2, 2011, pp. 204–223.

Joe Wolverton, "Trans-Pacific Partnership: Secret Surrender of Sovereignty," *The New American*, November 19, 2012, pp. 17–22.

Jon Elster, "Social Norms and Economic Theory," *Journal of Economic Perspective*, Vol. 4, No. 4, Fall 1989.

Joseph Nye, "The Twenty-First Century Will Not Be a 'Post-American' World," *International Studies Quarterly*, Vol. 56, No. 1, March 2012.

Julie Gilson, "Strategic regionalism in East Asia," *Review of International Studies*, No. 33, 2007, pp. 145–163.

Joshua R. Itzkowitz Shifrinson and Michael Beckley, "Correspondence: Debating China's Rise and U. S. Decline," *International Security*, Vol. 37, No. 3, Winter 2012/2013, pp. 172–181.

Julie Gilson, "Strategic Regionalism in East Asia," *Review of International Studies*, Vol. 33, No. 1, 2007.

Kei Koga, "The US and East Asian Regional Security Architecture: Building a Regional Security Nexus on Hub-and-Spoke," *Asian Perspective*, Vol. 35, No. 1, 2011, pp. 1–36.

Martha Finnemore, "Legitimacy, Hypocrisy, and the Social Structure of Unipolarity: Why Being a Unipole Isn't All It's Cracked Up to Be," *World Politics*, Vol. 61, No. 1, January 2009, pp. 58–85.

Michael Evans, "Power and Paradox: Asian Geopolitics and Sino-American Relations in the 21st Century," *Orbis*, Winter 2011.

Michael J. Green and Daniel Twining, "Power and Norms in U. S. Asia Strategy: Constructing an Ideational Architecture to Encourage China's Peaceful Rise," in *China's Arrival: A Strategic Framework for a Global Relationship*, September 2009.

Meredith Kolsky Lewis, "The Trans-Pacific Partnership: New Paradigm or Wolf in Sheep's Clothing?" *Boston College International & Comparative Law Review*, Vol. 34, No. 24, 2011.

Michael Wesley, "Asia's New Age of Instability," *National Interest*, November/December 2012 Issue.

Nina Hachigian and David Shorr, "The Responsibility Doctrine," *The Washington Quarterly*, Winter 2013.

Peter A. Petri and Michael G. Plummer, "The Trans-Pacific Partnership and Asia-Pacific Integration: Policy Implications," *Policy Brief*, No. PB12 – 16, Peterson Institute for International Economics, June 2012.

Richard N. Haass, "Sovereignty," *Foreign Policy*, September/October 2005.

Robert J. Art, "The United States and the Rise of China: Implications for the Long Haul," *Political Science Quarterly*, Vol. 125, No. 3, 2010.

Robert Axelrod, "An Evolutionary Approach to Norms," *The American Political Science Review*, Vol. 80, No. 4, December 1986, pp. 1095–1111.

Ralph A. Cossa and Jane Khanna, "East Asia: Economic Interdependence and Regional Security," *International Affairs*, Vol. 73, No. 2, April 1997, pp. 219–234.

Robert Axelrod, "An Revolutionary Approach to Norms," *The American Political Science Review*, Vol. 80, No. 4, December 1986, pp. 1095–1111.

Randall L. Schweller and Xiaoyu Pu, "After Unipolarity: China's Visions of International Order in an Era of U. S. Decline," *International Security*, Vol. 36, No. 1, Summer 2011, pp. 41–72.

Sevasti-Eleni Vezirgiannidou, "The United States and rising powers in a post-hegemonic global order," *International Affairs*, Vol. 89, No. 3, 2013, pp. 635–651.

Shah M. Tarzi, "The Role of Principles, Norms and Regimes in World Affairs," *International Journal on World Peace*, Vol. XV, No. 4, December1998, pp. 5–27.

Shaun Breslin, "China and the global order: signaling threat or friendship?" *International Affairs*, Vol. 89, No. 3, 2013, pp. 615-634.

Stephen D. Krasner, "Structural Causes and Regime Consequences: Regimes as Intervening Variables," *International Organization,* Vol. 36, No. 2, Spring 1982.

Stephen D. Krasner, "Sovereignty," *Foreign Policy*, January/February 2001.

Stephen G. Brooks and William C. Wohlforth, "Reshaping the world order: how Washington should reform international institutions," *Foreign Affairs,* Vol. 88, No. 2, 2009.

Stephen Haggard and Beth A. Simmons, "Theories of International Regimes," *International Organizations*, Vol. 41, No. 3, Summer 1987.

Stephen M. Walt, "Alliances in a Unipolar World," *World Politics,* Vol. 61, No. 1, January 2009, pp. 86-120.

T. V. Paul, "Soft Balancing in the Age of U. S. Primacy," *International Security*, Vol. 30, No. 1, Summer 2005, pp. 46-71.

Thomas J. Christensen, "Fostering Stability or Creating a Monster? The Rise of China and U. S. Policy toward East Asia," *International Security*, Vol. 31, No. 1, Summer 2006, pp. 81-126.

Wojtek M. Wolfe, "China's Strategic Hedging," *Orbis*, Spring 2013, pp. 300-313.

Yongjin Zhang, "Power, Legitimacy and the Normative Ambition of International Society—Towards Reframing the Challenges of China Rising," in *International Legitimacy and the Rise of Great Powers*, Tsinghua University, June 15-16, 2013.

Yun Young Cho, "The 'Age of East Asia': Can the Politics of Regime Trump the Politics of Power?" *Korea Observer*, Vol. 42, No. 1, Spring 2011, pp. 145-168.

（三）报告

Amitav Acharya, The Evolution of Norms: The Social Construction of Non-Interference in Asian Regionalism, Paper for the Provincializing Westphalia Conference at Oxford University, April 18-19, 2008.

Avery D. H. Poole, Cooperation in Contention: The Evolution of ASEAN Norms, YCISS Working Paper No. 44, January 2007.

Center for a New American Security, China's Arrival: A Strategic Framework for a Global Relationship, September 2009.

Jochen Prantl and Ryoko Nakano, Global Norm Diffusion in East Asia: How China and Japan Implement the Responsibility to Protect, Center for Non-Traditional Security Studies, S. Rajaratnam School of International Studies, Nanyang Technological University, Singapore, 2011.

Justin Logan, "China, America, and the Pivot to Asia," Policy Analysis, No. 717, Cato Institute, January 8, 2013.

Kenneth Lieberthal and Wang Jisi, Addressing U. S. -China Strategic Distrust, John L. Thornton China Center at Brookings Institution, 2012.

Lee Jones, ASEAN and the Norm of Non-Interference in Southeast Asia: A Quest for Social Order, Nuffield College Politics Group Working Paper, March 2009.

Seungjoo Lee, The Evolution Dynamics of Institutional Balancing in East Asia, EAI Asia Security Initiative Working Paper, February 2012.